2nd edition

休閒事業概論

Introduction to Recreation Industry

張宮熊◎著

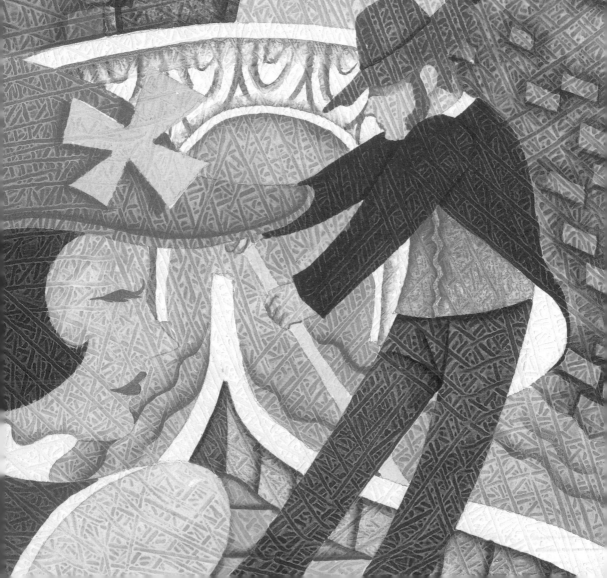

李　序

　　接到張宮熊博士的邀請，爲其所書《休閒事業概論》與《休閒事業管理》寫序，倍感訝異，但也樂於嘗試爲這樣的新著作盡份心意。

　　當台灣的國民年所得達到一萬至一萬二千美元時，依照先進國家的成長慣例，均在在告訴我們，休閒產業將進入繁榮期；而台灣確實也印證了經濟成長與國民生活習性併軌成長的事實。

　　本人於1989年間成立南仁湖育樂股份有限公司，十幾年來均與台灣休閒產業成長緊密接合。眼見國內休閒產業的發展過程，跟隨台灣產業的消長變化而產生質變，從百家競鳴到慘澹經營，業者以及休閒產業的從業人員確實需要一些正確的「休閒產業管理」方面的著作爲指引。

　　由於作者奠基於企業管理領域，深入業界實務經驗豐富，所學所教均與休閒事業相關，且又用心投入。觀其著作均已網羅國內休閒產業別的經營型態並做深入介紹，足堪提供國人就休閒事業經營的良書益友做參考。

　　作爲休閒產業第一線的我，樂意看到作者就休閒產業的經營策略及面對從業人員和消費者習性方面做更深一層的研究，讓未來休閒產業投資者、從業人員以及消費者都能更瞭解如何做、如何玩也如何達到三贏的目標。

　　本人是務實的業界，才疏學淺，謹以此序對作者的努力給予鼓勵及肯定。

南仁湖育樂集團董事長

李清波

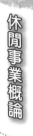

張　序

　　隨著國民所得增加及週休二日的實施，休閒活動也愈來愈受重視。多數人都以觀光事業來涵蓋飯店、餐飲、遊憩及旅遊產業，張宮熊博士所著之《休閒事業概論》與《休閒事業管理》詳細地說明何謂休閒事業，從定義、特性到經營管理；自行政、行銷至財務控管均詳細介紹，內容深入淺出、巨細靡遺，更大量引用國內外知名企業為例子，讓人更深入瞭解台灣休閒事業現況、所面臨的問題及未來發展趨勢。本書內容精闢、淺顯易懂，除了有助於專業人士研究相關課題外，對於想更瞭解休閒事業的群眾，更是一本必讀的實用書籍！

墾丁福華渡假飯店總經理

張積光

自　序

　　台灣自古即稱爲海中仙境、婆娑之島；荷蘭人稱之爲福爾摩莎，其實都是把台灣稱爲美麗寶島。可惜幾十年來，國家以經濟發展爲主要政策，不但民眾休閒風氣未開，更因過度開發而傷害了環境。隨著國民所得已達開發國家水準與環保意識的抬頭，該是我們反璞歸眞，提倡全民休閒的好時機了。

　　過去國人的休閒活動非常閉塞，多以靜態、聲光享受爲限，不如西洋國家人民以與大自然爲伍同樂，作爲休閒活動的主軸。近十年來，國家已逐漸邁入已開發國家之林，國民所得亦達相當的水準，國民對休閒活動的需求由量的增加，轉變爲質的提升。這也是我國進入二十一世紀，進行產業轉型的好時機。

　　所謂「休閒事業」包括「休閒渡假飯店」、「休閒渡假村」、「休閒俱樂部」、「主題遊樂園」與「休閒購物中心」等單元。本序列叢書包括：《休閒事業概論》、《休閒事業管理》與《休閒事業管理個案集》。其中《休閒事業概論》包括基礎篇：休閒與休閒事業、建築與空間美學、客房的設計理念與餐飲場所的設計理念；以及實戰篇：觀光與休閒渡假旅館、休閒渡假村、休閒俱樂部、主題遊樂園與休閒購物中心的緣起、特性與經營設計。

　　《休閒事業管理》則先從管理功能的層面著手，討論休閒事業管理的特性、休閒事業管理的策略管理、行銷與廣告促銷管理、創意管理、財務管理、資訊管理與作業管理。後半部則以實務探討做主軸，深入研討休閒渡假飯店、休閒渡假村、休閒俱樂部、主題遊樂園與休閒購物中心的經營管理。相信藉由學理與實務的相互印

證,讀者更能一窺休閒事業管理的精神與奧妙。本序列叢書著重學理與實務的相互印證,不但適合休閒事業管理或觀光系所學子研讀,亦適合相關行業從業員工教育訓練或自修之用。

本序列叢書能順利付梓出版,不但要感謝揚智文化公司的大力支持,也感謝眾多合作業者的襄助,尤其對南仁湖集團李董事長清波、墾丁福華渡假大飯店張總經理積光、六福皇宮大飯店、高雄晶華酒店、國賓大飯店、福華大飯店、小墾丁綠野渡假村、凱撒大飯店、君悅國際大飯店的慷慨贊助圖片,在此一併致謝。

最後願以此書獻給所有在休閒事業工作崗位上努力的伙伴,以及對休閒事業管理有興趣的朋友們。

國立屏東科技大學

張宮熊 博士

2002年初春

iv

二版序

　　本書自2002年以來，正逢台灣走向一個重視休閒活動的時代。過去國人努力，甚至於是拚命工作的年代已走遠，取而代之的是一個著重休閒品味、品質與品牌的時代。

　　展望二十一世紀，全球各先進國家民眾已經由爲生活而工作轉變成爲生活品質而工作，重視休閒、反璞歸眞的時代已經來臨。休閒產業的從業人員也能親身感受到此一大潮流的更迭，許多的經營觀念與方法也在隨之調整。

　　企業管理的學理也在近年來有重大改變，此一改變恐怕不是來自學者在象牙塔中的領悟，而是經營環境的改變所造成。這些改變來自消費者的需求改變、來自競爭態勢的改變，也來自經濟環境、社會價值觀的改變。休閒產業的經營觀念也必須隨之調整。

　　不可否認，邁入二十一世紀後，消費者的需求改變是其中最重要的因素，消費者對品質、品牌與品味的重視席捲全球。如何因應此一潮流成爲企業間競爭的核心問題。因此，本書加入休閒事業的創新管理以因應此一挑戰。

　　另外，企業的競爭環境已經產生質變，重視消費者與員工權益、重視企業形象已經成爲經營者必須納入考量的重點。因此，休閒事業的風險管理已經成爲經營管理不可或缺的一環。

　　這個時代的年輕學子最重要的資產是有顆上進熱情的心與源源不斷、創新的好點子。本書二版除了更新一些內容外，最重要的便是加入了休閒事業的創新管理與風險管理二章，讓關心休閒事業管

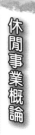

理的學子能擁有一些新的概念。不求能給他們什麼新的知識，但期
盼拋磚引玉，爲我國的休閒事業共同努力。

國立屏東科技大學

企業管理系所教授

張宮熊　博士

2008年盛夏識於大武山下

目　錄

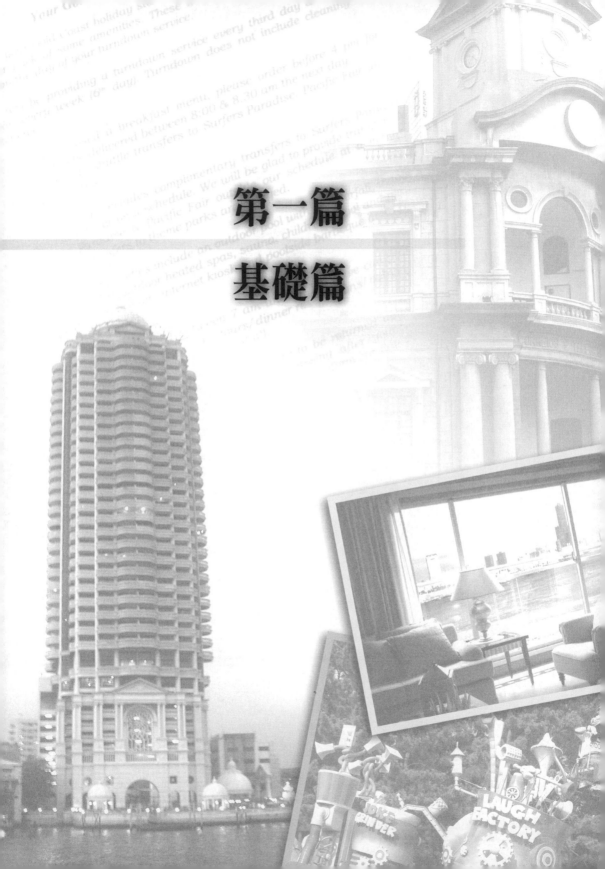

第一篇

基礎篇

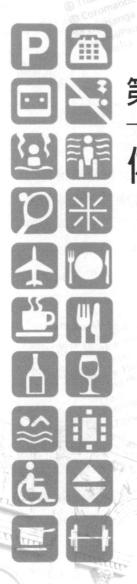

第 **1** 章

休閒活動概論

- 休閒活動的緣起
- 休閒的定義
- 休閒的分類
- 休閒活動的類型
- 地理、氣候與休閒活動
- 台灣休閒的趨勢

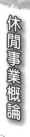

 ## 第一節　休閒活動的緣起

　　談到「休閒」或「休閒遊憩」活動，必須先瞭解極為相關的一個名詞：「觀光」。觀光活動可謂是休閒活動的始祖，而休閒活動也可謂是現代人的主要觀光活動方式之一。觀光一詞，英語謂之"tourism"或"tourist movement"，德語叫"Fremdenverkehr"（Fremden為外來者，加Verkehr交通之意），皆含有外來者或旅行者之移動的含義。

　　《韋氏國際辭典》（*Webster's International Dictionary*, 1961:2417）對於觀光所做解釋如下：「舉凡為商業、娛樂或教育等目的的旅行，旅程期間在有計畫的拜訪數個目的地後，又回到原來的出發地者謂之觀光。」

　　建立觀光學的學者W. Hunziker和K. Krapf（1941）對觀光所下的定義為：「與營利無關，僅在一地做短暫的停留，在旅遊地停留時間內所生之各種現象與各種關係，謂之觀光。」

　　學者Alister Mathison在《休閒活動對經濟、自然與社會之衝擊》一書中稱：「觀光是人們短暫離開工作與居住的場所，選取迎合本身需要的目的地，做短暫性的停留並從事相關的活動。」

　　楊長輝對觀光（或稱為觀光旅遊）定義如下：「為達身心休養、教育、娛樂及運動等目的，離開其日常生活圈的範圍，做一定期間之旅行活動，為遊憩活動的一種型態」，其本質係從事移動現象及目的之遊憩活動（recreation），特別是野外遊憩活動。

　　在上述幾項定義中，觀光所帶來之交通特性，以及與觀光區間的相互關係皆已包含於「觀光活動」概念之中。從事觀光活動者稱之為旅客（tourist）；因觀光客之來臨而提供服務之產業稱之為觀

光產業。觀光產業主要係存在於觀光資源的地區，由於該地區形成觀光區之故而產生之產業。

休閒活動之產生則導因於國民所得的提高、交通的改善、休閒時間的增加、都市人口密集及農村現代化等各種經濟與社會條件所形成。進而因為休閒活動需求，導引休閒活動市場的產生，此乃人類文明發展的自然趨勢。

考據「休閒」一詞在希臘語中為schole，而在拉丁文中則是scola，兩者都和英文school（學校）一字同源。在古代西方歷史上，"school"一詞原本不是指學校，而是指「人們從事休閒娛樂活動和學習活動的場所」。在古希臘時代，教育成為人們休閒活動的重要內容。十九世紀工業革命後，工人們在一天工作以後根本沒有時間參與各種形式的休閒娛樂活動，直到二十世紀，休閒活動才成為社會各階層人們普遍享有的社會權利。

休閒活動可以說是現代人觀光的型態或潮流。休閒活動是人們從事移動目的地之遊憩活動，屬於旅行之一種。旅行包含商務（出差）及觀光等目的，卻與遊憩動機無直接關係。但旅行中常伴有遊憩活動，例如在觀光活動中兼具有休閒活動之行為。因此廣義的遊憩休閒包含在觀光活動之內。例如到泰國觀光行程中包括了在普吉島三天的休閒活動。

關於旅行所具有的休閒活動意涵，隨時代的進步而發生很大變化。一般而言，不論中外，早期的旅行行為多是商人的商務旅行，係以經濟性旅行為主體，目的在賺錢。由中世紀到近世紀逐漸轉變為赴寺廟、教堂參謁或聖地巡禮等宗教性旅行，其規模亦甚為龐大，台灣目前到處可看到進香團亦是如此。甚至於2001年元旦開始的兩岸小三通，亦是由媽祖進香團帶頭，可見宗教性旅行仍是重要的觀光休閒活動之一。

近數十年來因都市人口密集，社會繁榮，加上講究個人自由意

識爲基礎之遊憩觀念抬頭，造成目前休閒活動旅行風氣的盛行。同時休閒活動的目的在於暫時脫離都市生活之煩躁乏味，故近期之趨勢，大都以富於自然景觀之風景名勝地區爲休閒活動場所，此種邁向休閒活動的趨勢必然成爲現代生活的主流價值之一。

德國地理學者W. Christaller依近代之休閒活動發展過程，將休閒活動之形成原因與過程劃分爲五個時期：

1. **第一期（1790至1840）**：十八世紀末到十九世紀中葉，從法國革命後形成了市民階級起到蒸汽船及鐵路運輸等大型運輸工具建立爲止。這個期間休閒活動僅止於少數特權階級赴風景名勝地區或溫泉療養處所從事貴族式的休憩活動。

2. **第二期（1840至1870）**：爲休假旅行啓發時期，有關住宿型態以農家兼營之住宿方式（亦即是今日民宿的始祖）爲主，也是西方國家國民休閒活動的發軔期。

3. **第三期（1870至1900）**：旅行已擴展至中產階級之市民，以休閒活動旅客爲對象之專業性觀光旅館在山岳地區陸續出現，並出現休閒活動專用的登山鐵路或早期的休閒活動產業。

4. **第四期（1900至1930）**：在此時期瑞士已經出現國民旅遊，並開始有人關注自然保育的問題，同時有了健行旅遊活動及青年之家（hostel）的興建。運動風氣極爲旺盛，特別是冬季運動及登山活動頗爲普遍，使山岳地區迅速形成休閒活動地區。

5. **第五期（1930以後）**：此時期休閒活動事業已普及各階層之國民，以汽車爲旅行工具已經相當普遍，旅行業者開始以租用包車或特別列車等方式進行團體旅行。另外一方面，休閒活動區逐漸有了反都市化之跡象出現。價格低廉、設備齊全的渡假地及野營場所大幅成長，甚至對於未開發之風景名勝地區亦逐漸被人開發，並且做有計畫性的規劃開發。

回到亞洲，早期日本的休閒活動事業，係以參拜神社寺廟及從事溫泉療養為核心活動，然後逐漸擴展開來。至到1934年指定設置國家公園時，方才開創利用自然公園的風氣。在第二次世界大戰結束（1945）後，一向以參訪名勝古蹟及從事溫泉療養等靜態的休閒活動，逐漸轉變為動態型的活動，使得東瀛的休閒活動型態產生多樣化之變化。日本現今之休閒遊憩活動已朝大量化及大眾化的方向邁進，並融入國民日常生活中的一環。

在台灣，經濟發達、物質條件提升之後，人們的生活方式與思想習慣也跟著改變，休閒成為生活不可或缺的一部分。街頭巷尾到處可以看到「主題餐廳」、「汽車旅館」、「休閒渡假中心」，各種提供休閒資訊的網站與專業雜誌書刊也都應運而生。這些現象在在都說明了休閒活動在現代人的生活中已經扮演了一個非常重要的角色。究其原因，除了上述的經濟因素之外，可能還包括下列的幾項因素：

1. 鄉村人口大量湧向都市，人口大幅集中在都市的結果，使得人際關係更為緊張複雜，居住的環境品質也較以往惡劣，使人們感覺到休閒活動的迫切性。因此一方面，都會型的休閒場所大量崛起；另一方面，郊區的風景名勝每到假期也飽受青睞。

2. 經濟發達的結果，所得大幅增加（以2007年為例，平均國民所得已經超過三萬美元）。各種食物與日用品大量生產的結果，價格降低，使得個人「可支配的閒錢」增加，更可以安排屬於自己的休閒方式。根據世界觀光旅遊委員會（WTTC）「2004年世界觀光衛星帳（TSA）」評估：2004年台灣觀光旅遊業經濟規模達164億美元，排名全球第33大觀光經濟體，觀光旅遊經濟產值占國內生產毛額的5.09%，較

2003年上升0.24%。

3. 由於近年來，台灣社會晚婚和小家庭制度盛行，每個家庭可以支配的金錢相對增加，因此有餘力投注在休閒活動上。

4. 由於邁入科技社會，分工精細，大部分人只負責企業生產過程的一部分，工作既單調又缺乏創造的樂趣。長期工作下來，容易產生倦怠感，影響工作效率。因此無論僱傭雙方，都體認到適度鬆弛身心的重要性，也覺得有從事休閒活動的必要性。

5. 2001年起，台灣公民營機構與多數民營企業開始實施週休二日制度。一般中產階級對休閒活動的需求更加殷切，使得參與付費休閒活動成為新的消費趨勢，也使得休閒事業的未來充滿了大量成長的空間。

 ## 第二節　休閒的定義

何謂「休閒」？相關學者賦予休閒不同向度的意義，以下分別依多向度、客觀概念、主觀概念、功能概念等角度敘述休閒的定義：

一、多向度的概念

休閒活動可以用不同向度加以定義：

1. **古典看法**：將休閒視為一種「為活動而活動」的心理狀態。
2. **社會階級**：只有社會菁英階級人士才能享有的權利。
3. **活動形式**：人們在自由時間內從事的一種「非工作性質的活

動」。

4.**非義務時間**：除維持生存所須花費的時間之外，所剩下的自由時間。

二、客觀定義休閒

以客觀觀點來觀察：

1.休閒是一種非工作時間。
2.休閒是一種消費行為。
3.休閒是一種參與特殊型態的活動。

三、主觀定義休閒

以個人主觀觀點來看：

1.休閒是自由時間或非付酬工作的時間。
2.休閒是一種自我休養的活動。

四、功能定義休閒

以休閒提供的活動加以定義：

1.一種個人自由選擇的活動，具有娛樂的效果，並且能滿足個人重現自我的慾望，充實自我的個人價值。
2.休閒是志願性而非強迫性的。追求的不是為了維持生計，而是在獲得真正的心理滿足。
3.休閒是除了工作與其他必要責任外，可自由運用以達到擺脫

生活或工作現狀，達成社會成就、個人發展與娛樂等目的的時間。

所以相同的一項活動對不同的人而言卻有不同的定義。比如說一般人打打高爾夫球是一種休閒活動，但是對Tiger Woods而言卻是工作。

綜合上述，我們可以給休閒活動一個廣泛的定義：

休閒是個人或群體以志願性而非強迫性的方式，用自由選擇的活動，滿足自我心理或生理慾望的非工作性質活動。

休閒與娛樂的定義相當接近，卻有不同的內涵，例如看電視是一種休閒活動，抑或是一種娛樂？兩者間最大的分野在於：後者參與活動的人投諸較大的精神。我們也可以這麼說：「參與休閒活動的目的在於放鬆心情；參與娛樂活動的目的在於獲取直接的心理或生理滿足。」因此多數人觀看馬戲團表演是一種娛樂而非休閒活動；但逛逛動物園則是一種休閒活動而非娛樂。電影工業是一種娛樂事業而非休閒事業。

第三節　休閒的分類

休閒活動因定義之取向不同，使活動的分類亦因此而具多樣性。一般用來分類的方法有以下三種：主觀分類法、因素分析法與多元尺度評定法。依選擇的變數、統計方法、分析方法之不同，整理國內外學者的研究，可以用**表1-1**及**表1-2**分別說明。

表1-1　國內對休閒的分類的相關研究

研究者	年別	類　　　型
許義雄 李清龍	1979	教養性、娛樂性、其他。
李淑芳	1984	隨意性活動、特殊性活動、參與性活動、旁觀式社交、認知性活動、環境依附性活動、與小孩有關性、其他。
陳彰儀	1985	知識性、體育性、藝術性、作業性、社交服務性、娛樂性、休憩性、與小孩有關性。
修慧蘭	1985	手藝性、娛樂性、休憩性、棋藝性、文藝性、知識性、社交性、一般運動性、逛街性、農藝性、與小孩有關性。
曾誰芬	1988	知識休憩性型、戶外遊玩型、戶外運動型、玩樂與運動型、文藝性作業型、技藝性作業型。
文崇一	1978	技術取向、實用取向、清靜取向、休息取向。
	1981	知識性、社交性、運動性、消遣、玩樂性。
	1984	知識取向、健身取向、消遣取向、性別取向。
	1986	1.知識藝術型（男）、知識健美型（女）；2.社交型；3.運動消遣型（男）、消遣運動型（女）；4.健身型（男）、家務型（女）。
	1987	知識性、藝術性、娛樂性、體力性、社交性、消遣性。
周海娟	1990	消遣型、遊樂型、一般技能型、特殊技能型、知識藝術型。

資料來源：許瓊文，1992，《生活型態與休閒行為有關變項的研究：以台大
　　　　　學生為例》，頁12。

表1-2　國外對休閒的分類的相關研究

研究者	年別	類　　　型
Foote	1955	體力遊樂型，工藝型、休憩型、智識型、藝術型。
Havighurst	1957	參與正式組織、參與非正式組織、旅遊、看電視或無線電通訊、參與運動、觀賞運動、釣魚打獵、園藝、工藝、想像性活動（閱讀、聽音樂、藝術）、拜訪親友。
Kaplan	1960	社交性、合作性、遊樂性、藝術性、冒險性、靜止性。
Bishop	1970	主動性、被動性、強力性和身心性。
Witt	1971	運動性、戶外性、審美性、社會性。
Dumazedier	1974	運動性、藝術性、實用性、知識性、社交性。
Brent	1975	主動／被動、個人／團體、心智／非心智、戶內／戶外。

第一章　休閒活動概論

（續）表1-2　國外對休閒的分類的相關研究

研究者	年別	類　　型
Tinsly & Johson	1984	啓發智力的活動、發洩性的活動、補償性表現的活動、與朋友享樂的活動、支持性友誼的活動、安穩而孤獨的活動、重複／暫時性放任的活動、中度安全感的活動、審美觀表現的活動。

資料來源：同表1-1。

　　另外，若以休閒消費進行分類，可以從多個角度進行；若以是否支出貨幣爲標準，可分爲支出性消費和非支出性消費；若以消費場所爲標準，可分家庭居室內和居室外休閒消費；若以對身心健康是否有益爲標準，可分爲健康型與有害型休閒消費；若以國界爲標準，可分國內休閒消費和跨國休閒消費；若以消費檔次爲標準，可分爲高中低等級別的休閒消費；若以內容爲標準，可分爲餐飲型消費、娛樂型消費、保健型消費、美容型消費、消遣型消費、情感型消費、知識型和增智型消費與綜合性消費。

　　根據調查，台灣中小企業勞工於週末及假日，與家人一起從事的休閒活動前五名排序分別是：郊遊野營、看電視錄影帶、登山健行、上館子、逛街／夜市。另外從觀光遊憩區到訪人數來觀察，可以發現，到訪公營觀光區、國家風景區與寺廟從事宗教休閒活動占前三名；到訪民營遊樂區與國家公園落在其後。可見台灣一般民眾觀光多於休閒活動、求得宗教心靈平安多於探訪自然景觀（請見表1-3）。

　　從調查資料中我們可以明顯發現，國人的休閒形式多傾向於商品性、物質性及輕度體育性，但在知識性、教育性的深度卻顯然不夠。這種休閒方式傾向於即時發洩情緒，或許消極、短暫地達成了鬆弛身心的目的，卻不容易持續長時間進行，也較難發展成一生的興趣，或進行一生的規劃。因此，也無法融合個人身心的健全發

表1-3 台灣主要觀光遊憩區遊客人次統計（2005～2006）

類 型	2005	2006
國家風景區	25,120,172	28,329,092
國家公園	13,603,556	16,932,062
公營觀光區	41,804,796	46,892,980
縣級風景特定區	8,949,855	9,425,193
森林遊樂區	3,899,336	4,591,609
海水浴場	1,376,068	1,496,532
民營觀光區	13,277,260	14,327,414
寺廟	22,320,613	21,127,802
古蹟、歷史建物	5,029,050	5,995,901
其他	7,066,999	7,742,238
扣除重複遊樂區遊客數	5,750,842	6,451,462
總 計	136,691,863	150,409,263

資料來源：交通部觀光局，《台灣觀光年報》。

展，相當可惜。當然，這也由於台灣上二代的貧苦，父母一輩只求
溫飽已不容易，加上社會貧瘠、保守，對於「休閒」二字自然陌
生，更遑論規劃或學習了！

 ## 第四節　休閒活動的類型

　　一般休閒活動以樂山（山岳）休閒活動、親水（包括濱海、溪
河）休閒活動（**圖1-1**）與文化休閒活動為主體，以下逐一說明：

一、山岳休閒活動

　　因為山岳的休閒活動能夠同時從事相當多的活動，例如健行登
山、露營、野炊、攝影、釣魚、學術研究、賞雪、滑雪、玩雪等多

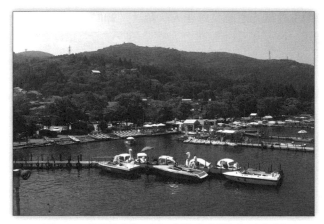

圖1-1　休閒活動可分爲樂山與親水兩大類

樣性之活動，因此以自然資源爲休閒活動對象中，山岳休閒活動占
了非常重要的地位。

　　山岳常隨季節的變化而展現多采多姿的景觀。常因氣候的變
化、地形的變化（如岩石、地層、湖泊、溪流、火山、溫泉）及各
種不同的動植物生態等，而展現多樣的景觀與林相變化。因此高山
的景觀，神秘超俗的林間意境，每每吸引大量的休閒活動旅客前
往。

(一)歐美山岳休閒活動

　　歐洲之山岳休閒活動以阿爾卑斯山爲主體，阿爾卑斯山的活動
以登頂瞭望山野、丘陵地、冰河地形最具吸引力，而冬季則以滑雪
活動爲主體。

　　遠在1816年即有英國人率先提倡到阿爾卑斯高山區進行旅遊活
動，因此當時就有人在Rigi山地（在瑞士琉森以東二十多公里，琉
森湖以南）設置旅館，乃是全球第一家山地旅舍，爲當地觀光休閒
活動樹立了里程碑。

　　山岳休閒活動可分爲夏季與冬季的活動。就冬季而言，主要是

賞雪與滑雪活動。在歐洲的冬季山岳休閒活動區，除了氣候適宜、雪量豐厚、地形適於滑雪外，大多數在山頂上均建有休閒活動旅館，內部設備齊全，包括暖氣設備、滑雪、上下山纜車等必需設備外，旅館內尚有夜總會、餐廳和俱樂部的設置。

歐洲冬季活動基地已形成一個獨立自主的聚落與交通系統，稱爲休閒活動遊憩地（resort），另一種稱爲"created center"，是已具有小型都市型態的聚落，中心內尚有大樓建築，常建於滑雪的終點站。一般而言，較大的中心提供休閒活動旅客在夜間有多樣化的活動；較小的遊憩中心則只提供良好的滑雪場所。

除了休閒活動滑雪地之外，在北歐及1970年代以後的跨國滑雪亦甚爲盛行，主要以鄰國休閒活動旅客爲主，因其不用遠離家鄉，不用固定遊憩設備，僅利用下坡之山路滑雪，因此以區域性之休閒活動旅客爲主。冬季的山岳活動，除了賞雪以外，以年輕人及運動家居多，同時冬季的山岳休閒活動亦不似夏季活動具多樣化。

阿爾卑斯山的美，除多季之滑雪，在夏季亦吸引許多人前往健行及觀賞美麗的山色。一般而言，特殊之自然景觀均會吸引休閒活動旅客前往觀賞。例如火山、瀑布、洞穴、峽谷等特殊地形，均可能因一特殊景觀而形成著名之名勝，例如美國的大峽谷、尼加拉大瀑布、義大利的維蘇威火山，冰島與紐西蘭的間歇噴泉。

今天的阿爾卑斯山住宿設備有簡便經濟的「青年寄宿旅館」，也有各類大小設備齊全、公共設施完善的觀光旅館。爲瞭解決登山觀賞山林景色或多季從事滑雪活動，本世紀初即有登山鐵路和纜車的設立。較聞名之國際休閒活動地點如法國與義大利交界的白朗峰（高4,810公尺，爲歐洲第一高峰），瑞士阿爾卑斯山的少婦峰（高4,166公尺）和馬特峰（高4,505公尺），每年均吸引成千上萬的國際旅客前往。

(二)中國與台灣的山岳休閒活動

　　早期的中國由於交通困難、旅行費用昂貴，故有「在家千日好，出外時時難」的諺語，旅遊業較不發達。山岳之休閒活動除宗教勝地外，少有如歐洲旅遊勝地之開發。例如天山山脈中美麗的天然景色並不比歐洲阿爾卑斯山遜色，但由於交通位置的偏僻，及周邊山地（新疆、西藏）人口稀少和生活水準低劣，旅遊業的開發非常困難。因此中國傳統的山岳旅遊活動以宗教性質居多。

◆宗教登山

　　中國之山岳休閒活動中，「朝山進香」的休閒活動占了相當重要的地位。由於受到佛教與道教的宗教意識影響，「名山古刹」常令人產生豐富的聯想。因此如台灣的佛光山、山西的五台山、四川峨眉山、福建南海普陀山、湖北武當山、安徽九華山等均為重要宗教休閒活動勝地。

◆古蹟名勝登山

　　中國領土大，氣候、地形和邊疆少數民族原具有文化的多樣性，又有五千年的悠久歷史，旅遊資源豐富。除上述之宗教勝地外，宗教藝術中心如甘肅的敦煌、山西大同的雲崗、四川的大足石窟等均表現中國人利用地理特色塑造藝術的天分。

　　中國山岳休閒活動，存有許多世界唯一的古蹟，例如登爬萬里長城中河北的「天下第一關」山海關、居庸關和八達嶺、甘肅嘉峪關「長城西端」等，均為重要的休閒活動。

◆健行休閒活動登山

　　台灣山岳的登山方式有別於歐美，較注重山地遊憩的健行（trekking），一般稱此種活動為山岳攀登。以玉山為例，玉山以多季積雪瑩白如玉而聞名，分布在玉山西側的曹族山胞稱之為

"Patton-Kan"，即石英之山。1896年日人據台後，調查玉山海拔高3,950公尺，較富士山3,776公尺還高，遂稱為「新高山」，迄今每年仍有數十個日人登山團體來台專程前往玉山朝聖。不論何季，玉山景致永遠清新秀麗，尤以冬季雪期更加晶瑩可愛。目前玉山已規劃為國家公園，依登山路徑，不論步道、指標或簡易渡假山莊等設施皆較早期完善。

　　台灣的山岳休閒活動系統，除公路沿線景觀可供欣賞外，如欲享受與體會高山秀偉的風景，真正接觸大自然，只有登山才能深入山中，此與歐美山頂上設置休閒活動遊憩地二者相異其趣。例如合歡山是台灣目前唯一交通可達的高山休閒活動據點，亦為唯一的雪地訓練基地，冬季被譽為「亞熱帶的瑰寶」。由於橫貫公路的開發，又有各項滑雪設施之興建，故使合歡山成為台灣登山、賞雪、滑雪最擁擠之處，也是台灣最特殊的休閒活動系統之一。

(三)山岳休閒活動的類型

　　山岳休閒活動的類型分類，依休閒活動的時間、地點與距離劃分，可分為近郊山岳休閒活動型、淺山山岳休閒活動型、高山山岳休閒活動型等三種。近年來規劃多處的森林遊客區成為國人休閒的好去處（見表1-4）。

表1-4　台灣前五大森林遊樂區遊客人次統計（2005～2006）

名稱	2005	2006
溪頭森林遊樂區	943,707	1,111,840
阿里山森林遊樂區	724,201	994,297
墾丁森林遊樂區	279,557	279,428
武陵國家森林遊樂區	191,878	237,225
奧萬大森林遊樂區	221,463	228,637

資料來源：交通部觀光局，《台灣觀光年報》。

◆近郊山岳休閒活動型

近郊山岳之休閒活動，大都位於都市附近，可當日來回，交通方便，路況佳，一般可供都市居民做休閒之用。對外國休閒活動旅客而言，是認識該都市最簡便的方法。位於都市附近之小山丘，汽車可達，或以纜車爲交通工具，可做整個都市之鳥瞰，例如台北的陽明山、香港的太平山、新加坡的聖陶沙島、紐西蘭羅托羅哇，均係位於都市之外圍，可由山上觀看整個城市。以高雄的壽山爲例，平日是市民晨操、健行的大眾路線，但也吸引休閒活動旅客前往鳥瞰高雄港的港灣建設與市區夜景。

◆淺山山岳休閒活動型

淺山山岳休閒活動型，一般而言，遠離市區高度在一千到二千公尺間，適合欣賞地形、生態景觀、避暑療養、駕車沿路瀏覽風光或健行等。例如宜蘭的太平山、南投的溪頭與高雄的扇平森林遊樂區，便是臨近地區民眾相當喜歡的休閒地點。

◆高山山岳休閒活動型

一般係指攀登二、三千公尺以上的高山。高山山岳之休閒活動，係深入山中，直上山巔，沿著登山路徑，探訪大自然的奧秘，欣賞高山地形的崢嶸奧妙，視察平地不易見到的鳥類與野生動植物。尤其是登上山巔，享受空靈飄渺的意境，甚至能產生登上人生巔峰的成就感。近年來，歐美國家甚爲風行長距離的徒步登山旅行，人們只需背包營帳，穿著堅固的登山鞋，即可享受大自然的野趣。

台灣的高山健行休閒活動以徒步旅行（hiking）、背負健行（back packing）爲主。一般的山岳攀登方式，可分爲單峰式（如雪山、大霸尖山）、縱走式、放射式（如玉山群峰）、越嶺式（能高

越嶺）等的登山。「攀登百岳」是所有登山同好一生中非常重要的目標。

二、濱海休閒活動

海岸的休閒活動資源可分為海岸型的休閒活動與海濱型的休閒活動。海岸型的休閒活動，主要以登坐輕便遊艇，鑑賞海岸景觀為主，海濱型的休閒活動則以海灘的活動或浮潛為舞台，二者的活動項目有很大的差異。

親海的休閒活動，主要以海濱型為主。海濱型休閒活動，主要係從事海水浴、乘坐遊艇出海、海釣、操作帆船、潛水、衝浪……等之活動。

近年來，許多國家的遊憩地與渡假旅館，均沿空曠的海岸線設置，主要係海岸的自然資源與美景，經過規劃以後可以滿足大量休閒活動旅客前往渡假、享受陽光、從事海水浴與其他海上活動，例如南歐與北非的地中海地區、沿著黑海、北海和波羅的海等開發為海灘休閒活動區；美國沿著卡羅來納州和加州或佛羅里達海灘、墨西哥的加勒比海、西非的象牙海岸等，均發展海灘休閒活動以吸引外國休閒活動旅客。台灣如萬里的翡翠灣、墾丁南灣等均屬之。

海濱休閒活動區之發展，除了需要氣候溫和、陽光充足外，許多海灘均位於大都會區的附近，以便利、快捷的交通易達性吸引休閒活動旅客與鄰近的遊客就近前往。例如荷蘭首都附近的斯海弗寧恩、比利時首都布魯塞爾附近的奧斯坦德、澳洲布里斯班附近的黃金海岸、法國巴黎附近的多維爾以及美國的大西洋城服務圈，包含紐約與費城等區域在內。都市附近的海濱遊憩觀光區除了為休閒活動旅客提供海灘、陽光、海水外，還提供許多吸引人的活動，例如步道、遊艇碼頭、遊樂場、舞廳、賭場、戲院，和價格由低廉到昂

貴的餐廳與旅館。

　　除鄰近大都會區之遊憩地外，許多經濟較落後的地區亦提供較低廉的住宿，以供國際休閒活動旅客前往。例如泰國近年大量發展休閒活動，提供蔚藍的海洋，風光綺麗的海灘，吸引大量歐洲觀光客前往該國做長時間的渡假。如泰國之芭達雅，該地前往渡假者，歐美人士幾占90％以上，所有當地人均從事與休閒活動有關之事業營生。

　　一個夠水準的海濱休閒活動區，除了日照時間長、天氣溫和外，尚需要自然條件的配合，例如沙灘細緻、坡度平，可提供人們在沙灘堆沙丘、築城堡、玩拖曳傘……等活動。同時海浪應適中，以從事衝浪、潛水、划船、乘坐遊艇等海上活動。海灘風光綺麗，令人賞心悅目留連忘返，如美國佛羅里達州的棕櫚灘以陽光、細沙海灘聞名；夏威夷以海浪適於衝浪聞名；而澳洲的黃金海岸，其海岸長達25英里，在衝浪遊樂區的中心，建有2,600間的旅館，吸引大量休閒活動旅客前往渡假。

　　台灣因四面環海，西岸的沙灘亦有許多海灘遊樂區，如南部高雄之西子灣、北海岸的翡翠灣、墾丁的南灣均為較聞名之海濱休閒。以墾丁的南灣而言，除了可游泳外，尚有乘坐遊艇、海上摩托車、操作風帆、潛水、衝浪、拖曳傘、滑翔翼等多樣化之活動。

三、文化休閒活動

　　戲院、圖書館、博物館及其他類似之國家機構通常並非為休閒活動而設，但卻是吸引休閒活動旅客的重要資產。博物館及各種歷史古蹟均已成為休閒活動旅程中必須列入的項目。這些項目可使休閒活動旅客進一步瞭解該國國情與其文化背景，進而認識、比較各國之文化差異。有關文化休閒活動之範疇包括：

(一)人類地理學

　　人類地理學，係研究各類人種及其在地理上之分布。對其他民族文化感到興趣爲一重要的旅行動機。紐西蘭的原住民毛利人外表與文化特性迥異於華人，二者卻具有近親關係。人們對於世界本身及各民族特色的好奇心構成一項強而有力的旅行動機。因此，世界各民族文化上的基本差異，最能引起休閒活動旅客的興趣。

　　一個民族的藝術作品或在其他領域上的成就，都會吸引休閒活動旅客前往。相反的，地球上許多人口稀少的地區如加拿大、美國西部、西伯利亞、中國西部、澳洲、非洲多數地區及南美洲大部分地區等，卻因爲人煙稀少而具有吸引力。偶爾才有一兩處小鎮或村莊（屬於農業或遊牧文化）點綴其間的景觀，常與城市中心形成有趣的對比。在此種地區可以發現原始的文化，而前往此等地區訪問可以瞭解該地之民族文化，是一項既充實而又令人感到興奮的旅行。

(二)美術

　　任何國家對美術都有不同的審美標準，這種文化資源表現在繪畫、雕刻、素描、建築、水彩、各種圖案藝術，及景觀布置上，亦常成爲極重要的旅行動機，如西歐文藝復興建築與藝術作品、中國山水畫與建築皆是人類文明中的極品。

　　許多休閒活動旅館常在旅館內或其緊鄰商店展示當地的藝術或工藝品，俾使旅客對當地的美術能有所瞭解。此種美術作品並常當作紀念品出售。

　　藝術節慶亦可吸引休閒活動旅客，此種節慶往往包括各種美術暨文化活動，在此一節慶中所展覽的不只是美術品而已，還有各種手工藝品、音樂、野台戲、軍事儀隊，及其他足以表現其文化的事物。例如每年的元宵節也是台灣的觀光節，是吸引外國觀光客很重

要的節慶。

(三)音樂

　　一個國家的音樂資源亦為該國最引人入勝的部分。在某些國家，音樂乃是贏取休閒活動旅客歡樂與滿足的要項。歐洲的匈牙利與奧地利固然是古典音樂的發源地。夏威夷、西班牙、美國本土各地區，及台灣原住民卻是以其特殊風味之音樂著名。

　　旅館常是提供人們認識當地音樂最好的場所，晚間娛樂節目、音樂會、錄音帶、錄影帶等，對國家藝術的闡揚有所裨益。休閒活動旅客購買回家當作紀念品的唱片或錄音帶，可以使他經常接觸到某一地區的文化並回味該國音樂之歡樂與優美。例如台灣原住民音樂不但在國內樂壇逐漸被肯定，也被許多外國人士所喜愛。

(四)舞蹈

　　富於本地或民族色彩的舞蹈可帶給休閒活動旅客美感與興趣。幾乎所有的國家都有其本國舞蹈或民族舞蹈。舞蹈與民族音樂的配合是文化的一部分，故常列在休閒活動娛樂節目中。旅館也是許多從事此種表演的最好場所，但地方戲院、夜總會也同樣可以從事此種表演（**圖1-2**）。

　　以舞蹈作為其文化表現的著名例子有墨西哥的民族芭蕾舞、巴西森巴舞、蘇俄芭蕾舞、東歐國家的民族舞蹈、許多非洲國家的舞蹈、泰國舞、日本歌妓、夏威夷的草裙舞，以及台灣原住民豐年祭的舞蹈等，皆具有其特色。

(五)手工藝

　　購買禮品及紀念品常是休閒活動旅客最感到興奮的活動，所出售的物品必須是在休閒活動所屬國家製作的才真正具有價值。因此休閒活動行程中，實際參觀製作手工藝品是一項令休閒活動旅客

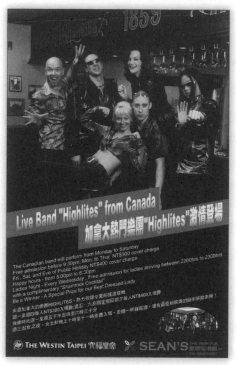

圖1-2　旅館的外國風味餐廳樂團表演

資料來源：六福皇宮大飯店。

非常嚮往的活動。讓休閒活動旅客親眼看到手工藝師傅製作手工藝品，並可當場或在鄰近商店購買這些產品，乃是一種非常有效的推銷技巧，而購買人也同樣可獲得相當大的滿足。

例如到荷蘭買木鞋，到澳洲購買二千年奧運相關紀念品；在台灣旅遊時到蘭嶼買手刻的獨木舟，到三義木雕、鶯歌的陶藝品等皆是不錯的休閒戰利品。

(六)工業

大多數的旅客，尤其是國際休閒活動旅客，都會對各國的經濟感到好奇。因此他們對一國的工業、商業、製造產品，及其經濟基

礎等，都抱有相當大的興趣。

工業參觀為提高休閒活動旅客認識該國經濟文化的一個最佳方法，同時也為所產製的產品提供了一個潛在的市場。一個人一旦親眼看到製造一種產品的技術以及所費的心神，便會對該項產品大感興趣。如台灣菸酒公賣局可試飲啤酒、美國底特律的汽車博物館觀看汽車工業的發展史，都是很好的例子。

(七)商業

商業機構，尤其是百貨公司最能引起休閒活動旅客的興趣，遊憩區附近的購物中心便是最好的例子。在此種購物中心，各式各樣的商品集中在一起，休閒活動旅客可輕易找到所需要的東西或服務。

購物為休閒活動最重要的一環。有吸引力、清潔、有禮貌，以及具備各式各樣的產品，為吸引購物之最重要因素。事實上，彬彬有禮而又熱心的店員幫助休閒活動旅客尋找所需的東西，常可為國家爭取到許多的國際友誼。舉世專作休閒活動旅客生意的最成功例子也許應該首推香港。在香港，購物活動已成為休閒活動旅客在該地旅行過程中最重要的一部分。另外像雪梨的維多利亞購物中心更是澳洲旅遊必備的行程。

(八)農業

一個地區的農業同樣會引起休閒活動旅客的極大興趣。例如：農業聚落（如農舍、農田）、農作的方式（如牲畜、乳酪業、鮮果、蔬菜等），均可成為文化中誘人而有趣的一面。

在許多地區，供應本地農產品的農產市場或路邊攤亦為服務旅客的一個項目，尤其來自鄰近農場而可供休閒活動旅客當場享用的鮮果、蔬菜、蜂蜜或其他飲料，以及其他土產，均可使休閒活動旅客增進對地方之認識與體驗。紐澳二國的休閒觀光牧場除了可以觀

賞娛樂性較高的農牧實際運作方式外，更可以留宿，真正體驗鄉村農牧生活。

農業發展與農業服務，可使休閒活動旅客親眼目睹各種農產品及其作業，甚至品嚐各式產品，例如在陽明山觀光休閒果園、木柵貓空觀光茶園的一日遊，休閒活動旅客可在果園中享受田園之樂。

(九)教育

各國著名的大專院校的校園都是經過精心設計，值得做一次愉悅而具啟發作用的參觀。例如英國牛津、劍橋，台灣的屏科大、東海大學等著名大學本身，便是一項極重要的休閒活動資源。而國內目前流行的遊學活動便是一個典型結合休閒與教育的產物。

(十)文學

書籍、雜誌、報紙、小冊子，以及其他文學出版品實為一國文化最重要的表現。另外各國著名的圖書館都有設備完善的閱覽室及舒適、迷人的環境。旅客可在此閱讀該國歷史、文化、藝術和習俗的書籍。

(十一)科學

一個國家的科學活動也可吸引休閒活動旅客，尤其是工業界、教育界，或科學研究人士感到興趣的項目。從事休閒活動推廣的機構應該為科學界提供各種服務，如交換科學資料、代為安排科學研討會、參觀科學設施及其他與蒐集科學資料有關的活動等。

參觀科學博物館、工業博物館、天文台、核能電廠、太空探測中心等特殊科學設施，均可招來休閒活動旅客。例如：佛羅里達州東北部的甘迺迪太空中心，或台中的國立科學博物館，每年均吸引大批的休閒活動旅客，並為一般旅客提供科學教育的機會。

(十二)政治

政治制度舉世不同。訪問他國可以瞭解其政治制度與本國不同之處。例如前往共產國家,可以發現東歐或蘇俄的政治型態與民主國家迥然不同。

政治機構或建築物常常構成休閒活動市場的另一個重要部分。訪問華盛頓特區,參觀美國參眾兩院的立法過程,常是重要的行程之一。在台灣,星期天前往總統府參觀也成為休閒活動重要的一部分。

(十三)宗教

有史以來,宗教上的朝聖一直是一項重要的旅行動機,最著名的是回教徒到麥加去朝聖,基督徒或猶太教徒到以色列耶路撒冷旅行,正如同許多天主教徒前往羅馬梵蒂崗旅行的心情一樣。時至今日,宗教活動在休閒旅遊上仍極重要。每年都有成千上萬的人前往所屬教派之總部及其宗教聖地朝拜。此類旅行通常係採取團體旅行的方式。在世界各角落均可發現前往著名教堂及各宗教總部朝拜的清教徒旅行團。

參觀各教派的教堂、寺廟也是另一項重要的行程,如巴黎的聖母院和羅馬的聖彼得大教堂、泰國的廟宇、台灣的龍山寺、佛光山、錫安山,均為重要的休閒活動資源。

(十四)飲食

休閒活動旅客最欣賞各國的當地食物,尤其是具有地方或民族特色者。例如中國菜、法國菜等均以具特色而舉世聞名,台灣地方小吃也遠近馳名。因此,旅客在旅行時,必然也想品嚐當地不同口味的菜餚。

餐廳以及旅館如果能以本地菜作為號召,並在菜單上說明各

道菜的材料及烹飪方法，必可使休閒活動旅客留下難忘的印象。休閒活動旅客之購買本地食物及飲料亦為休閒活動收入來源，而休閒活動旅客本身也可得到好奇與滿足。因此休閒活動旅客也可購買罐頭食品、酒類、新鮮水果帶回旅館房間享用，以體驗該國之飲食文化。例如基隆廟口小吃、高雄六合夜市、屏東萬巒的豬腳，常為前往該地從事休閒活動旅客所津津樂道。

(十五)歷史

一個地區的文化遺產可由其歷史資源表現出來。事實上，有些休閒活動係純以參訪歷史古蹟作為重點，例如中國的萬里長城、北平的故宮、埃及的金字塔、羅馬的梵蒂崗等，都是重要的觀光休閒活動重點。

參觀歷史博物館，可以瞭解一國的歷史，常受休閒活動旅客所歡迎，世界上較著名的博物館計有紐約的自然歷史博物館、倫敦的不列顛博物館各分館，以及各大城市的博物館等等，常吸引休閒活動旅客前往。

近年來在歷史的介紹方法上也有極大的革新。許多觀光地區利用新的科技產品，來介紹當地之歷史背景，使休閒活動旅客能有身歷其境的感受，如利用擴音器、廣播錄音及音響效果來說明某一特殊重要建築或地方的歷史，並使用各種燈光以增其效果，俾將觀眾的注意力吸引到該地點的各部分上去。例如羅馬的古羅馬廣場上每天晚上都用五、六種語言介紹羅馬的歷史，休閒活動旅客可以聽到各帝王的聲音及羅馬焚城時的火焰爆裂聲。

(十六)民族

接待賓客時，中國人拱手作揖，美國人握手或以唇親女賓右手以示有禮；法國人做熱情的擁抱，並吻客人的面頰；而波里尼西亞人（Polynesians）與紐西蘭毛利人則互觸鼻尖。在行使此類形形色

色禮節的人民看來，這些舉動非常合理；但在那些不習慣於這類禮節的人們眼中，就認為有趣好笑，甚至荒謬古怪了。

印度的許多地方以及回教世界，婦女們不但上衣下裳，穿著整齊，而且還要戴上面罩；歐洲婦女則是只穿衣服不掩遮面龐；非洲婦女們赤裸雙乳；若干地區甚至全身一絲不掛，她們習以為常並不覺得可恥，但是若由我們看來，會認為女人受禮教約束戴面罩是件愚蠢、頑固的行為，而對赤身裸體，則更覺有失教養。

第五節　地理、氣候與休閒活動

氣候與人類從事休閒活動之間有非常密切的關係，茲分別略述如下：

一、氣候的區域差異是引發休閒遊憩動機的重要要素之一

整個世界因地理區位差異，產生各種不同的氣候型態，因而形成各具特色的自然景觀，是引起休閒活動動機的重要因素。如新加坡接待的觀光客為其總人口的八倍，主要原因是新加坡雖地處赤道，卻因樹木繁茂，加上受海洋氣流的滋潤，四季如春，終年陽光和煦，碧綠的海水，吸引很多來自世界各國的渡假遊客。

瑞士與尼泊爾係屬山地氣候國家，許多地區山高雪厚，未受現代化的工業污染影響，保持大自然原有面貌，因而每年吸引不少北美、日本等國的休閒旅客前往。

(一)良好的氣候條件，有利於休閒活動勝地形成

地中海沿岸是世界休閒活動業最發達的地區，主要是因為該地

冬暖夏涼，綿長的海岸成為溫暖的浴場。每年吸引各國無數的休閒旅客前往。綜觀地中海沿岸的西班牙、希臘、義大利、法國等負有盛名的休閒旅遊國家，皆是充分利用地中海的溫和氣候、湛藍色的海水、美麗與芬芳的植物群落來開發旅遊休閒活動地。如西班牙之金色海岸、白色海岸、太陽海岸、光明海岸，以及義大利的天藍海岸，原來皆為荒蕪的海灘，而今拜氣候所賜，成為該國吸引休閒旅客與游資的巨大金岸。

(二)休閒活動勝地的休閒活動價值受氣候條件限制

驅暑避寒在古代是帝王的專利，但現今已成為現代人從事休閒活動的主軸之一。冬季寒冷地區的遊客前往溫暖而富有陽光的地區進行休閒活動，夏季濕熱地區的遊客前往涼爽乾燥的地區旅遊，乃為世界各地休閒活動的新趨勢。

(三)休閒活動勝地要充分利用「小氣候」

所謂「小氣候」是指貼近地面的小地區之氣候變化，相對於受緯度、海陸分布、大地形等因素控制而形成的大範圍氣候。此種氣候除沒大氣候的限制外，常受局部地形之起伏、坡向、土壤性質、植物覆蓋等地方因素和人為作用的影響。小氣候包括城市氣候、森林氣候、湖濱氣候等各種地方氣候，此種氣候因具有地區之特性，因而常形成特殊之休閒活動勝地。澳洲雪梨雖與北京緯度相當，卻因北、西、南各由一個國家公園包圍，加上市內保留五分之一作為綠地，讓它成為一個四季如春的知名城市。

(四)發揮氣候「個性」，形成特有的休閒活動景觀

充分利用休閒活動地區的氣候特性，選擇發揮氣候「個性」，形成特有的休閒活動景觀，常可吸引大批休閒旅客前往。例如印尼的茂盛植物園、挪威霍爾門科滑雪博物館，皆是因地制宜充分利用

其國家的氣候資源。而紐西蘭奧克蘭因海風強勁發展為「風帆之都」，澳洲墨爾本號稱是「四季之都」（the city of all seasons），在於凸顯該城市善變的天候。

綜合上述可知，氣候與休閒活動旅遊關係密切。除上述幾點外，氣候還會影響路線的選擇、服務設施的提供、休閒活動節目的變化……等。因此掌握氣候之特點與規律性，有利於休閒活動旅遊的發展。

二、地理環境與休閒活動

除了氣候條件以外，自然環境中還有許多影響休閒活動發展的要素，特別是一個地區的特有地理環境最能吸引休閒旅客。地理景觀，係依該地區的地形、氣候、土地利用（如海濱遊憩地、冬季活動設施），讓休閒活動者身歷其境，對該地區景物所產生的整體印象。因此一處休閒活動地點的地理環境美好與否，乃是吸引休閒旅客前往的重要原因。美國舊金山地形高低起伏大，原不適合作為良好的居住環境，但善加利用卻成為全球最有名的電車之旅的城市。

以歐洲的阿爾卑斯山或紐西蘭南島的皇后鎮，除了大眾化的冬季運動設施之外，該地區的遊憩地，在夏天同樣吸引許多的休閒旅客前往觀賞那壯麗的山岳景色，一年四季更有許多登山客前往該地體驗大自然造就的冰河景觀。

除了山地景觀以外，水邊亦是形成迷人景觀的要角，例如海洋、湖泊、河川，在該地區不但可欣賞優美風景，同時又可從事游泳、滑水、駕獨木舟、釣魚等遊憩活動，例如日月潭、珊瑚潭的山水連天、湖光倒影，形成台灣重要的休閒活動地點。

一般而言，一個地區除了有令人愉悅的景色以外，一些特有的自然界特殊地質景觀，也常會吸引休閒旅客前往，例如火山、瀑

布、洞穴、峽谷……等。以世界七大自然界奇觀而言，即皆與地理
景觀有關：

1.美國大峽谷——地球上最大的裂縫。
2.維多利亞瀑布——咆哮的雲霧。
3.阿拉斯加的冰河灣——冰雪幻境。
4.猛獁洞——變化無窮的洞穴。
5.珠穆朗瑪峰——世界的屋脊。
6.貝加爾湖——世界最深的湖。
7.黃石公園——世外桃源。

世界各國休閒活動地區，尚有許多以地景聞名於世，例如義大
利的維蘇威火山、美國與加拿大的尼加拉大瀑布、冰島與紐西蘭的
噴泉、澳洲的大堡礁……等。

 ## 第六節　台灣休閒的趨勢

近年來，休閒活動愈來愈受國人重視，而未必「有錢」才能
「有閒」的生活方式，也逐漸成形。展望未來的休閒活動，隨著國
民所得的增加和知識水準的提升，除了傳統即興式的休閒方式（如
上館子、逛街、到近郊公園散步）之外，可能會朝著下面五個方向
發展：

1.中等家庭會將休閒的觀念融入平日生活中。每一個家庭，都
　會有或大或小的休閒房。收入較高者會爭相在鄉間、海邊或
　山上購置渡假別墅或參與付費的俱樂部，在自己擁有的天地
　裡，享受休閒的樂趣。

31

2.休閒活動將成為生活中極為重要的資訊。而提供休閒資訊的各種軟硬體會更企業化經營。硬體部分包括各種休閒書籍和定期出版的雜誌。安排休閒活動將成為一種企業，一種學問。

3.休閒活動將朝著更有組織的企業化型態發展。社會中產階級，尤其是經理階級，可能尋求加入單項或多項的休閒活動為主體的俱樂部，充分享受休閒的樂趣。

4.個性化的休閒方式將更受歡迎。受不了假日蜂擁的遊樂人潮，有心人尋求更富自主性與挑戰性的休閒活動。這些活動的共通點是：人數不多、難度高而且需要相當技巧。例如：潛水、小型賽車、機帆船、風浪板、滑翔翼、野溪泛舟、攀岩等休閒活動。台灣的地形，多的是急流與岩壁的山林或豐富的海洋資源，這種自然環境的特色是一般活動所沒有的優越條件。

5.旅遊活動已成為上班族年度支出計畫中的一個大環節，旅遊團不再盡是老年團或進香團。知識水準提高、年齡層次降低，出國渡假、渡二度蜜月，增加生活視野，在在都將使得年輕人成為旅遊業的新寵。

另外，在跨世紀當中，消費者對休閒觀光的態度與偏好已經改變，至少包括以下各點：

1.對於傳統媒體充斥廣告感到厭煩，寧願聽從口碑訊息。

2.消費者對業者的忠誠度降低。

3.走馬看花式的觀光旅行不再能滿足，開始對文化認同、生態意識產生興趣。

4.喜愛「探索」（explore）甚於「旅遊」；須是能親身參與，樂在其中的規劃。

5.喜歡新奇活動及設計，逐漸喜歡定點深度休閒活動。

6.追求各種不同的休閒體驗，獲得難忘的經驗與回憶，追求心靈層面真正的滿足。

7.高檔旅遊玩樂風氣逐漸形成。

最近一項研究發現，旅遊最新趨勢之一就是新田園主義時代的來臨。生活在工商業極度發展的空間中，人類會自我設計一段循環期間，刻意逃離繁忙的工作場所，嚮往鄉野悠閒情調之鄉村生活（綠色生活），這個風潮正在全球各地急速增加。

這些族群以「享受悠閒時光」和「活用大地資源」為優先考量，作為其基本生活價值觀。選擇「移居田園，享受綠色假期生活型態」為基本生活態度目標。世界休閒旅遊趨勢也從「綠色旅遊」（green-tourism）、「山林旅遊」（eco-tourism）、「遺跡旅遊」（heritage-tourism），朝向「長時間停留渡假」（long stay），甚至於「離群索居」（hide away）的最新趨勢。

除此之外，已開發國家高齡社會的形成，銀髮族旅遊市場前景可觀。高所得國家的工作壓力太大，假期減少，因此短天期、精緻化、追求自然、紓解壓力的休閒渡假行程將大受歡迎。另外符合東方養生的傳統藥草spa或醫療保健（泰國、大馬與韓國皆列為重點發展的方向）等套裝遊程模式亦大有可為。

願不願意到玉山賞雪、蘭嶼聽音樂、綠島泡溫泉，或是和三五好友一同觀賞一甲子才出現一次的流星雨？還是喜歡與三五好友一同到墾丁乘風浪板、駕帆船，享受海水與陽光？「新休閒人口＋新休閒方式＝嶄新的休閒哲學」，這正是二十一世紀國人新的生活態度與指標。

Go Go Play 休閒家

看，流星……讓我們觀星去！

想許個願嗎？想求婚嗎？千萬別錯過製造浪漫DIY的最好機會！

一星期繁忙的工作過後，終於在週末前夕獲得暫時解脫城市的夜空，拋開五彩霓虹，已經好久沒有享受擁抱星空的感覺，好久好久……

讓我們喚起星夜的精靈，徜徉在浪漫的星空下，來個徹夜不歸……

都市化的腳步伴隨日趨嚴重的環境污染，加上都市觀星最大的敵人「光害」，要在城市裡看到一顆明亮的星星，已經成為一個奢侈的願望。

其實，只要找到沒有光害的地方，便是觀星、探尋流星的天堂，像山上、海邊，以及離島，都是很不錯的選擇。讓我們帶您到屬於星星群住的山崗或海濱，尋找被遺忘的星空之城。

北橫公路（☆☆☆☆）

觀星要訣：北橫公路是連接桃園至宜蘭之間的主要道路，涵蓋了兩縣之間的主要風景勝地。觀星以上巴陵方向的「達觀山自然保護區」的停車場視野最佳。

北海一周：台北─淡水─沙崙─白沙灣─金山（☆☆☆☆）

觀星要訣：在北海濱海地段，有相當多的賞星好景，尤其是台灣最北端的富貴角，更是集星光之大全。

台北陽明山（☆☆☆☆☆）

觀星要訣：陽明山區一直是台北市最佳的觀星地點。以後山公園為主，其中「擎天崗大草原」更以視野遼闊出色。

石門大壩（☆☆☆☆☆）

觀星要訣：位於大漢溪的中上游，三面環山，沿著石門公路往上走，只要是視野廣闊的地方，都可以看到滿天星星。

新竹尖石（☆☆☆☆☆）

觀星要訣：從台三線轉120號縣道即可到達尖石鄉，這個路段大都沒有標示牌作為指標，但是由於地處偏遠，光害較少，可算是北部地區觀星最佳選擇。

台中梨山（☆☆☆☆☆☆）

觀星要訣：谷關至福壽山農場地點被譽為「全台第一觀星聖地」，而且交通及食宿都很方便，是觀星最理想的地點。

宜蘭太平山（☆☆☆☆☆☆）

觀星要訣：太平山的入口恰好位處中橫宜蘭支線和北橫交叉口，因此，可選擇太平山莊或仁澤山莊作為觀星基地。

花東縱谷（☆☆☆☆☆）

觀星要訣：從花蓮市區往壽豐鄉方向即可入花東縱谷，車程約需30分鐘即可到達鯉魚潭，此地視野遼闊，星空景色宜人，非常適合享受湖濱的星空饗宴。

高雄月世界與阿公店水庫（☆☆☆☆☆）

觀星要訣：此地靠嘉南平原的末端，地勢起伏，但視野遼闊，抬頭隨便望望都可以看到一堆星星，是南台灣觀星活動不錯的選擇。

屏東恆春半島與墾丁（☆☆☆☆☆☆）

觀星要訣：整個恆春半島的觀星重點都集中在墾丁國家公園，從南灣帆船石、龍磐大草原到佳樂水，都是南台灣著名的觀星勝地。

資料來源：取材自美國安泰人壽，《生活卡意》，1999年秋季號。

休閒事業概論

36

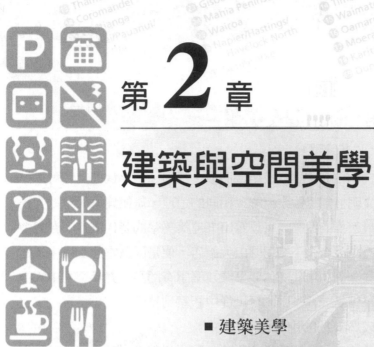

第 **2** 章

建築與空間美學

- 建築美學
- 空間美學
- 空間與照明

第一節　建築美學

　　人類文明由人文與科技結合而成，任何一個年代的文明可以由它「住的文明」加以觀察瞭解。相同的道理，旅館建築從早期的民宿到現代最宏偉的建築，可以看出來建築美學的時代演進。台灣地區的民眾應該沒有人不知道圓山大飯店，便是因為它的宏偉中式建築令人印象深刻。現代的休閒事業建築爭奇鬥豔，對參與其中的消費者而言不但是一種享受，更可從中觀察到特殊的文化特質。文化休閒已經成為重要的現代休閒活動。

　　換個角度看，休閒旅遊的對象，除了天然奇景，也包括參觀與欣賞一國的歷史文物，而建築更是表現一地區之生活方式、文化傳統、宗教信仰與風俗習慣於一身的空間藝術品。因此我們在進入空間美學前，先對世界各個主要文化的建築特徵做一個初步的瞭解。

一、埃及建築

有關埃及建築物之特徵，分述如下：

1. 埃及建築的平面多數是矩形或正方形，但並不一定是對稱格局。如金字塔或平頂石墓常附有祭殿（offering-chapel），而停屍廟（mortuary temple）均做不對稱排列，也不依某一中心軸配置。

2. 埃及建築可說是金字塔和柱廊的建築（pyramid and column architecture）。埃及人深信人於死後經過若干時間，靈魂可返回肉體。所以發明了香料保存屍體的方法，所保存的屍體

即所謂「木乃伊」（mummy）。又從事大陵墓，如金字塔（圖2-1）、平頂墓屋及岩墓（rock-cut tombs）等之建築。

3.埃及神廟有在平地上建築的和開鑿山岩而成的兩種：前者的門前大道兩旁置獅身石像（sphinxes），獅身石像行列的盡頭是高聳的牌樓或稱塔門（pylons），門前樹立了方尖碑（obelisk）以增威嚴。神廟建築之平面為狹窄長方形，四周以重之高牆圍繞，廟宇屋頂由前往後逐漸降低，而地面則漸高，呈內部空間愈小形狀，廟宇前庭有庭院，大門採光較佳，愈裡面愈暗，顯得神秘莊嚴，因無窗子，故僅有路縫微光照明。

4.埃及的建築裝飾多取象徵性雕刻或圖案，例如：日盤飾、日球飾及展翅之兀鷹飾均為保護的象徵，用螺螂（又稱聖甲蟲）作為復生的象徵。其他如螺旋飾及羽毛飾亦常使用。埃及的浮雕，早期線條較淺，後期線條較深，人物全取側面像。所用顏色以紅、黃、藍三原色為主。獨立雕像中有人像、神像及獅身像，獅身像又分為：(1)人頭獅身像（andro-sphinx）；(2)羊頭獅身像（crio-sphinx）；(3)鷹頭獅身像（hieraco-sphinx）。

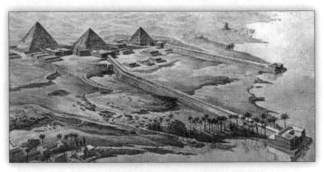

圖2-1　金字塔是埃及建築的代表

資料來源：台北大學。

二、希臘建築

主要特徵如下：

1. 愛琴人善用亂石築防禦工事，希臘人則用多角形石塊砌牆，如用大理石砌牆時則將石塊磨至最光滑程度，不用灰漿等黏結劑，而靠石塊本身重量或加金屬勾搭使之牢固。

2. 希臘人用牆角柱（anta）加強牆角的力量。簡單而對稱，面積雖然不大，但比例優美，顯得莊嚴偉碩。多為宗教建築而很少實用建築。拱圈、穹窿雖有發現，但很少應用。 希臘廟宇多朝向東方，讓晨曦照亮神像（**圖2-2**）。

3. 牆與樑柱：線腳的雕刻，精細柔美，花式繁多。

4. 希臘的雕刻藝術非常高明，無論雕像或浮雕上的人物比例正確，姿態優美。加以善用色彩，配襯適宜，於是更顯突出。廟宇的裝飾除雕刻外，亦有用油彩及壁畫的。完善而單純的希臘藝術表現了他們民族愛美的天性。

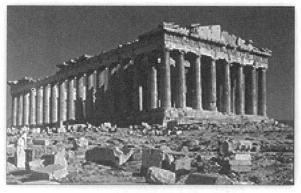

圖2-2 希臘建築強調高柱向陽

資料來源：成功大學建築系。

三、羅馬建築

羅馬帝國發祥於義大利半島，包括義大利半島南端的西西里島，半島北連歐洲大陸，向南伸入地中海。當全盛時期爲一跨歐、亞、非三洲的大帝國，當時地中海實爲其內海。主要特徵爲：

1. 平面：羅馬人用柱式作爲牆壁之裝飾，並在牆角用壁柱（pilaster）加強其力量。屋頂以拱頂或穹窿遮蓋，小型廟宇以做木屋架，上蓋陶瓦、大理石片或銅片等。屋頂下部多鑲大理石板製的格子平頂，亦有用灰泥粉刷或其他浮雕裝飾。羅馬廟宇正面向廣場，利用廣場以壯觀瞻。

2. 內部結構與裝飾：羅馬人利用拱圈、拱頂、穹窿等建築法，故跨間寬大，門戶開闊。並多壁龕及退凹處。柱子在拱圈式結構上不很重要，羅馬除承襲希臘式柱子外，線腳華麗。

3. 門窗多採用拱圈結構，柱子用作支撐拱圈或作門窗旁的裝飾。門頭爲半圓形或方形，特別著重門頭的雕刻裝飾。窗戶亦用半圓拱圈。

4. 羅馬的各種雕刻及浮雕多模仿希臘作風，或直接僱用希臘工匠製造。另以馬賽克及壁畫作爲地坪及牆壁上的裝飾。他們的藝術豪放渾厚，表現了他們民族愛力的天性。

四、仿羅馬式建築

歐洲人從羅馬帝國殘存的古蹟與廢墟中領會到羅馬建築的眞義，再把攙和各地區不同的自然因素及人文因素而形成一種新的建築式樣，即所謂仿羅馬（Romanesque）建築，「仿羅馬式」的名稱

其實遲至十九世紀初才被藝術歷史學家所提出。在此之前，一般的認知只是將它視爲早期基督教藝術與哥德式藝術之間的過渡時期而已；但在現在，它則被認爲是重要而且具有獨特風格的建築藝術時期。

「仿羅馬式」一詞即意味著「帶有古代羅馬的風格式樣」之意，故其內在精神也含有對古典羅馬文明的追求意思。羅馬式藝術的風格主要表現在教堂的建築與裝飾教堂的雕刻作品上，透過中古世紀修道院的修整，創造出強烈的教堂建築形式，也激發出新的建築技術與藝術風格。仿羅馬式藝術在十一世紀逐漸成熟，至十二世紀達到巔峰，可說是當時「泛歐洲」的藝術主流，其影響力延續到十三世紀。

「仿羅馬式建築」主要特徵爲：

1.主要結構集柱墩（clustered piers，亦稱簇柱墩），爲使正殿的寬度等於通廊的兩倍，並使正殿的交叉拱頂結構法得到合理的解決，於是產生荷重的集柱墩，因爲它將受力的方向明確的表現出來，故柱子的剖面爲方、圓及各種幾何圖形的重疊。

2.拱頂及拱圈（round arch & vaulting），將羅馬建築的交叉拱頂改進，使重力集中到支柱上，不再需要堅固的牆垣，但平面仍難接近正方形。處理長方形平面拱頂的方法，先是升高窄邊拱頂的圓心或降低對角弧（diagonal groin）的圓心，其對角肋的投影扭曲的波浪形不太美觀。後改用六分拱頂，於是正殿寬度常爲通廊的兩倍。

3.教堂是最早採用玻璃的建築物，染色玻璃技藝的發展也從這時期開始。主要雕刻均在寺院教堂的進門處，因爲當時不識字的平民爲數不少，故利用圖形解說宗教教義，如最後的審

判、耶穌升天、耶穌降生、三博士朝見、出埃及記等聖經上
的故事。又以翼人、翼牛、翼獅及鷹為四福音的象徵（圖
2-3）。

五、哥德式建築

　　從十八世紀中葉起，一直到十九世紀末，歐洲建築的演進背
離了傳統依循原則思想，一種致力於崇古風格的風潮，將建築的藝
術內涵轉化為裝飾性的輪廓塑造與立面素材的排列組合能量，這
種輕視理念創新的仿古潮流，被後人稱為十九世紀建築復古運動
（Revivalism）。這中間包括了建築史上各個時期的建築樣式模仿
風潮，例如：仿希臘式復古、仿羅馬式復古、哥德式復古及文藝
復興式復占等，最後出現將不同時期的風格融合並陳的折衷運動
（Eclecticism）。

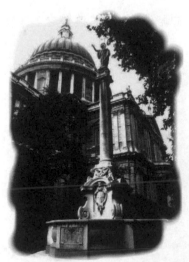

圖2-3　英國聖保羅大教堂是仿羅馬建築的代表
資料來源：電訊盈科互動媒體有限公司。

43

　　哥德式建築起源於中世紀的法國，流行於1100年到1500年這四百年之間，影響範圍遍及整個歐洲，甚至到了十八世紀，歐洲許多國家仍然喜歡興建哥德式教堂。1140年重建、位於巴黎近郊的聖丹尼斯教堂，被視為哥德式建築的濫觴，設計者Suger也被視為哥德式建築的創始人。不過，當時這種建築樣式並不叫「哥德」（Gothic），這個名字是後來文藝復興時代的義大利建築師及作家Giorgio Vasari所給的稱號。「哥德」的由來起源於中世紀蠻族入侵歐洲，其中最有名的就是哥德人。義大利人將這種起源於法國的建築樣式叫做「哥德式建築」，其實帶有濃厚的諷刺意味。

　　哥德式建築看起來精緻繁複、空間寬廣，建築特色主要有三：尖拱（pointed arch）、肋筋穹窿（vault rib）和飛扶壁（flying buttress），另外，一般人對哥德式建築的印象則是來自大型彩繪玻璃。不過，這些元素早在哥德式建築出現之前便已存在，只是經由哥德式建築的重新組合，賦予新的美學或宗教上的意義罷了（圖2-4）。

　　具特色的哥德式雕刻都附屬於建築之上，特別是展現在教會建

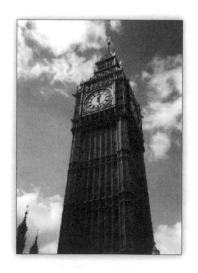

圖2-4　英國倫敦西敏寺是哥德式教堂的經典之作

資料來源：海外逍遙遊資訊網。

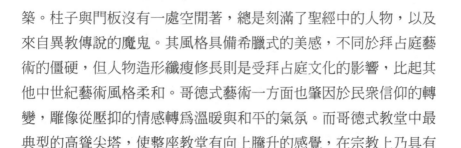

築。柱子與門板沒有一處空閒著，總是刻滿了聖經中的人物，以及來自異教傳說的魔鬼。其風格具備希臘式的美感，不同於拜占庭藝術的僵硬，但人物造形纖瘦修長則是受拜占庭文化的影響，比起其他中世紀藝術風格柔和。哥德式藝術一方面也肇因於民眾信仰的轉變，雕像從壓抑的情感轉為溫暖與和平的氣氛。而哥德式教堂中最典型的高聳尖塔，使整座教堂有向上騰升的感覺，在宗教上乃具有接近上帝的象徵意涵。

哥德式建築係仿羅馬式建築演進而成，仿羅馬建築則源自羅馬建築，而羅馬建築乃集合希臘建築的楣樑式結構和伊特拉斯坎建築的拱式結構之大成。所以哥德式建築承繼了西洋建築藝術的正統地位。其主要特徵為：

1. 由於教堂不斷需要增建或擴大，於是不得不在結構方法上加以改良，把力線集中到若干點，而以柱墩及飛扶壁支撐抵抗。牆垣本身已無重的負擔，因此由羅馬式或仿羅馬式厚重的牆垣，蛻變為輕巧的簾幕牆（curtain wall）。
2. 哥德式建築利用尖拱圈及尖拱，以解決在各種長寬不等的平面上建拱頂的問題。由於尖拱被合理的應用後，教堂建築有明顯的進步。

六、巴洛克式建築[1]

巴洛克是十七世紀的歐洲在藝術上最重要的風格，相對於哥德式建築的華麗繁複，巴洛克的簡約莊重歷久彌新。「巴洛克」

---

1 本小節主要取材自監察院與奇摩雅虎知識網站，http：//tw.knowledge.yahoo.com/。

（Baroque／Barock），源自葡萄牙文，是「變形的珍珠」之意，隱含有貶抑的色彩，因此巴洛克建築之風格在於建築物外貌簡約精美的裝飾及雕琢，造就出一種輕盈流暢之動態感，並藉由外在光線的鋪陳，營造出一種如幻似真的感覺，配合精美絕倫之工藝技巧，予人一種輝煌莊重之感。裝飾華麗、簡約古典的樣式、曲線裝飾並用，橢圓形大廳與圓形屋頂是常見的型態；更注重建築物四周景觀，如廣場、庭園、雕像與噴泉的相互搭配映照，台北二二八公園內的歷史博物館是一例，監察院更是台灣保存最完整的代表作。

巴洛克藝術最早起源於義大利，全盛時期在1600年到1750年之間。義大利最著名的巴洛克建築當屬羅馬教廷的聖保羅大教堂及其廣場。聖保羅大教堂的圓頂穹窿為文藝復興式建築的代表作，然具有宏偉廊柱的大型廣場與教堂內部之精美裝飾則表現出巴洛克式的完美風格。

然而當今最具代表性的巴洛克建築實屬法國的凡爾賽宮，凡爾賽宮象徵了法西斯王朝絕對專制王權的權威。它將宣揚王權威望所需要的一切雄壯與威嚴藉由精美的裝飾而化為外在型態，內斂卻外顯可謂為巴洛克建築一項特殊的風格。

巴洛克建築的最大特色為氣象雄偉和富麗燦爛。這種藝術風格在十六世紀下期源自義大利，後來傳入法國，然後再傳播到歐陸其他地區，風行於十七世紀。它的主要特色有：

1.巴洛克建築的特點為雄偉、雕琢和裝飾華美，並且廣泛而大量地應用「古典」的因子與素材，如圓頂、拱門、樑柱和神話故事的雕塑。巴洛克建築的外形多在裝飾上的細膩且莊嚴的氣氛，讓人有親臨中世紀教堂祭壇的感受。內部則堂皇無比，裝飾多配以鍍金、銀飾與明鏡。

2.巴洛克藝術家嘗試用突出的手法來表現平衡的效果，展現對

　　文藝復興時代藝術重視勻稱、節制和秩序的反撲。

3.巴洛克藝術是對抗宗教改革的產物。處於君主專制的時代，
　需要莊嚴富麗的風格以表現帝王的威權。公然對抗改革之
　後，激起了宗教式的熱情，此種風格本身也是宗教運動特質
　的展現。台北總統府（原日據時代總督府）是台灣最大型、
　最具威權統治概念的巴洛克建築。

七、回教建築

　　以阿拉伯半島為起點，包括波斯、美索不達米亞、敘利亞、巴
勒斯坦、埃及、北美洲、西班牙等地的全部或一部分屬於回教或稱
伊斯蘭教的勢力範圍。巴基斯坦及南洋部分地區亦信奉回教。所以
回教世界跨有歐、亞、非三大洲的廣大區域。回教建築的主要特徵
如下：

1.回教世界各地的氣候雖然不同，但因大都靠近赤道，許多地
　區因陽光猛烈故門窗窄小，並喜歡能遮蔭的遊廊（arcades），
　寺院的屋簷多向外伸展。在印度等地區，門口的上部和窗子
　外加上精緻的鏤空花框架，在近東地區盛行平屋頂，故採用
　壓簷或稱假牆（parapet），使屋頂成為黃昏時納涼的好地方。
　回教建築的三個主要項目為寺院、陵墓、住宅。早期的回教
　建築無論是寺院、皇宮或住宅，都有一個寬大的露天庭院，
　庭院的四周為連續拱圈式迴廊或為低矮的平頂房屋。通常比
　較重視內部的裝飾和配置，而忽視外部所予人的觀感。
　屋頂因建築方法不同可分為平屋頂、拱頂、圓頂（即穹窿）
　等。平屋頂多以木材建造，上面鋪磚瓦。至於拱頂或穹窿的
　建造因受拜占庭建築的影響。穹窿有球形、尖頂球形及梨形

穹窿（pear-shaped dome）等。原來穹窿是墳墓的代表，但後來穹窿下面並不一定有墳墓。拱頂或穹窿的建築材料乃磚或石，外表則用彩色鮮明的琉璃瓦鑲嵌，偶爾亦用灰泥塑製複雜的幾何圖案。

2. 回教建築的牆垣用泥磚、窯磚或石砌。內牆或外牆常加裝飾鑲貼，外牆多用浮雕或黑白二色或其他彩色的石砌成相間隔的橫條紋，這是模仿拜占庭建築的風格。牆頭有鳥冠飾（cresting to walls）及雉堞，也有在牆頭上建裝飾用的小亭子。內牆表面常用彩色大理石鑲嵌幾何圖案，亦用釉磚或灰泥做各種裝飾（**圖2-5**）。

3. 回教建築的門窗頭及遊廊上常用拱圈，有尖拱式、馬蹄式、洋蔥式、高腳式等各種拱圈。門窗一般均較窄小，門框的頂部及窗框上常加鏤空花框架。大理石、木材或灰泥均可製架根。窗子上很少安裝玻璃。回教建築多用遊廊，既可遮蔽烈日，又涼爽通風。

4. 因為回教聖典《可蘭經》內規定：建築物不能以自然界的動

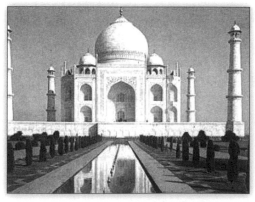

圖2-5　印度阿格拉泰姬瑪哈陵

資料來源：資訊教育軟體與教材資源中心。

物或人像作為裝飾，所以一切裝飾花紋只限於植物或幾何圖案，亦有用《可蘭經》中的經句作為牆壁門楣上的裝飾。至於彩色的應用則非常富麗，尤其喜愛紅色、藍色及金色。另一重要的裝飾是所謂垂冰飾（stalactite），是重重疊疊的流蘇狀垂飾，回教建築無論在弧三角上或柱頭帽上或回回塔圓形廊的斜撐上，均可用此類垂冰飾。

八、中國式傳統建築

中國式的建築在世界建築中獨樹一格，它保持著傳統體系和獨創的基本原則，本文擬分別就中國建築之特徵以及台灣民間建築之特徵加以敘述。

(一)中國式建築的造型

我國之建築，其在造型上一向甚為考究，一樑一木的擺設與布局，皆具有其特殊意義。其在造型上有下列四原則：

1. **完整（completion）**：我國建築無論是單幢房屋或整體組合，在平面布局上或是立面形式上都是非常完整的，講究的是四平八穩。

2. **對稱與均衡（symmetry and balance）**：是我國建築自古就注意的。無論皇宮或平民住宅，都是沿著中軸一條直線向左右均衡發展，像北平的故宮、太廟，以及一般的四合院住宅，均本此原則。

3. **有層次（gradation）**：中國建築在平面布局上都是層次分明，住宅就有外院內院之分，宮殿有一進到九進之多，是一種由小而大、由低而高分級的形式，形成一種漸進層次美。

4. **比例適當而有韻律（proportion & rhythm）**：中國建築最講究

49

比例。台基的高度與寬度，柱樑的長度和粗細，屋簷的長短和仰高的度數，與屋脊的大小和高低都有一定的比例。而屋面的曲線，飛簷的坡度、斗拱、雀替等等均有一定規格。

(二)中國式建築的特徵

中國的建築，是以北方為正統，南方為支流，自周代起，絕大多數的住宅都以四合院為基本形式。

1. 平面布局住宅建築多在基地四周建造房屋，中間保留庭院，而每幢房屋的正門又都面向庭院。宮殿、王府、廟宇則在基地中軸上布置一連串的主要廳堂，四周則用磚牆或長廊圍繞起來，形成一進又一進的連串庭院，由其院落的多少和每幢房屋的面積大小來顯示其房屋地位之尊卑。

2. 立面形式很顯著的分成基座、牆身、屋頂三大部分。且每部分都有其一定的比例與標準做法。如住宅基座都用磚石疊砌成正方形矮座。大殿基座則用白石雕刻成單層或多層須彌座。牆身則用分磚隔牆式的「硬山格檁」或木造格扇門和檻窗式的「四檁八柱」兩大類。屋頂部分則分廡殿、歇山、捲棚、攢尖、懸山、硬山等六種做法。而在連串式的多幢大建築中，其整體立面形式，由低漸高再變低，呈現一種抑揚頓挫的節奏，而造成一種有機體的韻律組合。

3. 在建築結構上，基、柱、樑、檁、椽、斜撐等部分全部外露。中國過去建築主要結構都用木造，以支柱承托屋頂重量，開間大小可隨意變化，門窗式樣也可靈活運用，裝飾方面也較磚石方便。尤其對錯綜複雜的榫鉚結合技巧，有獨到之處。結構部分充分外露，使力學分布能明白顯示，讓居住室內的人，能有安全感，並不是僅做裝飾。如中國建築所獨有的「斗拱」，創始於漢代，因當時木結構的屋頂出簷部

分，必須靠「斗拱」來支撐才行，這美是力學的需要，與目前在鋼筋混凝土建築上再硬加個斗拱去做裝飾完全不同。

4. 在細部結構線條上善用曲線。除圓弧、橢圓、反出等線外，還有拋物線。拋物線是在其他國家建築上所沒有的，如中國建築屋頂坡度曲線就是拋物線。這種曲線除了增加外形活潑的美感外，其微向上昂翹的姿態，更顯示一種雄偉的氣勢。

5. 巧妙使用天然的原色也是中國建築藝術上的特點。中國北方因氣候較寒冷，在建築上喜歡用濃重的色調，如淡紅色的牆身，朱紅大門，青灰屋瓦爲主要的色調。南方因氣候較溫暖，喜歡用白色的牆身與淺褐色的木材本色，使建築顯得幽雅而明快。北魏以後，中國發明了琉璃，使建築色彩更增加了富麗堂皇。宮殿寺廟建築大量採用，巧妙的使用黃、藍、綠、紫等原色，加強其對比，使我國建築色彩更爲突出。

6. 建築與庭園及其四周地形環境自然風景，能融洽的配合在一起，使其達到渾然一體的境界（**圖2-6**）。

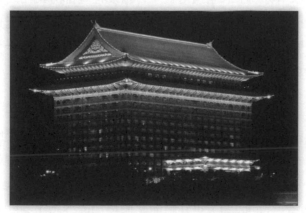

圖2-6　圓山飯店是中式建築的經典之作

資料來源：奇摩大摩域討論區。

(三)台灣傳統建築的特徵

台灣早期由大陸移民時，大都是就地取材蓋間茅屋或草屋，能夠擁有一幢土埆厝乃至磚造房屋，就足以傲視群倫了。除物資缺乏住屋因陋就簡外，當時台灣的高山、森林都尚未開採。所用的建材包括木材、石頭、磚、瓦等等在內，全都仰賴大陸運來，又找不到專門的建築師傅，因此，除了少數財力較大的人家，一般人的住屋都不太考究。

台灣的民間建築，則是從福建傳過來的，而且以三合院的形式居多。建築形式自明清以來的三百年間毫無改變，欲瞭解台灣的民間建築，必須從建材、正身、窗戶以及石材與木材的應用等方面，分別說明：

◆建材

以土、石、磚、木材為主。築牆的主要建材是土埆，範土成坯稱為「土坯」，就是土埆，考究一點的，也有用磚頭來裝飾牆面的。柱樑以木材為主，屋頂用瓦。台階及柱基部分則用石材。除大建築外，一般民房的屋頂，都是用兩片牆來支撐，乃台灣民房特色之一。此外有所謂「紅毛土」，以糯米、紅糖加石灰混合而成，例如台南的安平古堡和赤崁樓，便是用紅毛土興建的。

◆正身

就是三合院民房中間的主屋，兩旁的廂房為護龍或護廊。正身是奉祀祖先神位的地方，客廳及主人的房間也在此，護龍就是所謂的廂房，分為東、西廂房，大都為主人的子孫所在。家族人口眾多的，為瞭解決住的問題，更在護龍之側再加蓋外護，有的甚至一再向外加，而形成五排外護的，如新竹縣的新埔便留存有五排外護的古屋。

大陸民房與台灣民房最大不同，在於大陸民房乃向後發展，而不是向左右兩邊延伸，其平面形式，則爲門廳進去即爲天井，接著是第一進、第二進乃至第三、四進房屋，當然擁有四進以上的房屋，就必定是大戶人家。雖然台灣也有少數大戶人家的巨宅，是跟大陸一樣向後發展的，但其算法不同，內地以門廳後第一幢建築算起第一進，但台灣則從門廳算起即爲第一進，有所不同。

至於台灣有許多的民房雕刻鮮豔有若廟宇，而有別於大陸之古樸與平實，主要是台灣開發較遲，許多暴發戶蓋房子不做事先的設計，放眼台灣本地建築以廟宇最華麗，因此重金禮聘師傅仿照廟宇建築，隨後有錢人紛紛跟進，因此舉目所見，有許多宛若廟宇的民房。最明顯的例子，像板橋林家的庸俗裝飾，便不是中國傳統書香門第的建築所該有，因此當帶領外國人去參觀林家花園時，千萬不可介紹那是傳統中國士大夫住宅的典型，因爲事實上，那乃是典型的暴發戶住宅。

除了建築華麗外，明清時代，在福建南方有個不成文規定，只有中了舉人的人家，才能蓋燕尾的房子，一般人家只能蓋馬背型的。這種風俗傳到台灣，南部倒奉行不渝，而北部只要有錢，不管有無功名，也照蓋燕尾屋，造成辨識的困難。

◆窗戶

台灣房屋模仿閩南建築，無論廟宇或民房，窗戶都是開向四合院或三合院的庭院，對外的一面，絕對不開窗戶。今日所見的古屋，如有對外門窗，乃日據時代經過修改的產物。一般台灣民房窗戶大致分爲六種：

1. **木窗**：木製，有的還刻有圖案，如台中霧峰林家祖厝第四落。

2. **石窗**：富有人家怕土匪，特別用石材築造門窗，以求堅固，

如板橋林家大厝。

3.**瓷窗**：分為兩種，一種依中國傳統，窗子用紫色的瓷磚作為裝飾，如板橋林家花園的定靜堂；另一種乃南洋印度支那文化傳入，用四方形中間有洞的綠色瓷磚，如霧峰林家祖厝。

4.**竹窗**：用竹子做窗欄。

5.**土窗**：用灰做的窗，樣式很多，一般稱為灰窗或土窗。

6.**磚窗**：用空心磚做的窗子。

◆石材與木材的應用

石材主要用在牆基、台階、柱腳、庭院等四部分。以前蓋房子，先在地上挖深，再以石材疊砌至地上約一尺半，作為牆基，再用土埆砌牆，柱樑的柱腳，用最重的石材，有時候也加雕刻以求美觀，房屋如有前院，則必定用石板鋪路，至於門前的台階，則亦用石材。

木材主要用在柱樑及門窗部分，考究一點的古屋，柱樑和窗子都有各式各樣的雕刻，以前大戶人家，無不別出心裁，因此花樣甚多。

Go Go Play 休閒家

世界八大宮殿

宮殿，代表著宮廷奢華和權力的象徵。或許歲月已逝，但風華猶存。無論是雄偉的外觀，或是內部的收藏品或擺飾都值得憑弔。

英國白金漢宮 Buckingham Palace

　　白金漢宮位於英國倫敦，是大不列顛統治者的居所。始建於1703年白金漢公爵，1837年維多利亞女王繼位，正式將之當成王宮。宮殿擺設豪華，內有宴會廳、音樂廳與寢室等六百多個廳室，宮前廣場中心有維多利亞女王雕像。

　　即使白金漢宮主要的功用是舉辦正式官方活動與接待外賓的場所，但也有對外開放參觀，開放參觀的部分包括王座室、音樂廳和國家餐廳等。宮前每日上午十一時半至十二時之間舉行的皇家衛隊換崗儀式是到英國旅遊必訪行程。另外，只要抬頭看看皇宮正門上方，若懸掛著皇室旗幟，表示女王正在裡面，如果沒有的話，就是代表女王已經外出了。

法國凡爾賽宮 Versailles

　　凡爾賽宮是法國古代皇權的中心，坐落於巴黎西南部市郊，是到訪法國的重要景點。在十六世紀初期，法王路易十三在此建設莊園，作為狩獵行宮。後來路易十四繼位，決定在這裡建造一座宏偉的宮殿，於1661年開始動工，至1689年才竣工。建築部分占地11萬平方米，御花園面積則高達100萬平方米，規模非常龐大，歷經路易十五執政，其後，路易十六亦居於此。

法國羅浮宮 Musee du Louvre

　　羅浮宮始建於十三世紀，是當時法國王室的城堡，於1546年建築師Pierre Lescot在國王委託下對羅浮宮進行改建，使這座宮殿具有了文藝復興時期的風格。後經歷代王室多次擴建，亦歷經法國大革命的洗禮，至Napoleon III時羅浮宮的

整體建設才算完成。

　　整修後的羅浮宮於1989年重新開放，叫做羅浮宮博物館，其上下對應的透明金字塔地標爭議頗大。其展覽區域劃分為：黎塞留庭院區（Richelieu Wing）：展示遠東伊斯蘭文物與雕塑；十四至十七世紀的法國油畫；尼德蘭和佛蘭德斯油畫。蘇利庭院區（Sully Wing）：展示古埃及文物、近東文物、古希臘、古羅馬文物及雕塑。德農庭院區（Denon Wing）：展示古希臘、伊特魯里亞與古羅馬雕塑；十七至十九世紀的法國、義大利及西班牙油畫。目前羅浮宮博物館收藏目錄上記載的藝術品數量達四十萬件以上，已成為世界著名的藝術殿堂。凡爾賽宮近來因為一部暢銷小說《達文西密碼》又聲名大噪。

中國故宮 The Palace Museum

　　泛稱紫禁城，位於北京中軸線的中心，是中國明清兩個朝代二十四位皇帝的皇宮所在地，紫禁城於明成祖永樂四年（1406年）開始興建，永樂十八年（1420年）落成。

　　北京故宮南北長961米，東西寬753米，面積約為725,000平方米，建築面積約15萬平方米，共有9,999個房間。四周圍繞寬52米的護城河。城牆高12米，底厚10米。故宮有四門，正南為午門，內城外便是天安門，東為東華門，西為西華門，北為玄武門（神武門）。兩個朝代二十四位皇帝只有兩位曾出玄武門，一為明朝崇禎皇帝，一為清朝的溥儀皇帝，皆為亡國之君。

西藏布達拉宮 The Potala

　　布達拉宮位於中國西藏首府拉薩市西北的瑪布日山上，

是西藏自古以來的宗教與政權中心，是著名的宮堡式建築，為藏族古建築的代表作。布達拉宮始建於七世紀，是藏王松贊干布為遠嫁西藏的唐朝文成公主而興建，在海拔3,700多米的紅山上建造了九百九十九間房屋的宮宇。宮堡依山而建，占地41萬平方米，建築面積13萬平方米，宮體主樓分白宮與紅宮兩個主體，樓高十三層、150米，全部為石木結構，宮頂覆蓋鎏金銅瓦，金光燦爛，氣勢恢宏。

美國白宮 The White House

白宮便是美國的總統府，是一座白色的三層樓房，始建於1792年，從1800年美國第二任總統John Adams開始，歷任總統都以此為官邸，至G. W. Bush止至今已有四十二任總統在此居住過。白宮建築面積不大，只有幾千平方米，共有一百五十個房間，其中一、二層的部分有對外開放。

白宮的廳室多是以室內陳設和牆壁顏色命名，如「藍色橢圓形大廳」、「金廳」、「荷緣廳」、「榴紅廳」等。白宮走廊的牆壁上掛著美國歷任總統的畫像，另外還有兩尊大理石雕像，他們便是發現美洲大陸的C. Columbus和Amerigo Vespucci。

俄國克里姆林宮 The Kremlin Palace

克里姆林宮位於俄羅斯莫斯科市中心，曾為莫斯科公國和十八世紀以前的沙皇皇宮，十月紅色革命後，成為黨政領導機關所在地。克里姆林宮並非一幢建築物體，它於1156年始建，後屢經擴建，為一古老建築群，主要包括大克里姆林宮、聖母升天教堂、政府大廈與伊凡大帝鐘樓等。

土耳其托普卡普皇宮 Topkapi Palace

　　托普卡普皇宮位於土耳其博斯普魯斯海峽與金角灣及馬爾馬拉海的交會點上，它代表著古土耳其帝國的權力中心。托普卡普皇宮從十五世紀到十九世紀一直是古鄂圖曼帝國的中心。托普卡普皇宮占地700公頃，外圍有高壘的城牆，外觀造型和內部設計都表達著濃厚的伊斯蘭教文化，有圓頂的清真寺建築，也有尖頂碑狀之類的建築。托普卡普皇宮依山傍海而建，站在高處可以俯視大海和山腳下古城牆的斷壁殘垣，憑弔古老文明的滄桑。

資料來源：取材自《大紀元時報》，2006年8月29日。

 ## 第二節　空間美學

　　美的形式原理是許多美學家，對於自然及人工的美感現象觀察分析，加以歸納出的一些美的特徵，從古希臘至今一直被人探討，因此，也就因時、因地、因人而異，而有不同項目，但它們都有一共同目標，就是多樣化的統一性。美的形式變化萬千，如何充分的掌握視覺條件和心理因素，創造相當好的美感效果，則各憑本事。但無論哪種法則，都只是一種基本知識，不是絕對的定律，不能完全奉為圭臬，不能呆板的據以創作，因為優美的造型，絕不能由任何一種公式去求得。美學對學設計的人是很重要的，如不懂應用美學的人，其設計無論是個體造型或整體造型，都將是一毫無美感或充滿匠氣的設計。

一、比例

　　部分與整體之間，部分與部分之間，主體與背景之間的搭配關係，如能給人一種美感即是，舉凡數量因素如大小、輕重、粗細、濃淡，在適當的原則下，都能產生具協調的美感，有時，亦可藉由各種比例之數列求得，如黃金比例、等差數列、等比數列都可構成優美比例之基礎，如較有名的矩形黃金比為1：1.618，即短邊對長邊的比，短邊為1時，長邊為1.618之比，但比例不能完全以公式去求得，一般在1：1.618到1：2之間皆是完美的比率。在通常情況下，藉由眼睛可以指導我們去選擇最好的比例感。造型如果沒有優美比例，往往不易表現出勻稱的型態。色彩給人感覺因人而異，但比例是造型上的一大課題，不僅要追求美感，也要兼顧實用。在室內空間中，如家具空間與活動空間，家具的高度與長度，家具與家具之間，壁面、天花板造型的長、寬尺寸，皆須注重比例的關係，比例的協調，必須用敏銳的感覺來判斷，一般而言，任何人均具有初步的判斷能力。

二、平衡

　　平衡原理是使室內穩定、安詳和平靜的有效途徑，但過度平衡會造成單調、呆板、枯燥的感覺，故在造型上必須靈活運用，否則空間會呈一片死寂，平衡通常分為對稱平衡與不對稱平衡兩種。

(一)對稱平衡

　　對稱平衡是左右或上下兩物體的型態，其相對位置完全相同，給人一種莊重、嚴肅、安定、年輕的感覺，應用在象徵永遠真理及

Go Go Play 休閒家

宇宙間最美麗的數字

　　什麼是Ψ（念作PHI）？一加二等於三；二加三等於五；三加五等於八；五加八等於十三；……以此類推，可以得到一系列的累加數字，這一系列的累加數字中每一個數字除以前一個數字的商數會趨近於一個穩定的數字，亦即一點六一八。這一系列的累加數字稱為Ψ。

　　Ψ被認為是宇宙間最美麗的數字，Ψ值又稱為「費波南數列」，這個數列之所以有名，不單是因為相鄰兩項的和等於下一項，也因為相鄰兩項相除的商數具有一項驚人的特質，它會趨近於一點六一八。而Ψ真正令人驚訝之處，在於它是自然界的基本構成要素。

　　宇宙中的行星、動物，甚至人類的構造比例，都驚異而精確地忠於Ψ比例。Ψ在自然界無所不在，顯然不止是巧合，而是上帝造人的一個重要密碼。

　　Ψ存在於人類有名的建築空間中，如希臘帕德嫩神廟、埃及金字塔，甚至是紐約聯合國大廈都隱含著Ψ。Ψ更出現在W. A. Mozart的奏鳴曲、L. Van Beethoven的第五號交響曲的組織化結構中，以及巴洛克、C. Debussy、F. Schubert的作品裡。古人認為Ψ這個數字必然是由造物主所決定的，早期的科學便指出說，一點六一八是神聖比例。

　　如果把全世界任何蜂巢中的所有雌蜂數目除以雄蜂數目，會剛好得到數字Ψ。頭足類軟體動物始祖鸚鵡螺，其每圈螺旋直徑跟下一圈的比例是Ψ。向日葵的種子以逆螺旋方

向生長，每一圈跟下一圈直徑的比例也是Ψ。螺旋形生長的松毬鱗片、植物莖上的樹葉排列、昆蟲身上的分節，都驚人地展現出它們遵循著神聖比例。

在人的身上也到處看得到這個神聖比率：頭頂到地板的長度，除以肚臍到地板的長度，正是Ψ；臀部到地板的長度除以膝蓋到地板的長度，又是Ψ。每一節脊椎、每個指關節、每個腳趾關節，都呈現比率Ψ、Ψ、Ψ，每個人都是神聖比例Ψ的活證據。

資料來源：取材自丹・布朗，2004，《達文西密碼》，頁109-112。

正義的空間有很好的效果。如中國式的舊式住宅，門口石獅、供桌、字畫擺飾等，圓山大飯店與新竹中信大飯店的外觀皆為典型的例子。另外像一些古文明的建築，如希臘、羅馬、回教建築皆追求對稱式平衡。

(二)不對稱平衡

不對稱平衡是感覺上的平衡，亦可說是均衡。雖然左右形體不相同，但在視覺而言，不同之造型、色彩、材質所引起的重量感，能保持一定的安定狀態者，均是多樣化的統一。均衡是動態的平衡，使空間中富有生趣盎然之感，較對稱平衡更具靈活而富有變化，現代西式的建築具有此項特色。

三、調和

調和是一種和諧狀態，係指兩種以上造型要素，其彼此之間的關係，此種關係給人一種愉快感覺，毫無分離之整體感，而不是缺乏變

化及高潮的，是追求多樣化的統一，調和有類似調和與對比調和。

(一)類似調和

　　類似調和是採用相類似的細部，做反覆的處理而產生的美感，設計上，任何元素之差距較小，給人一種融洽、愉悅、抒情的美感效果。如暖色系的黃色、橙色；寒色系的灰、藍、靛、紫是類似色，各種色調其明度或彩度接近時，亦可稱明度或彩度類似。

(二)對比調和

　　設計上任何元素之差距較大時，如大小、輕重、粗細、軟硬、高低、厚薄、明暗、凹凸、寬窄、濃淡、水平垂直，是兩極端的效果，具強烈、輕快、明亮、高潮迭起、活力、動感。對比另一特點為各增加其對比物原先的感覺。例如古典式的空間中，如有現代的裝飾品，只要其數量及位置用得好，不僅不會與古典氣氛格格不入，反而會增加古典式的感覺。法國羅浮宮的大型透明金字塔是一經典之作。但對比調和不是對立的，且不能過度使用，否則，空間會顯得雜亂無章，一般對比必是有高度的統一做後盾，才能發揮真正效果，此即所謂變化中求統一，一般情形下，「量有對比，則質須有共同性」，反之亦然，或找出一共同點，使其具統一基礎，如色彩而言，色相對比，則彩度或明度必須類似或統一，材質感相異，而色彩則必須要有統一的感覺。調和原理在室內設計中至為重要，無論擺飾品與家具，建築結構與家具，家具與家具之間，都有型態、色彩、材質、燈光等，相互和諧調和的問題，但無論是類似調和或對比調和，在室內空間中所有物體之間，均必須是一完整和諧的整體（**圖2-7**）。

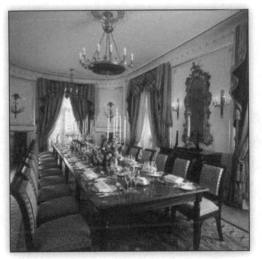

圖2-7 麗池飯店的優雅歐式內裝餐廳

資料來源：麗池飯店。

四、強調

　　指加強某一細部的視覺效果，以彌補整體的單調感，捉住人飄浮的視線，使空間更加緊湊、充實、更富吸引力，也就是所謂的加強主體地位，如此，才有強烈震撼作用，更可藉由其捉住人飄浮的視線，達成心理安定之感。任何缺乏強調手法處理的空間，皆會流於平淡。原則上，強調並不只憑面積大，而必須選擇恰當的位置和方式，始能將主體烘托成鮮明突出的視覺焦點。強調的方式如不恰當，會造成喧賓奪主的效果，使空間有不安及混亂的感覺。一般可利用造型基本四要素間，其對比的效果，達到強調的目的，如強烈的燈光、鮮明或對比色彩、極端相異的材質。如凱悅飯店與遠東國際飯店的中式雕塑、國賓飯店的夜宴圖、圓山飯店的九龍像，皆具有畫龍點睛的效果。

五、韻律

韻律亦可稱為節奏，是指同一現象的週期反覆或規則性出現，亦可稱為律動，如同音響上之節拍，在室內空間中，靜態的物體中，無論是色彩、材質、光線等元素，在結合上有合乎某種規律下，產生對視覺及心理的節奏感即為韻律，空間中，如缺乏韻律，就會死氣沉沉，毫無生趣，靜態空間中，如有韻律之美感，才會有活潑、朝氣、動的變化，有抑揚頓挫之感。韻律之主要效果是建立在反覆、漸層及良好比例的基礎上。

(一)反覆

利用相同或相似的元素，做規律性循環，反覆出現所獲得的效果，產生一種親切、秩序、整齊的美感，在律動中最單純的是反覆，其應用反覆技巧，貴在間融的把握，例如強弱弱的重複出現，亦有強強弱、強弱強弱的變化，但應注意單純的反覆會過於單調，過多元素的反覆卻又過於雜亂。在室內空間中，常應用反覆的處理原則，如地面的地毯、壁面處理，家具及擺飾品中的型態或色彩，均可交互出現，尋求井然有序的秩序和微妙的節奏感。

反覆共有三種基本型態：

1. **相同元素的反覆**：產生統一感，如不同顏色的花崗岩石材。
2. **相異元素的反覆**：產生變化中的統一，如利用花崗岩搭配金屬材質進行內裝。
3. **相似元素的反覆**：產生統一中的變化，如利用花崗岩與大理石進行結合。

第二章 建築與空間美學

(二)漸層

是一種慢慢轉變漸強、漸弱、漸大、漸小，明而暗的效果，有自然收縮的感覺，具方向性及生動優美的節奏感。漸層會使人視線自然的由一端移至另一端，具有層層相繼流動的美感，即有輕柔的動感，可謂靜態旋律美，但過多的漸層表現會失於單調，必須局部的使用才能表現它的美感，太多則會顯得庸俗。漸層原理，必須有優美的比例做基礎，才更有效果。

綜合以上可知，美學基本原理，是創造美感的主要基礎，雖各原理有不同特性，但亦難免有重疊之處，如比例中之級數，其實是表現某種韻律，平衡亦具有調和，強調亦常以對比手法來表現，故美感其彼比之間是相互影響、相互關聯的，是一不可分割的整體，必須注重整體性的表現，才能創造出一美的效果，但不能太過於刻板的加以遵循，而一成不變，須知最好的造型，是由創造者本能或感性的直覺所決定，被規格化的造型毫無韻味可言（圖2-8）。

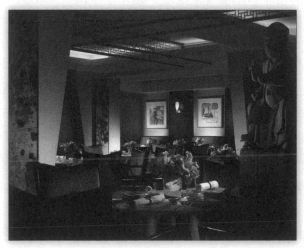

圖2-8　把握色系的調和與漸層使餐廳倍感高雅

資料來源：六福皇宮大飯店。

65

第三節　空間與照明

　　照明計畫可分自然光源及人工光源，本章所指即人工光源而言，自然光源是一種變化性和時間性的光，而窗戶開口大小及位置，因建築時，即已固定，故一般室內設計所做的是考慮窗戶遮光處理。為了在室內製造一適合人們生活的室內光，於是藉由人工方式來控制，人工光源不僅能代替陽光，且因光度之強弱不同，使被照物產生不同陰影，影響室內空間之造型、室內裝飾物及家具之立體形象，能強調或掩飾色彩之明度、彩度，且由於投射之位置、方向的改變，而影映顯現出室內空間之層次感，如深度、高低、大小等。良好的室內照明計畫，以「機能性」和「裝飾性」照明為主，一方面維護視覺健康與美感，一方面又能提供室內活動空間良好的照明。一個空間中，縱然無特殊形體變化，但如將明暗層次安排得很好，亦能帶給空間愉快之印象，顯示出室內空間和諧、典雅的氣氛，故照明計畫亦為室內設計中極重要的一環。其基本要求為：

1.使室內空間的各項活動，均能安逸自在的進行，依不同的工作，以不同的光度予以調節，使工作能持久而不倦怠，維護眼睛健康及心理的情緒。

2.要求絕對之安全性，如燈具之固定、電的安全，以避免意外事件。

3.以燈光照明，表達出空間所需的氣氛，及顯露出室內空間中，所有物體的美感，如空間之層次、家具、色彩、圖案、材料紋理之美感（**圖2-9**）。

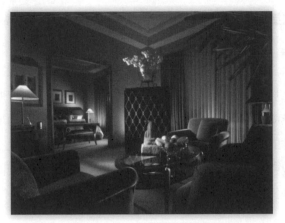

圖2-9　完美的燈光是客房設計的重要因素

資料來源：六福皇宮大飯店。

一、照明方式及視覺效果

依照明方式不同，能給室內提供良好的視覺光度外，也能夠產生各種不同光源，影響物體影像，製造空間意境和室內氣氛之特殊視覺效果。照明方式種類如下。

1. **直接光**：燈具光線直接向下照射的光度有90％以上時，地板明亮、天花板上方黑暗，空間較亮，但最刺眼，如有下方開口的吸頂燈、吊燈、檯燈，皆屬此型。直接燈光是空間中的重要光源，是屬全盤照明。

2. **間接光**：光線向上照射，光度90％以上時，光線照射在天花板上，然後反射至地面，光線柔和氣氛效果較佳，但光度不足，間接燈光大都屬於意境照明，如燈罩只有上面開口的壁燈、落地燈、吊燈等。

3. **半直接**：向下光度為60％至90％，向上光度有10％至40％，如上端開口較小，而下方開口較大的吊燈或檯燈。

4.**半間接**：向上光度為60％至90％，向下光度有10％至40％，燈
　具上方開口較大，而下方開口較小的吊燈或壁燈。

5.**散光**：上下左右光度均等，光線明亮柔和，一般為乳白色，
　散光球型的珍珠燈或和室用紙燈，皆屬此型態。照明除了帶
　給空間實用明亮的效果外，也可因燈具的照射角度、位置、
　亮度的不同，使物體產生不同的陰影變化，更使空間產生不
　的視覺意境、氣氛，展現空間的另一種風貌，如同一物體，
　因燈具及照射角度之不同，而產生不同之感覺。

二、照明設備之選用

　　照明設備之計畫，包含燈具之選用及裝設適當位置，開關、
插座位置、調光器之設置等。而燈具之選用，須先瞭解該燈具的照
明機能和視覺效果，其次再考慮燈具造型、色彩，必須配合室內格
調，須能融入空間之意境中，而其用電量亦為考慮之列。室內中燈
源的種類如較多時，則可隨時改變光源的組合方式，以變換空間的
層次感、立體感，使氣氛更能表達。主要的燈具之形式有：

1.**吸頂燈**：緊貼於天花板，是空間中的主要光源，其光源有日
　光燈或燈泡型或混合使用，可藉由電子開關控制，三段切換
　開關，可改變光源的種類及大小。其燈底座的尺寸有1.2至1.5
　尺，適合小房間的空間，2至2.5尺適合大的空間。

2.**嵌燈**：鑲嵌於天花板用的隱藏式燈具，可使天花板有整體
　感，其燈具可用燈泡型或石英燈型，其下方可放置不同的反
　射器，如蜂巢板、磨砂玻璃，使燈光成擴散式，是局部照明
　的燈光，常用於走道天花板、衣櫃或櫥窗前方，高櫃內部上
　方燈光或吸頂燈周圍輔助燈光。

3. **魚眼燈**：其形式亦爲鑲嵌式，效果與嵌燈類似，但其上另有一如魚眼的罩子，可自由轉動遮住光源，以改變光線投射的方向。

4. **投光燈**：著於天花板上，向下照射，使光線投射集中於物體上，吸引人視線的注意力，是強調性的局部照明，如圖畫、雕塑物上，均有投光燈做強調的照明。投光燈並可固定在軌道上，使其可依一定軌道左右移動照射的位置。

5. **壁燈**：附著於壁面上，不使光線直射眼睛，是壁面的反射光，適合製造壁面的光影效果，可作爲走道、樓梯的照明，並可做床頭、洗臉檯、化妝檯局部照明之用。

6. **吊燈**：燈具離天花板有一定距離，懸掛在天花板上的燈具，較有氣派大方之感，但矮房間中，則較有壓迫感，如客廳的水晶吊燈，餐廳的餐吊燈，中空屋頂的三吊、五吊燈等，一般爲燈泡形式爲主，可安裝調光器改變光度。

7. **檯燈**：放置於書桌茶几上，由於擺設位置之不同，因此，能改變空間氣氛，亦可供讀書、寫字之局部照明。

8. **落地燈**：放置於地上，是非固定的局部照明，其光源照射在地板上，再反射至整個房間，來製造光度效果，多用做閱讀或聚談照明，一般位於客廳、沙發組休閒椅旁。

9. **流明天花板**：利用透光性材料，如玻璃、壓克力板、彩繪玻璃、照明格子等，擴射燈光的材料，放於天花板上，然後利用天花板內所藏的日光燈之光源照射其上，經反射後，產生擴散作用，使室內光線更趨於柔和而不刺眼。

三、一般空間中燈光的分布情況

1. **天花板**：主燈以吸頂燈爲主，亦可以處理成流明天花板形

式，如有釘立體天花板時，可以日光燈藏於天花板上，以間接燈光向上照明，並可以魚眼燈或嵌燈向下照射。

2.**地面**：可安排落地燈向上或向下照射，或角落上以投光燈向上照射。

3.**壁面**：以壁燈向上方或由燈具兩邊照射。

4.**櫥櫃內**：藏日光燈或嵌燈向上或向下照射。

5.**櫥櫃前**：天花板上安排魚眼燈或投射燈。

6.**壁飾前**：魚眼燈、投射燈。

四、各空間燈光的基本要求

1.**客廳照明**：客廳燈光要有親切感，以落地燈為主，以茶几檯燈輔助，必要時以壁燈增加效果，亦可在角几下安排向上投射之燈光。

2.**臥室照明**：臥室燈光須有柔和之感，其並不需要非常均勻的全面照明，可使用向上燈光，作為臥室柔和的間接照明是最恰當的，可使人的心情感到平靜、舒適。床頭有檯燈與壁燈兩種形式，其裝設位置，最好在床兩側，如此在使用時才不致影響到對方。化妝台的燈光，最好在鏡子的兩側都有，以免單方向的燈光，使人的臉部產生強烈陰影。衣櫥前，天花板上可安裝嵌燈，照射在衣櫥門片上，使其產生明暗的陰影，增加室內光影的趣味變化，也可作為局部照明之用。

3.**小孩房照明**：小孩房的照明，應隨著小孩的成長、活動量來決定，基本上，其照度的要求較一般臥室來得高，有些小孩怕黑，故需要小夜燈，小孩房選購燈具時，安全性應優先考慮。落地燈或有電線插座的燈具，避免使用，以免絆倒發生意外。另外，也不能用高熱的鹵素燈泡，以免燙傷或接近易

燃物，而引起火災。造型上，可挑選一些活潑可愛的色彩或形狀，以較明亮的爲宜。

4.**書房照明**：書房照明，一般而言有兩種，一爲高照度的全面照明，另外爲低照度的全面照明，再加上閱讀、工作時的局部照明即可，單以照度而言，一盞局部照明的檯燈所提供的照明光度是足夠的，但在閱讀時，如果全部照明與工作照明同時使用，可避免明暗燈光的對比過於強烈，而使眼睛容易疲勞，全面照明，以間接燈光照明方式爲理想，可使室內光線柔和均勻，一般情形下，可用向上的照明燈具或壁燈、檯燈，最好是使用能調節照射方向及高度的較具實用性。工作燈光最好的位置，是在人的左方或左後方，可避免造成陰影或是眩光，書桌最好不要面對窗前，以免直射的日光造成強烈的眩光。

5.**浴室照明**：浴室燈光只要有清潔、舒適的亮度即可，其照明的重點是在鏡子的工作照明，因爲刷牙、洗臉、化妝、刮鬍子等，都需要在良好的燈光下進行，燈具的位置，約在眼睛高度之上方，且左右對稱，浴室燈具的選擇，除了防水、防火之外，避免觸電才是最重要的，燈具使用玻璃或壓克力密封式的較佳，燈具採用燈泡型其光線較柔和。

6.**廚房照明**：廚房光要保持接近自然光，最好採用日光燈的燈光，因日光燈的燈色能使廚房有清潔、明亮之感覺，燈具最好採用有壓克力燈罩或日光燈嵌入式的燈具，可避免灰塵及油煙附著於日光燈上，而減低其亮度，但其最大優點，是可使日光燈的光有擴散作用而不刺激眼睛。

7.**餐廳照明**：餐廳的照明，除了足夠的用餐光度外，主要考量便是氣氛的營造，傳統的方法是採用吊燈形式，使人可清楚看到食物，使用餐者能充滿喜悅，而能促進食慾。此種低垂

的吊燈最好採用升降式，以免成為對兩人的視覺障礙。餐廳的燈光除了餐桌桌面的照明外，餐桌周邊的照明亦是必需的，如壁燈或餐具櫃內之燈光變化，都能創造出愉悅舒適的用餐氣氛，另外，燭光亦有很好的氣氛，可利用其搖曳柔和的光影，創造出用餐的溫馨感。

8. **其他空間如玄關、走廊、樓梯照明**：這些空間的照明，要注意到行走時，安全的照明標準，如果有塑造氣氛時，必須注意相關的空間，光線必須取得協調及連貫，如玄關與客廳、走廊與各房間之間，其燈光的明暗變化，均須依實際情況而定。無論任何一種空間光線，均以避免眼睛疲勞為原則。

在照明計畫中，除照明光度及氣氛的營造外，其燈光的開關位置及回路的安排、用電容量的安全，都需要在裝修前定案，可能的話，燈具的形式也需要初步決定，以決定電源出線的方式及燈具安裝的方式，施工時，無論天花板或櫥櫃內的配線，均要使用品質合於規定的電線並加塑膠管，如此，才能避免電線過熱走火而造成火災，另外，電源回路的安排，必須依用途來區分，開關位置應力求方便，臥室的門邊及床邊，樓梯及走廊的兩端，可安裝雙切開關，如此，在任何一點均能控制，使用時較方便。

Go Go Play 休閒家

世界八大懷古聖地

希臘雅典古城（Athens）

希臘雅典古城即雅典衛城，位於現在雅典城西南部，雄踞於一座高150多米的四面陡峭的山丘上，從這裡可以俯瞰整個雅典城。雅典是古希臘的政治文化中心，衛城則是供奉雅典庇護者雅典娜的地方。十九世紀的考古學家便發現了許多古代的遺址，它們包括道路、住宅、水井和墓穴，證明此處於西元前2800年便有人居住，一千年後的雅典王在這裡建起了他的王宮，利用雅典衛城的陡峭山崗進行有效的防衛，因此宮殿被牢固的圍牆完全保護在裡面。

雅典古城的山頂聳立古希臘文明最傑出的作品，其中最為人所熟知的是帕德嫩神廟（又稱雅典娜神廟）。還有衛城博物館，這裡收藏著雅典古城各式雕塑以及其他古文物。

羅馬競技場（Colosseum）

羅馬競技場原名為佛拉維歐圓形劇場（Amphitheatre Flavian），由皇帝（Vespasian）始建於西元69年，歷經八年在他的兒子Titus皇帝任內才完成。在啟用時，為期一百天的慶典活動持續進行，上百隻猛獸與兩千多名鬥士命喪黃泉。它是古羅馬歷史中不可缺少的一環，也是羅馬生活和古羅馬文化永遠的印記。

中國萬里長城（The Great Wall）

萬里長城是中華民族的象徵之一，世界上最偉大的建築，名列世界七大奇景之一。傳說是在太空中唯一肉眼可見的人類建築物。萬里長城始建於戰國時期，秦始皇統一中國後將之串連起來，經過歷代的增補修築。現在我們能看到的長城幾乎都是明代所建。萬里長城是中國古代一項偉大的防禦工程，體現了古代非凡的工程技術成就，也彰顯了中華民族的悠久歷史。

登上長城，極目遠望，山巒起伏、雄勁拔翠的山勢盡收眼底。長城因山勢而雄偉，山勢因長城顯得險峻。建築長城的工程量十分驚人，粗略估算一下，修築長城所用的磚石，如果用來修建一道厚1米、高5米的城牆，這道城牆就足以環繞地球一周而有餘。

中國西安（Xian）

西安兵馬俑在陝西省西安市驪山北麓，茂密的林木掩映著一組規模宏大、外觀別致的陵園建築，這就是聞名遐邇的秦始皇兵馬俑。它堪稱是中國一顆異彩耀眼的夜明珠，因為在陵墓中擁有一支二千多年前秦帝國的雄兵——一個由七千多件氣勢磅礴的兵馬俑組成的地下軍陣而讓全球矚目。

秦始皇帝陵自嬴政即位後開始興建，歷時三十七年才完工。它不但是中國歷史上第一位皇帝的陵寢，其規模之大、陪葬物之多、內涵之豐富，為歷代帝王陵墓之冠。秦兵馬俑坑發現於1974年，位於秦始皇帝陵以東1.5公里處，這裡是中國第一個封建皇帝——秦始皇的陵園中的一處大型從葬坑，數目眾多的兵馬俑代表當時已經捨棄生人陪葬的惡習。1979

年10月開始對外展出。

中國西藏布達拉宮（The Potala Palace）

布達拉宮位於中國西藏自治區首府拉薩市，西北郊區約2公里處的一座小山丘上。在信仰藏傳佛教的西藏人民心中，這座小山丘就猶如觀世音菩薩居住的普陀山，藏語布達拉即為普陀之意。布達拉宮高聳入雲，建築物重重疊疊、迂迴曲折，宮頂金碧輝煌，分為紅白兩宮，具有強烈的藝術張力。它是古城拉薩的標誌，也是西藏人民巨大心靈能量的象徵，不但是西藏建築藝術的珍貴財富，也是獨一無二的香格里拉，人類文化遺產當之無愧。

義大利威尼斯（Venice）

威尼斯是義大利東北部的大城，也是旅遊義大利必到的城市。城中運河與島嶼交錯，威尼斯人民幾乎以船作為交通工具，並擁有著令人驚異的文化與歷史，故有「浪漫水都」之稱。威尼斯是文藝復興時期重要的藝術與商業中心（尤其是香料貿易）。

古威尼斯是一個以商業為主的城市，它的建立可追溯至568年，早期隸屬於拜占庭帝國。拜占庭帝國沒落之後，威尼斯的自治意識漸增，最後取得獨立地位，成立了威尼斯共和國（九世紀至十八世紀）。威尼斯共和國在當時擁有強大的海上軍事力量，也是十字軍東征的重要基地之一。

埃及開羅（Cairo）

古國埃及首都開羅橫跨尼羅河，氣魄雄偉，氣象萬千，可說是整個中東地區的政治、文化、經濟與商業中心。古埃

及人稱開羅為「城市之母」；阿拉伯人則把開羅稱作「卡海勒」，意為征服者或勝利者之意。開羅城由開羅省、吉薩省和蓋勒尤卜省所組成，通稱大開羅城。開羅是埃及和阿拉伯世界中最大的城市，也是現今世界上最古老的城市之一。

開羅的建城，可追溯到西元前3000年的古王國時期；作為埃及首都，亦有千年以上的歷史。在它的西南方約30公里處，是古都孟菲斯的遺址。在那開闊的平地上，有法老Ramses II的巨型石像，歷史久遠。另有聞名於世的獅身人面像，完整無缺。由孟菲斯遺址西行約20公里，便是世界七大奇觀之一的金字塔。在寸草不生、遍地黃沙的平野上，埃及古帝王的石砌陵墓氣勢宏偉，威儀數千年。

美國大峽谷（Grand Canyon）

美國大峽谷，正確地說是「大峽谷國家公園」，是世界七大奇景之一，位於美國大陸西南方，科羅拉多高原中央，占地約三萬二千平方哩，比台灣還大。大峽谷像是四周被沙海荒漠包圍的孤懸島嶼，全長450公里。自從1897年將大峽谷南端的礦場拆除回歸大自然，於1919年成為美國的國家公園。是美國人與外國觀光客最為青睞的美西景點。

每年約有三百多萬人湧進大峽谷，但一般旅客熟知的大峽谷，其實是已經開發的部分，只占全區的5%罷了。遊客其實可以從四面八方抵達大峽谷，但需要翻山越嶺、長途跋涉，還得忍受荒漠的酷熱嚴寒，進入大峽谷的沿途景色單一，但為了一睹其壯麗風采、大自然的鬼斧神工、讚嘆其雄偉磅礡的氣勢，仍然值得。懸空造千米玻璃空中走廊跨越大峽谷，將會是另一項偉大的創舉，讓遊客更能體會其意境。

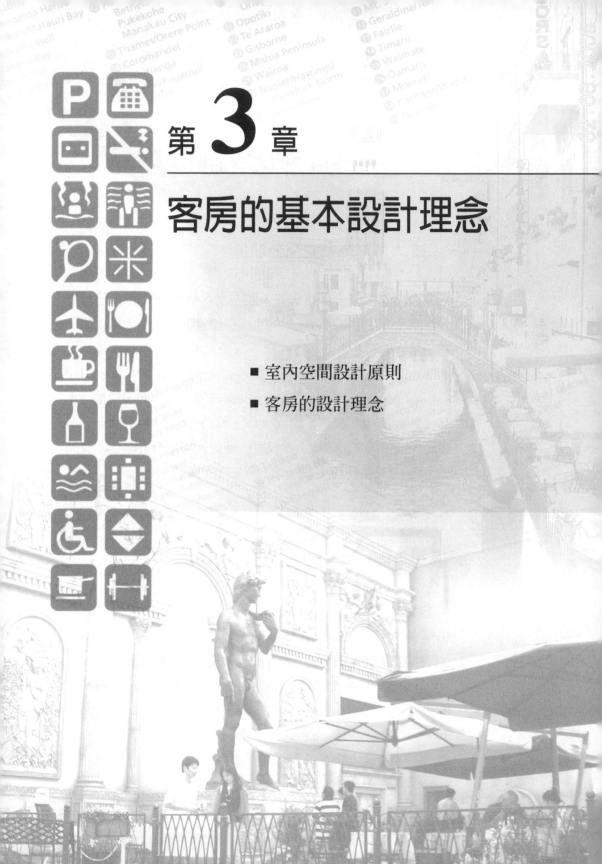

第 **3** 章

客房的基本設計理念

- 室內空間設計原則
- 客房的設計理念

第一節　室內空間設計原則

一、人體工學與活動空間的關係

「室內人體工學」係指研究人體在室內活動空間的各種適應條件，將諸此條件用以符合人類的生活機能者稱為室內人體工學。「人體工學」的譯名來自歐美的眾多名稱上，諸如biomechanics、biotechnology、ergonomics、engineering psychology、applied experimental psychology、human engineering等，日本的名稱是「人間工學」。人體工學起源自二次大戰，當時工程師製造飛機、坦克、戰艦等武器，需要考慮士兵操縱的便捷性與精確的命中率等問題，於是發展出人體操控的研究資料，研究的範圍包括：

1.人體尺寸（physical dimensions）。

2.人體感受的能力（capability for sensing）。

3.人體操控物品的能力（capability for processing）。

4.生理及心理的需求（physical and psychology needs）。

5.運動的能力（capability for motor activity）。

6.學習的能力（capability for learning）。

7.對物理環境的感受性（sensitivities to the physical environment）。

8.對社會環境的感受性（sensitivities to the social environment）。

9.協調行動的能力（capability for coordinated action）。

10.個人間的差異性（differences among individuals）。

11.此外，有關人類的觀念、個性與情緒等抽象因素也是人體工

學的研究範圍。

室內人體工學引發了空間構成（layout）的研究。空間的構成問題有三：(1)位置；(2)方向；(3)體積。分述如下：

1.**位置**：「位置」是人體活動靜態的「點」。它決定於個人或群體生活的傳統習俗、生活方式和工作習慣，決定的關鍵在於「視覺定位」。譬如說中西式的宴會、會議等儀式都有所差異，主客的「定位」也受影響。另外，生活的要求在不同的場合或地點不同，定位也有不同。

2.**方向**：「方向」是人體活動的「動線」，這種方向性的「動線」是生理與心理兼具，而且必須符合理性的要求，譬如書桌或工作桌理應貼向光線充足的窗緣或照明器具，床鋪則應背向光源。中西餐桌有圓方的差異，動線規劃上即完全不同。

3.**體積**：關於「體積」，它是人體活動的立體「範圍」。每個國家民族甚或個人之間的人體尺寸標準都有不同，決定「體積」的空間量也是不盡相同。人體工學應依平均值、偏差值等加以調整，譬如華人與洋人體態不同，在餐桌或工作桌高度設計上即有所差異。

以下利用**圖3-1**將室內的各項人體工學圖解略作補充。在圖**3-1(A)**人體工學比率概圖中為站姿，應用設計在諸如客房與餐廳的基本布置。假若身高為H，則眼高約為11/12H、肩峰高為4/5H、指尖高為3/8H、肩幅為1/4H、兩手平伸之指極為H，應用在書房或休閒設施的設計上。**圖3-1(B)**人體工學比率概圖中為坐姿，坐姿高度約為3/4，座椅高度以1/4H為宜，腰部約為3/7H，應用在諸如各式的桌椅設計上。

第二章 客房的基本設計理念

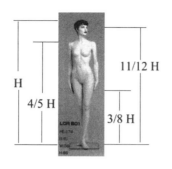

圖3-1(A)　人體工學比率概圖──站姿

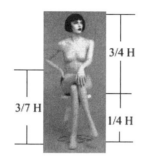

圖3-1(B)　人體工學比率概圖──坐姿

資料來源：取材自永久衣架模特兒公司。

二、各樓層高度設計原則

　　客房標準樓層的高度，須先設定室內的天花板高度及公共走廊、電梯間等天花板高度。然後再加上對結構體、樑高及設備系統（空調、配管、灑水頭、音響、感知器）的綜合考量。並考量天花板、地板、耐火層（鋼骨構造）等表面材料處理之尺寸施作方法後，才定樓層高度。

　　一般大規模的旅館，在客室內的防災設備有安裝灑水頭、煙火感知器的義務及責任，天花板為雙層式並以防火材料處理。客室的天花板高度最低以240公分為限，太低了會產生壓迫感。但也避免客室狹小，天花板太高的空間設計，讓人心生懼感。樑柱或管線露出時，必須注意如何美化裝飾。一般而言，商務旅館的空間較狹

小，天花板高度以240公分爲限；休閒渡假旅館則多探空曠高挑設計，較新的個案，天花板高度多超過240公分。

公共走廊的天花板高度，最低以210至220公分爲限度，一般多與門檻高度相同。走道的長度，平面的形狀，或突出部分，除了加設採光照明，緊急避難照明及動線誘導逃生口外，並注意廣播與監視系統等。

第二節 客房的設計理念

一、客房的基本設計

W. L. Churchill曾說：「人造環境，環境造人。」居住空間反映出個人的生活態度、文化背景、品味與喜好。以一般觀光級以上旅館而言，客房可分爲單人房（single room）（**圖3-2**）；雙人房（double

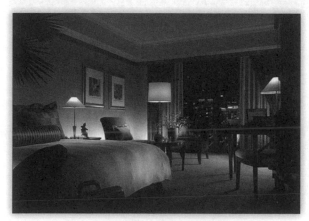

圖3-2　高級飯店的豪華單人房

資料來源：六福皇宮大飯店。

room）、二人房（twin room）；三人房（triple room）；套房（suite room或connection room）；總統套房（president suite）（**圖3-3**）；身障用房等種類。其他的特別房是依幾個必要的空間（機能）所組成的，國內主要旅館配置如**表3-1**。客房基本設施與功能如下：

1.**臥室**：睡覺與休憩。
2.**客廳**：觀看景觀與電視、簡單事務的處理、會客與便餐。
3.**化妝室**：洗臉、刷牙、化妝、剃鬍與更衣。
4.**浴廁間**：沖洗、沐浴、入廁與簡單的洗滌。

客房設計上應結合以上機能，發揮配置效用，提供住宿旅客簡潔、舒適的平面動線。另外考量投資成本與客房房價的回收，也要有效的約制及利用空間面積。一般觀光旅館以上等級的單人房的面積約25平方米以上，比較寬裕的雙人房面積約45平方米以以上，套房約有55平方米以上，家具的配置比較有選擇自由約55至60平方米以，其他附設書房、餐廳、化妝室、更衣間等豪華型大套房約

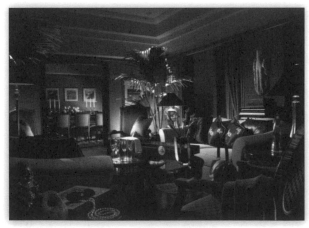

圖3-3　豪華的總統套房

資料來源：六福皇宮大飯店。

表3-1 國內主要觀光旅館客房型別構成百分比　　　　　單位：%

類別 \ 區別	單人房	雙人房	套房	合計（間）
喜來登大飯店	22.69	70.49	6.80	705
福華大飯店	40.09	52.14	7.75	606
環亞大飯店	47.50	34.58	17.91	720
凱撒大飯店	9.40	86.0	4.60	500
國賓大飯店	32.16	63.89	3.93	457
老爺大飯店	5.91	84.23	9.85	203
凱撒大飯店	19.20	78.8	2.0	250
中信大飯店	23.20	75.94	0.84	237
統一大飯店	50.53	43.07	6.39	469
圓山大飯店	3.77	80.75	15.47	530
西華飯店	63.89	23.20	12.89	349
晶華酒店	80.70	14.73	4.56	570
君悅大飯店	49.38	36.62	15.0	873

資料來源：各大飯店。

100至120平方米以比較多。

　　以六福皇宮客房為例，說明現代的觀光休閒旅館的客房配置。為配合六福皇宮鎖定充滿朝氣與自信的專業菁英，並喜好追求與眾不同、時尚潮流與感性生活的賓客，所以高級客房的設計與擺設結合摩登前衛與沉穩古典，以金黃色、藏金色與深紅色為主。

　　六福皇宮館內的客房共有二百八十八間，其中包括四十二間高級套房，四層禁煙樓層、三層行政樓層與三間殘障專用客房。基本資料如表3-2：

表3-2 六福皇宮客房種類一覽表

房間種類	房間數	坪數
Superior 精緻客房	47	9.5
Deluxe 豪華客房	87	11
Premier 尊爵客房	46	12.24

（續）表3-2　六福皇宮客房種類一覽表

房間種類	房間數	坪數
Westin Guest Office 寰鼎客房	12	9.7
Corner Suite 星隅套房	8	16.3
Deluxe Suite 尊榮套房	16	15.7
Executive Premier 行政尊爵客房	42	12.24
Executive Superior 行政精緻客房	12	9.5
Executive Deluxe Suite 行政尊榮套房	10	21.2
Executive Corner Suite 行政星隅套房	3	16.3
Dynasty Suite 朝代套房	2	22.7
Palace Suite 皇宮套房	2	32.7
Presidential Suite 總統套房	1	55.5

資料來源：六福皇宮大飯店。

二、客房平面規劃

客房平面設計的次序是浴廁、臥室、床鋪等關係位置，相臨二間客房一併考量。一般浴廁間靠走廊側面設置，通路最小寬度約80公分。

床鋪的配置，是選擇單人床或雙人床。尺寸要預留床鋪做床時，兩側必要的空間。行動時，牆壁與床鋪之間的有效距離至少是60公分，其他家具的配置，外壁側的開窗位置，空調出風口、電話、電視、電器開關、插座等。如客房面積加大時，相對的走廊面積也減少，在效率為主的前提下，加深客房的長度是一般商業型旅館的傾向（如圖3-4）。

一般而言，觀光旅館之客房皆在數個樓層，其規劃重點，必須考量電梯口出入位置盡量等距分配，且易於找尋客房房號，部分觀光旅館為安全計，在各樓角落設計隱藏式監視器，因此平面規劃也

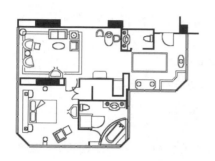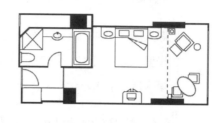

圖3-4　君悅飯店套房與單人房的平面設計

資料來源：君悅國際大飯店。

須考慮不能有死角，在現今愈來愈高的建築規模，尤其應規劃健全消防設備，使住客享有安全的居住空間。

三、浴廁

浴廁爲客房設計之重點，因此其空間規劃要達到舒適的目的。而且便利維修的考量也很重要，當其中有一個房間浴廁發生故障時，如何將其水電配管單獨或小區域的控制，以免影響其他客房之供水、供電，因此管道間之分配規劃甚爲重要。而且，當浴廁使用後排水的聲響（尤其在深夜時），是否會干擾隔壁房間之考量，是住客對客房水準評價的重要依據。

四、床鋪

應該配合客房的個性、種類、服務內容來決定家具及床鋪的配置。家具的配置以床鋪的位置爲基本設計。旅館營業的主要目的，在於提供住客安全快適的休憩與睡眠，睡姿是否適切也可以左右旅館的評價，所以床鋪的性能必須細心的注意選擇。

一般床鋪高度為36至54公分，尺寸大小分類有下列三種：

1.單人床：寬97至110公分×長200公分
2.半雙人床：寬121至135公分×長200公分
3.雙人床：寬137至138公分×長200公分

因為人體處在睡眠狀態，夜裡不自覺的有三十次以上的反覆動作，為了能夠安適睡眠恢復體力，以往的單人床之寬度不夠，改為雙人床之尺寸為觀光級以上旅館共同的趨勢。

床鋪依構造可分為下列幾種：好萊塢床（Hollywood bed）、雙人床、工作坊床（studio bed）、活動床（extra bed）與嬰兒床（baby bed）。

依尺寸區分，床鋪可分類如下：

1.標準單人床（small-single）：寬91至100公分×長195至200公分。
2.半雙人床（semi-double）：寬121至150公分×長195至200公分。
3.標準雙人床（double）：寬137至138公分×長195至200公分。
4.皇后床（queen-size double）：寬150至160公分×長195至200公分。
5.國王床（king-size double）：寬180至200公分×長195至200公分。

床墊的種類，分為金屬彈簧及發泡棉墊兩種，除了支撐身體外，亦須合乎人體工學性能，被褥的正確支撐、振動性、柔軟度、輾轉性也是選擇床鋪的要素。一般觀光級以上旅館幾乎以金屬彈簧為主流。床頭板多固定在牆壁，且有效的兼做多功能家具也是常見的。

五、客房家具

依旅館的定位與特性、客房的機能種類設計各種式樣格調的家具，備品多寡有所不同。基本上的要求是堅固不易損傷、沾黏污垢的材質，構造上講求舒適性與方便性，減少不必要的裝飾，容易清潔、保養，不積塵埃，考慮人體活動的便利性。家具的角落部分盡量磨圓，考慮使用者的安全性及家具本身養護的方便性。

商業型及都會型的旅館，客房的面積通常不大。家具的配置，一般是結合幾種基本機能而設計，家具的配置以溫馨舒適為主色。從寫字桌、茶几、衣櫥、床組、床頭櫃等家具，來配合客房的形狀與平面配置。休閒渡假型旅館則講求舒適、悠閒，空間較寬敞挑高，家具的配置以亮彩為主色，材質則以原木、藤製品或輕金屬較常見（**圖3-5**）。除了家具的配置外，其他天花板嵌燈、插座、窗台的高度、窗帘等相連尺寸的關係及使用方法皆須用心設計。

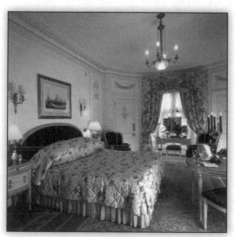

圖3-5　麗池飯店的傳統歐式風格客房

資料來源：麗池飯店。

標準客房規格相當一致，強調左右對稱。即使用了華貴的壁紙、地毯、窗簾、家具等，但假如在客房內配明線或安裝規格不明的插座，均稱不上良好的設計。家具的細部、材質、色調均須配合客房整體設計。門楹、踢腳板、窗台、窗簾盒、門扇等使用材料，須與家具尺寸色調互相配合。還須考量將來提高家具水準更換時，不能破壞整體的氣氛、格調與均衡，並考量簡單的維護更新作業，在初期設計就必須留意及準備。

一般衣櫥棚架，設置在靠近出入口處，必須注意不影響到門扇的開關及天花照明、灑水頭、空調出風口的位置。從客房整體的備品與使用方法，再決定衣櫥的尺寸。依門扇的開啓動作，自動點滅衣櫃內的燈具，須考慮配線及零件更換維修的方法。

1. **床頭櫃**：設置在床頭兩側的矮櫃，可放置檯燈、電話、煙灰缸、市內電話簿、便條紙與筆，睡覺時不必起床即伸手可及。矮櫃的高度最好高於上床後3公分，以免睡眠時無意識的輾轉拂落物品。並可一體安裝音響、空調、夜燈、鬧鐘、電視等開關控制設備。

2. **寫字桌**：簡便的處理事務或書信的桌子，一般旅館兼當化妝桌。在桌面或抽屜內放置有關館內、市內的介紹、特惠方案及簡單文具、夾簿等備品。桌上設置適切的照明檯燈、壁燈或吊燈類，桌面材料以不反射之半霧面處理。或兼用化妝桌使用時，考慮可抗含酒精成分化妝品餘漬浸蝕桌面的材質。

3. **茶几**：為了準備飲用冷熱飲料外，客房服務備餐時，亦常使用的桌子。桌面的表面處理應以耐熱、耐藥性之美耐板類，優麗坦系合成樹脂漆，大理石類或其他建材。

4. **衣櫥衣櫃**：長期住客或外國人較多的旅館，房客大都有使用有抽屜櫃子來整理服飾的習慣，也必須考慮襯衫或其他服飾

之收納便利性。

六、客房專用配備

　　為使客房住客更加舒適，且減少服務人員對住客打擾的需求，現代旅館皆準備數種客房專用設備，譬如智慧型省電設備可為旅館節流許多電費支出，茲分述於下：

(一)床頭觸摸控制面板設計

　　床頭觸摸控制面板可包括下列開關與設備，旅館業者可視需要任意加以組合：

‧電燈總開關	‧冷氣風速開關
‧門燈開關	‧音樂頻道選擇
‧左、右床頭燈開關	‧音樂音量調整
‧茶几燈開關	‧電視電源開關
‧化妝燈開關	‧電視頻道選擇
‧小夜燈開關	‧電視音量調整
‧浴室燈開關	‧子母時鐘

(二)「請打掃房間」及「請勿打擾」指示燈

　　當房客欲外出，並希望清潔員打掃房間時，房客只須按下門內的「請打掃房間」的操作開關，則門內指示燈與門外「請打掃房間」指示燈同時亮。當清潔員經過時，即可進入房內打掃。清潔員打掃完畢，再按此鍵，則燈號消失，恢復原狀。相反的，假若房客休息或忙於公務，不想讓人隨意打擾，可以按下「請勿打擾」指示燈，則電鈴同時處於斷電狀況，房客即不受打擾。

(三)智慧型客房省電設備

本設備係利用客房門邊的截電盒,來控制房間內的電源,並做智慧型的能源管理。當客人進入房內時,把鑰匙柄插入截電盒內,截電盒內的接點通電到控制箱的數位電路,數位電路就會自動接電,房內部分燈具立即打開。當房客外出,抽出鑰匙柄(卡)時,數位電路就會自動斷電。房間電源延遲幾秒斷電,房間電源自動省電。

(四)房鎖

過去傳統圓筒式鎖匙,可更換鎖心,旅客遷出時要求交回櫃台,另外為了防止遺失,裝有不易攜帶的大型鎖鍵(key tag),減少房客帶出旅館機會,但也造成旅館作業與住客的雙重麻煩。現在採用卡式鑰匙(key card),可隨時更換設定時間,無須交回,卡片上可兼做旅館廣告,旅客亦可當成是旅遊的紀念品。每片成本約新台幣十五至二十元,如圖3-6所示。

(五)房間各式消耗備品

一般觀光與休閒旅館房間內提供各式消耗備品,如表3-3。其中消耗品是容許住客帶走。

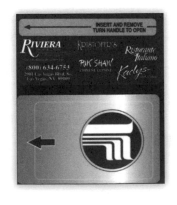

圖3-6　各式卡式鑰匙

資料來源:作者蒐集。

表3-3 一般豪華客房消耗備品一覽表

備品		消耗品		
浴巾	煙灰缸	水洗單	浴皂	茶包
毛巾	急用手電筒	乾洗單	面皂	咖啡包
小方巾	電話簿說明	燙衣單	V.I.P皂	奶精與糖包
腳布	聖經	透明垃圾袋	浴帽及盒	棉花球棒
餐飲簡介	男衣架	原子筆	沐浴精盒	早報封套
電視節目表	女衣架	中式信封	洗髮精盒	水杯襯紙
早安卡	睡袍	西式信封	乳液盒	其他
早餐卡	冰桶	中式信紙	擦鞋盒	
套房簡介	肥皂缸	西式信紙	面紙	
客房餐飲單	便條夾	旅館明信片	衛生紙	
文具夾	IDD封套	棉花球	女性衛生袋	
請勿打擾牌	國際電話說明	梳子	保險箱說明	
打掃房間牌	棉花球容器	刮鬍刀盒	火柴	
小花瓶	毛氈	牙膏及牙刷	便條紙	
資料夾	床墊、床鋪	男拖鞋	鉛筆	
套房用浴袍	床單、床罩	女拖鞋	針線盒	
防滑浴墊	飾畫	衣刷	意見書	
吹風機	花果植栽	洗衣袋	mini-bar帳單	
水杯	鞋拔	擦鞋袋	購物袋	
水杯盤	其他	擦鞋卡	年曆	

資料來源：楊長輝，1996，《旅館經營管理實務》，頁214。

Go Go Play 休閒家

世界主要城市代號

　　航空運輸業為了電腦作業與一般航空作業的方便，也是為了便利機票的印製，將世界上有航空器起降的大小城市，各賦予一個由三個大寫英文字母組成的城市代號（City Code）。但假如一個城市有二個以上的航空站時（像上海、

東京），各航空站另有航站代號。茲將世界主要城市代碼列
示如下：

1. 亞洲、太平洋地區：TPE台北（CKS桃園、TSA松
   山）、KHH高雄、TYO東京（NRT成田、HND羽
   田）、NGO名古屋、KIX大阪關西、FUK福岡、OKA
   琉球、SEL首爾（原名漢城）、PUS釜山、CJU濟州
   島、PEK北京、SHA上海（PVG浦東、SHA虹橋）、
   CAN廣州、SZX深圳、FOC福州、HKG香港、MFM澳
   門、SYD雪梨、MEL墨爾本、BNE布里斯班、PER伯
   斯、AKL奧克蘭、CHC基督城、SIN新加坡、MNL馬
   尼拉、CEB宿霧、GUM關島、HAN河內、SGN胡志明
   市（原名西貢）、BKK曼谷、HKT普吉島、KUL吉隆
   坡、PEN檳城、JKT雅加達、DPS峇里島、POR帛琉、
   MLE馬爾地夫、DEL德里、BOM孟買、CMB可倫坡、
   CCU加爾各答、KHI喀拉蚩、KTM加德滿都、DXB杜
   拜、RUH利雅德、KWI科威特、JRS耶路撒冷、TLV
   台拉維夫、BEY貝魯特、BGW巴格達、THR德黑蘭、
   AMM安曼。

2. 歐洲、非洲地區：倫敦（LHR西斯羅、LGW蓋特
   威）、DUB都伯林、PRA巴黎（CDG戴高樂、ORY歐
   雷）、AMS阿姆斯特丹、BRU布魯塞爾、BER柏林、
   FRA法蘭克福、VIE維也納、PRG布拉格、ZRH蘇黎
   世、GVA日內瓦、CPH哥本哈根、OSL奧斯陸、STO斯
   德哥爾摩、IST伊斯坦堡、HEL赫爾辛基、REK雷克雅
   維克、ROM羅馬、MIL米蘭、VCE威尼斯、FLR佛羅

倫斯、ATH雅典、MAD馬德里、BCN巴塞隆納、LIS
里斯本、WAW華沙、BUD布達佩斯、MOW莫斯科、
LED聖彼得堡、JNB約翰尼斯堡、CAI開羅、ANK安哥
拉。

3. 美洲地區：NYC紐約（JFK甘迺迪、EWR紐華克、
LGA拉瓜地）、LAX洛杉磯、SFO舊金山、SLC鹽湖
城、SEA西雅圖、CHI芝加哥、BOS波士頓、DFW達拉
斯、BUF水牛城、DEN丹佛、MIA邁阿密、YVR溫哥
華、YQB魁北克、YYZ多倫多、MEX墨西哥城、BOG
波哥大、PTY巴拿馬、BSB巴西利亞、SAO聖保羅、
RIO里約熱內盧、BUE布宜諾斯艾里斯。

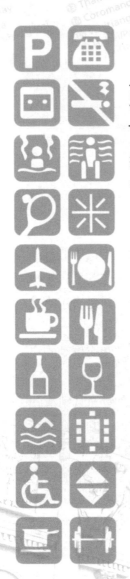

第 **4** 章

餐飲場所的設計理念

- 餐廳的定義與沿革
- 餐廳與宴會廳的類型
- 主題餐廳
- 餐飲場所的設計理念

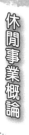

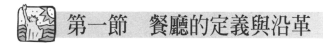

第一節　餐廳的定義與沿革

一、餐廳的定義

餐飲業是一種從古代到現代就一直存在的行業，古代人們為了經商或旅遊，每到一個地方就要住宿與餐飲，不管吃住的地方是好是壞，是路邊攤、小吃店、餐館或大型旅館之餐廳，只是表示吃住的好壞與花錢的多少而已。

西方在羅馬帝國時代，吃飯時圍桌而坐，每人並沒有選菜的自由，因為當時的餐廳是以定食為主的餐飲場所。

而中國在古代時期就有飯館、酒樓、客棧、食堂，直到清朝末年外國人到中國愈來愈多，為了讓他們有地方吃自己的膳食與菜餚，於是在北京才出現了西餐廳。以後隨著時代的進步，中西餐廳的規模愈開愈大，也愈來愈豪華，目前台灣的餐廳除了大型旅館的餐廳及夜總會之外，還有一種西餐廳，裝潢豪華亮麗，客人可以在餐廳一邊用餐一邊看表演，表演的內容有歌舞、魔術、雜耍等，為一般客人所喜好。

餐廳（restaurant）一詞在《法國百科大辭典》之記載，其意為恢復精神與氣力的地方，後來經過時間的演變而成為對顧客提供休息的場所與食物供應即恢復體力精神的地方，一直演變至今而成為我們大家熟悉的餐廳。所以餐廳的定義為它必須要有一個場所，而這個場所以營利為目的，必須要交通方便，且能夠對一般社會大眾提供食物與飲料及休息的設備之場所，同時還要有一些服務人員能為顧客提供滿意的服務，以及具備供應餐飲的設備。

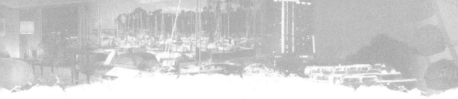

二、餐廳的發展史

民以食為天，餐飲業是各民族最古老的行業，色香味也各有所長。以下分別列**表4-1**及**表4-2**說明中式餐廳與西式餐廳的發展史。

表4-1　中式餐廳的發展史

唐朝以前	我國餐飲事業在古代非常發達，秦漢時代，交通發展快速，因而在各處通商大邑都設置有「客舍」及「亭驛」等，方便來往的官宦與客商，讓他們有一個落腳之地解決食宿問題。
唐朝到清朝	到了唐代的時候，各國使節、華僑、貴賓顯要來到我國，那時政府建造了一些國家招待所，設備很豪華，相當於今日的國際觀光旅館，提供這些貴賓的住宿與餐飲需求。而一般旅客與商人都是以當時的寺廟做休憩寄宿與膳食之場所，寺廟僧侶對於旅客均免費招待，僅由旅客自行捐獻香蠟燈油錢，以維持寺廟之生存與收入。後來旅遊與經商的旅客漸漸增多，許多城鎮鄉村，逐漸開設了所謂的「店」與「客棧」，以滿足旅客的住宿與餐飲問題。那時客棧的收費非常低廉，也沒有什麼豪華設備可言。至於在重要的水陸碼頭還有所謂的「行」，專門以收取佣金為主，以接待商旅，這些設施，大都是以家庭為主的副業，不但設備簡陋，根本談不上經營與管理，僅表現了現代餐飲事業的雛形罷了。
清朝以後	到了清朝末年由於外國列強的侵入，例如當時的八國聯軍，世界各國人士大批來到中國，為滿足外國人的需求，於是在北京有所謂的正式西餐廳的出現，那時的西餐廳只是為了讓外國人有一個能讓他們吃自己食物的地方而已。
現代	早期的台灣因為國共內戰，讓許多大陸各省的國人顛沛流離到寶島，也因此而造就中國歷史上第一次各省美食的大融合，為台灣蓬勃的餐飲業奠下根基。今天的台灣，由於經濟發展迅速，國民在外用餐的人數愈來愈多，使得餐飲事業由簡單而變得複雜與多樣化。不但各省美食到處可得，各國美食料理亦到處可見。加上來台觀光的人數已打破每年兩百萬的人數，大街小巷到處都可見餐廳與小館，再加上速食餐廳的迅速發展，使得青年老少都有一個好的聚會場所。

資料來源：作者整理。

表4-2　歐美餐廳的發展史

古代	歐洲的文明古國,在古代是以羅馬、希臘為代表,那時的人們由於帝國擴張的快速,羅馬帝國最強盛的時期,地跨歐、亞、非三洲,所以他們喜歡旅行,到各地去看看以增長見聞,另外為了經商,甚至還有商人遠走敦煌的絲路來到我國,歐洲人為了他們人民的需要,於是在各地建立觀光遊覽區,當時以寺廟、海水浴場及溫泉旅館為主,當時的遊覽區的一大特色,就是餐廳特多,歐洲人喜歡喝酒,圍桌而坐,不醉不歸。
十八世紀	十八世紀中期法國巴黎成為歐洲美食中心,那是因為法國王室與人民均喜愛美食與好酒之故。所以直到今日西餐仍以法國王室為代表。到了十八世紀末期,由於英國革命的影響,使得歐洲的交通運輸事業發達,火車與輪船等大眾運輸的事業發展迅速,因而帶動旅遊的風潮,在火車站與港口附近都有旅館與餐館新建。以後隨著科技進步,公路、鐵路與航運事業,把一批一批的觀光客帶往世界各國的觀光勝地與大都市,這時的餐廳業之經營,對於菜餚及食物之品質已大幅提升,餐廳內部裝潢與設備已大為改善,完全以迎合顧客需求為原則。
1930年	1930年代,由於世界經濟不景氣,旅遊者為了節省開支,逐漸捨去豪華的旅遊而改以汽車旅遊,所以這個時期是美國「汽車旅館」發展快速的時期,汽車旅館矗立在公路兩旁,專門提供旅客住宿與餐飲的服務。當時的汽車旅館比較簡陋,故收費低廉,使得旅遊變成一種大眾化與普遍性的活動。連帶的也帶動了美式觀光餐飲事業(速食業)的快速成長。
現代	今日歐美各國的餐廳已成為社會進步、工商發達的產物,餐廳內部的裝潢高雅、設備齊全,並且採用電動與電腦配合人工的多種服務方式,服務貴賓,盡量做到讓顧客滿意,不僅重視菜餚與美酒,甚至連餐廳的色系、燈光、音樂、溫度與濕度都調整到讓客人滿意。

資料來源:作者整理。

 ## 第二節　餐廳與宴會廳的類型

　　在休閒事業體中,餐飲與宴會是相當廣泛而且必須存在的部門。隨時不斷地準備適當的餐飲食品以供顧客所需,是這個部門不

變的活動。從簡單的外帶服務（takeaway）到正式餐廳（fine dining restaurant）都是餐飲部門的工作之一。廣義的餐廳型態如圖**4-1**所示。以下分別對與休閒事業相關的餐廳型態進行簡要說明。

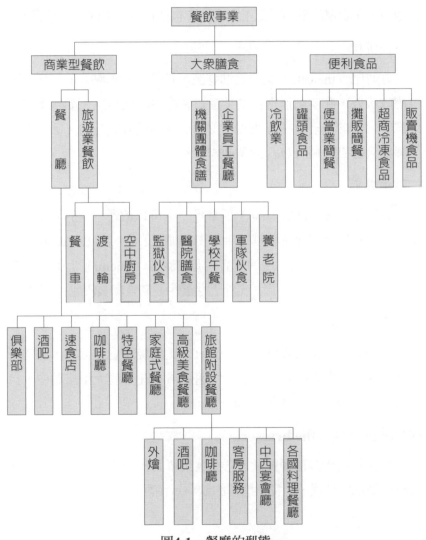

圖**4-1** 餐廳的型態

資料來源：作者整理。

一、餐廳

餐廳（restaurants）是消費者有個座位並點喚食品滿足口腹之慾的地方，從簡單的點心吧到正式晚宴皆包括在內。不同的類型有：

(一)咖啡吧

咖啡吧（the café）又稱為咖啡座，是提供簡單點心的場所。除供應咖啡外，咖啡吧通常提供業者知名的點心或早點，如水果派、肉派等，由於是著重在方便性，多採半自助式方式經營。國際知名品牌如星巴克，國內知名品牌如85℃。

(二)咖啡館

咖啡館（the coffee shop）通常是一個可以放鬆心情的非正式餐飲場所，常提供的食品一般包括各式咖啡、茶飲、點心（desserts）或零食（light snacks）。消費者可以依菜單（menu）上的目錄點食。具特色的咖啡館除了注重產品內涵外，氣氛與裝潢也是關鍵。

(三)自助餐廳

自助餐廳（the grill/bistro, buffet）比咖啡館更加忙碌，通常將熱食展現在消費者面前供自由、快速選擇。在一般大型旅館中，自助餐廳是必備的餐飲場合（**圖4-2**）。

(四)簡餐餐廳（**the brasserie**）

簡餐餐廳尚非正式餐廳，它提供菜單與預做的餐飲服務，通常沒有很豪華的裝潢，但提供簡單的飲料或酒類服務。

(五)菜單餐廳

菜單餐廳（the à la carte restaurant）一詞中的à la carte是「從菜

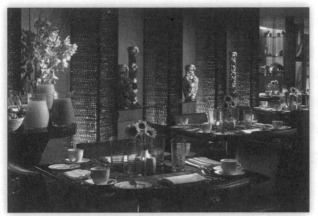

圖4-2　豪華的自助餐廳是各大飯店的必備餐飲場所

資料來源：六福皇宮大飯店。

單點菜」的意思，顧客需要從菜單上點取欲消費的菜色，並由廚房備餐。到桌服務是菜單餐廳和其他類型餐廳的主要差別，因此在用食時刻，將會有服務人員隨時為您服務。

(六)主題餐廳

主題餐廳（the specialised restaurant）顧名思義，亦即提供特定口味或情境的餐飲服務的餐廳，例如以口味進行區分：

1.海鮮餐廳。

2.牛排餐廳。

3.素食餐廳。

4.日本料理餐廳。

5.巴西窯烤餐廳等。

主題餐廳通常提供點餐服務，但仍得視餐廳性質而定，請見下一節介紹。

(七)美食餐廳

美食（或稱正式）餐廳（the fine dining restaurant）擁有完整的到菜服務與菜單內容，包括餐前酒、開胃菜、沙拉、主菜、甜點、水果與餐後飲料。當然，完整的酒品可供選擇是另一項特色。而在正式餐廳用餐時，顧客亦須穿著正式服裝出席。

(八)飯店餐廳

標準的商業旅館或觀光級旅館通常會提供以下的餐飲服務：

1. 點心吧（例如在游泳池畔）。
2. 咖啡館。
3. 簡餐餐廳。
4. 自助餐廳。
5. 主題餐廳。
6. 正式餐廳。

二、吧檯

休閒業者所準備的餐飲服務無法忽略提供顧客軟性飲料到含酒精飲料服務（圖4-3）。這其中又可區分為：

1. **酒吧（pubs）**：在合法時段對公眾營業，包括了對一般民眾營業的酒吧，與屬於私人場合的沙龍吧（saloon bar）。
2. **雞尾酒吧（cocktail bars）**：一般是附屬於旅館餐廳或正式餐廳的雞尾酒吧，或是宴席的雞尾酒餐會。
3. **果汁吧（health bars）**：果汁吧通常提供非酒精的健康飲料，如新鮮果汁或調和（雞尾酒）式果汁。
4. **俱樂部（clubs）酒吧**：只對會員開放進入享用的酒吧。

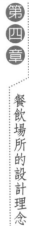

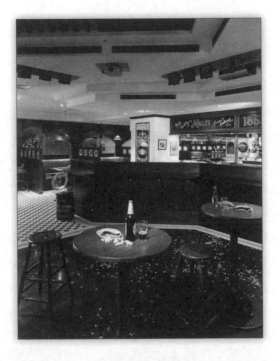

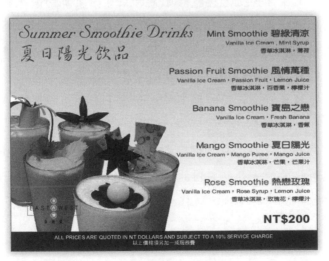

圖4-3　Bar（Pub）成為渡假休閒旅館必備的餐飲設施
資料來源：六福皇宮大飯店。

Go Go Play 休閒家

調情聖手：葡萄酒的世界

在歐洲有這麼一句諺語，「賣葡萄酒時要記得附上起司，買葡萄酒時別忘了先吃顆蘋果。」那是因為起司無論搭配任何種類的葡萄酒，都可以增添美味。另外，即使是最棒的美酒，在蘋果的酸味之下，缺點都無所遁形，一試便知。

若將葡萄酒大致區分，可依顏色的不同分成紅酒（包括玫瑰紅）和白酒兩種顏色。白酒的原料是將收成的葡萄壓榨而成的果汁。因此即使是有著黑色外皮的葡萄，其果汁也完全是無色透明。在其中加入酵母使其產生發酵作用，葡萄中的天然糖分被分解成酒精和碳酸，便成了葡萄酒。剛製造出來的白葡萄酒，是一種新鮮而帶有果香、爽口的酸味和輕微的甜味等特色的飲料（也有辛辣型的白酒）。

紅酒則是把收成的葡萄輕輕搗碎後整個放入大槽中發酵。隨著發酵過程的進行，液體中因有外皮抽取出來的紅色色素而顏色深沉，同時也因外皮和種子等的單寧酸被分解，而添加些許澀味。

紅酒、白酒都是以葡萄為原料的酒精發酵飲料，因此果香及新鮮的酸味是其共同的特徵。只是口感上有所不同，白酒會殘留淡淡的甜味，而紅酒則有澀味感。即使產地不同，使用不同品種的葡萄，葡萄酒所表現出來的基本品質都有著以上所說的共通點。

因為追求生活樂趣所以飲用葡萄酒。但想要增加樂趣，就必須懂得品酒。所謂品酒，就是在飲第一口酒時集中全副

精神，用全身感官去品嚐酒的一種行為。不抱持任何先入為主的想法，專心一意地去感受杯中的葡萄酒。

　　品酒的方法是由三個步驟構成。

1.視覺

　　觀察其顏色和透明感。無混濁現象，呈現透明有光澤的顏色就是最棒的葡萄酒。

　　「白酒」：新鮮淺齡的白酒，呈現的是一種黃中帶有淡綠的顏色。然後，慢慢地變成麥稈色、金黃色。隨著時間的成熟於金黃色中會再添些微點琥珀色。如蜂蜜般香甜的葡萄酒經過長時間的成熟期後，會轉變成寶石般亮麗的琥珀色。

　　「紅酒」：發酵剛完成的初釀波爾多紅葡萄酒有紅紫色的豔麗色調。勃艮地出產的則是鮮紅色。等到成熟時，顏色會愈來愈深成寶石紅或深黑的葡萄酒。隨著儲存的時間逐漸變成攙雜著橘紅的磚紅色調。若自採收後再經過三十年以上的儲存，顏色就會完全變成褐色。

　　「玫瑰紅」：最受歡迎的是淡淡的櫻花色調。玫瑰色當然是最美麗的典型，或是如夕陽般的橘紅色也十分漂亮。一成熟便會變成如洋蔥皮般的土黃色。南方國度出產的葡萄酒，有時還會變成像草莓般的鮮紅色。

2.嗅覺

　　葡萄酒的香味簡單區分有Aroma和Bouquet兩種。初釀的葡萄酒富含葡萄品種特有的香味，水果香的Aroma是主要關鍵。隨著儲存的時間愈久，酒中的花香、果香、植物性香、動物性香和香料香等會攙雜在一起，進而形成一種複雜的香味。這種香味統稱為Bouquet（花束）。

「白酒」：基本上由酸味聯想到的檸檬等柑橘系列的香味是最典型的。晶瑩剔透的夏布里白酒等會出現火石味和煙燻味的特殊香氣。露絲琳成熟後還會有橡木和天竺葵的味道。

「紅酒」：波爾多系統的酒有青椒和薄荷般的香味。成熟後會產生青苔和蘑菇等的菌菇類香味。勃艮地系統的水果酒類紅酒則有肉桂等香料的香氣。陳年紅酒中則會出現像濕落葉或濕地的特有風味。至於淺齡屬於近代的紅酒則可以聞到如奶香和甜奶油的香味。

3.味覺

要完全感受葡萄酒的美味，就得讓入口的葡萄酒暫留在口中些許時間。舌頭對甜味、酸味、鹹味、苦味等的味覺感應區皆各有不同。想要能清楚地區分出各種味道，花點時間是絕對必需的。

「白酒」：基本的味道是酸味。初釀的白酒可以感受到酒中強勁、充滿生命力的酸味。隨著成熟程度的進行，酸味會變得柔和。新鮮爽口類型的白酒裡帶有微甜是其特色所在。白莎維儂（Sauvignon Blanc）的葡萄酒是辛辣型。夏多妮（Chardonnay）的酸味則是扎實、細緻的。露絲琳在成熟過程會產生非常豐富的香味，隨著品種的不同，其特性也有明顯區分。

「紅酒」：品嚐的是酸味和澀味的調和感。初釀的紅酒單寧（澀味）才剛形成，強勁得令人難受，一點也不好喝。然而，隨著成熟期增長，單寧會逐漸柔化，甜味便會隨之增加而容易入口。像歐維尼耶釀製的紅酒屬於單寧含量少的類型，不須久放即可飲用。而波爾多地區的酒則因單寧含

量高，成熟時間也較長。酒精含量高、濃縮果實成分濃郁的酒，口感芳醇濃厚，風味絕佳。容易成為名酒的都是這種成熟期長的類型。

關於品嚐葡萄酒的七項基本工夫

葡萄酒，依其產地和釀造方法的不同而有許多種類。

適合料理和配飲用的葡萄酒稱為佐餐酒。發泡式葡萄酒稱為氣泡酒。在普通的葡萄酒中添加酒精成分，則歸類為酒精強化葡萄酒（fortified wine）。

根據種類的不同，關於葡萄酒的飲用方法和飲用時機都有一些傳統規定。當然也有例外的時候，僅將七項基本規則列舉如下：

1. 辛辣口味的佐餐酒：一般指的就是佐餐酒裡的無氣泡酒。是最大眾化的佐餐飲料。葡萄酒有紅酒、白酒及玫瑰紅酒三種。如果三種酒一起飲用，應先從白酒喝起，然後玫瑰紅、紅酒，這樣的順序來飲用較適當。標有年份時，則年份新的排在年份舊的之前。在德國，將辛辣口味的酒稱為trocken。而稍微帶點甜味的酒則稱為halftrocken（中度不甜）。通常白酒和玫瑰紅酒要冰得沁涼才好喝。紅酒方面若是薄酒萊（Beaujolais）和義大利的Bardooino及Chlianti，則稍微冷卻一下會更添美味。

2. 半甜型的佐餐酒：以新鮮清爽型的白酒居多，所以通常被當成冷藏後飲用的餐前酒。有助於初次品嚐者享受一餐美酒佳餚。

3. 甘甜型的餐用酒：德國的Trockenbeerenauslese（貴腐酒）和冷酒可搭配餐後甜點。若是Sauterne，和鵝肝醬

或香濃的法國洛克福乾乳酪搭配，是眾所皆知傳統的
前菜搭配法。

4. 香檳：氣泡酒的代表，是最負盛名的開胃酒。結婚紀
念日和生日等慶典上最適合用來乾杯的飲料。配合粉
紅香檳或年份香檳等，可以讓你享受奢華的一餐。

5. 其他的氣泡酒：除了香檳以外的氣泡酒還有義大利的
Spumante、西班牙的Cave和德國的Sekt等。一般來說都
是屬於開胃酒，但也常被選為宴會用酒，為宴會增添
高潮氣氛。

6. Fino雪莉酒：對喝慣葡萄酒的人只能算是開胃酒，但搭
配油炸食物和串燒等日本料理卻是再適合不過了。冰
冷後飲用滋味更佳。

7. 波特酒：通常是當作餐後酒或是睡前酒。也有人把清
淡的寶石紅波特（Ruby）和陳年波特酒（Tawny）當
成餐前酒。炎炎夏日裡在白波特酒中加入奎寧水飲用
非常適合，保證喝了清爽無比。

資料來源：取材自有坂芙美子，1997，《調情聖手：葡萄酒的世
界》。

第三節　主題餐廳

一、何謂主題餐廳？

　　主題餐廳（the specialised restaurants），又稱特色餐廳（speciality restaurants），此類餐廳有的以某一道美食爲其特色，有的以餐廳裝潢爲其特色，有的是以經營者性格之喜好所延伸出的感覺爲其特色，也稱爲個性化餐廳（personality restaurants）。所有的特色餐廳皆有特定的顧客群，是以特定顧客之喜好爲導向，此類型的餐廳壽命並不長，較易退流行，故經營者必須努力維持它的生動，經常要有新的市場行銷策略，來延續其生命週期（圖4-4、圖4-5）。

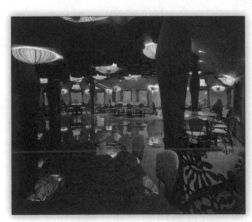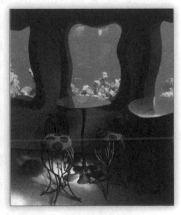

圖4-4　近年來主題餐廳的設立蔚爲風潮：海底餐廳

資料來源：奇摩大摩域討論區。

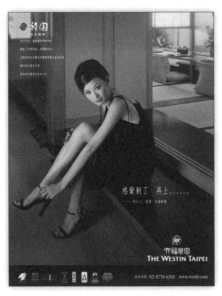

圖4-5　各國風味的主題餐廳是各大飯店的競爭主力
資料來源：六福皇宮大飯店。

二、主題餐廳之成立條件

主題性餐廳之成立條件為下列三項，如有一者成立即可。

1. **氣氛**：在建築物以及內外部之裝潢設計，均能呈現出此主題性給人之強烈感覺，並能讓顧客感受到身在其境，彷彿自己到了另一個國度、另一個空間，給人家的感覺是獨特且與眾不同的（例如：海洋館）。

2. **餐點**：在餐點的表現上，給人一想到特別的料理，就會馬上聯想到某店，並且菜色要能符合餐廳的主題，餐點與主題是用相同的風格呈現（例如：幕府壽司）。

3. **服務**：若以餐廳而言，服務即為顧客的基本待遇，但配合著

主題性而言，則不然，為因應許多較特別的主題性餐廳，使得服務生的服務方式也變得不同。例如曾名享一時的惡魔島餐廳，當顧客到店消費時，是被服務生用手銬扣進去的，和一般餐廳的服務方式截然不同。一家餐廳的服務方式也可以讓人來判斷此餐廳是否屬於主題性餐廳。

三、主題餐廳之類型

早期主題餐廳以口味取勝，如各國風味的主題餐廳（法式、日式、韓式、泰式、義式、美式、俄式……）。但隨著時代的變遷，消費者的分眾標準已經有相當幅度的改變，如以同儕認同、偶像崇拜、休閒偏好……等不一而足。以下分別舉例說明：

1. **休閒偏好**：如運動類型的偏好，像是棒球主題餐廳、籃球主題餐廳、賽車主題餐廳等。台灣多家棒球主題餐廳收藏美國與台灣主要的職業棒球球隊隊徽、球員球衣、照片、簽名球等，是熱愛棒球運動者常去的用餐、聚會的場所。

2. **偶像崇拜**：電子媒體與娛樂工業的發達，造就許多偶像明星，從小學生到師奶級的粉絲（fans）都有自己偏好的崇拜對象。美國好萊塢一些超級明星共同投資的星球餐廳（planet restaurant）是老字號的偶像崇拜餐廳，中港台各都會區也出現相當多同類型的餐廳。有時候卡通人物也會是偶像崇拜的對象，如新加坡的史奴比餐廳、日本的凱蒂貓餐廳皆聲名遠播。

3. **同儕認同**：對一些人而言，同儕認同的重要性非常高，因此用餐時也能以同儕認同為元素，如早期的星期五餐廳便是有名的例子；台灣的香蕉新樂園喚起許多三到五年級生（1930

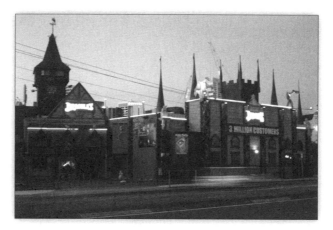

圖4-6 澳洲黃金海岸的吸血鬼餐廳遠近馳名

資料來源：作者拍攝。

至1950年代出生者）的記憶。

4.**生活素材**：生活周遭存在許許多多的元素，某些元素是我們
所特別喜愛的，如有些人嚮往鄉村田園生活，有些人嚮往海
洋藍天的感覺，都可以是構築主題餐廳的元素。例如高雄有
一家杯子主題餐廳就很有特色。另外有一家便便屋（餐具以
便器為造型）亦享譽全台。

5.**特定生活型態**：隨著國民所得的提升，消費者已經不再滿足
於現狀，常會嚮往非正常生活的型態，以紓解工作壓力。如
澳洲吸血鬼餐廳遠近馳名（**圖4-6**）；台灣的惡魔島餐廳亦風
靡一時。

四、案例介紹[1]

(一)新加坡的史奴比餐廳

　　全世界第一家史奴比主題餐廳 Snoopy Place。當台灣人為了凱蒂貓在麥當勞門口徹夜排長龍，香港人卻為了史奴比千里迢迢組團來到新加坡，你說，究竟誰才是享譽國際的當紅炸子雞？已經四十八歲的史奴比大概連想都沒想過，竟然會有人打造了一座史奴比專屬的主題餐廳，同時餐廳的地點還不在美國。為了取得史奴比原著者的同意，餐廳策劃人遠赴美國拜訪Charles Schulz，沒想到他老人家爽快地答應了，但是餐廳裡所呈現的漫畫都必須經由他過目後才能啟用。據說Charles Schulz年少時養了一隻黑白相間的雜種狗叫史派克，這就是史奴比的前身；在Charles妙筆塑造下，史奴比可是個體育高手，喜歡寫小說和躺在屋頂上做白日夢，當你走進Snoopy Place，查理‧布朗、露西等史奴比漫畫班底就映在玻璃窗上排排站，對你Say Hello！仔細看，你會發現那黑黑圓圓的椅背竟是查理‧布朗的後腦勺，而沙發的靠墊正是不折不扣的史奴比大頭。

　　光是吃吃喝喝，對史奴比迷來說終究不過癮，那就到餐廳旁的史奴比商品專賣店去逛逛吧！滿滿的史奴比家族玩偶及鑰匙圈、相框、T恤、茶杯等各類生活產品，有價格比較昂貴的Made in America，也有餐廳自製的平價品，怎不令人興奮瘋狂，眼睛為之一亮？

---

1 主題餐廳一般容易退流行，因此生命週期不長。以下兩個實例皆為典型的主題餐廳，雖已停業，但其經營理念與手法仍值得參考。

(二)惡魔島監獄餐廳

1. 簡介：惡魔島，西元前被發現的這個小島，是世界上的活地獄，無法逃脫的死絕空間……給你史無前例的全新體驗，吃頓超感官的美食，讓我們引領你，進入惡魔島的奇幻世界。想試一試被扣上手銬，關在牢房裡吃飯的滋味嗎？由台灣藝人吳宗憲投資有份的「The Jail——惡魔島監獄主題餐廳」，肯定可以滿足你的要求，更何況光顧這兩間以監獄為主題的餐廳，既可品嚐豐盛的牢房美食，又可與悅耳的音樂為伴，這樣的鐵窗生涯，你難道不想試試？

2. 體驗監獄生涯：「The Jail 惡魔島監獄主題餐廳」，氣勢磅礴的監獄入口，旋轉的大風扇，緊緊抓住美食囚犯的腳步，等待區中有人犯檔案照相區、監獄巴士、典獄長大人在身旁，穿著黑白條紋囚服的服務生會為你介紹「入獄規則」入編檔案，拍照存檔，最後扣上手銬就準備進牢房吃飯啦！

3. 入獄寫實檔案：才進入餐廳的門口，便會看見一連串栩栩如生的監獄影像，滿臉滄桑的罪犯，接載罪犯的監獄巴士，甚至惡魔島島主吳宗憲也被活生生釘在牆上。這時候穿上黑白條紋囚犯服的侍應會上前為來客介紹一整套入獄規則，包括編配囚犯編號，照囚犯相及蓋指模，隨著手銬合上的「啪」聲一響，犯人便宣布正式鋃鐺入獄。
拍照存證，有圖為證，為了留下入獄服刑的光輝歷史，所以惡魔島的典獄官們會特別準備相機，依人客的要求為在惡魔島服刑的罪犯拍照存證，為客人留下曾經有過「監獄風雲」的見證。看看這三位女重刑犯，就是在品嚐過一丁點的「重犯特調」後的嘴臉，敬告酒量不好的人，別輕易嘗試喔！

4. 獨立牢房設計：獨立的牢房設計是惡魔島的一大特色，顧客

既可在自己私人禁錮空間用餐，也可約齊朋友在牢房內開生日派對。

閃動著藍光的吧台與前面黑白相間的座椅均讓人有目眩的感覺，而架於天花板下面的電視機除了不停播放流行的 MTV 以外，更巧妙地營造出一種監視犯人活動的感覺。另外，惡魔島在每晚七時至凌晨十二時均有 DJ 現場打碟。提醒大家，無論你來惡魔島是要扮囚犯，還是純粹享受牢房式的美食空間，只要你來的時候正好是假日及晚上，你看到的都可能會是排隊入柵的情況，因為在這些時段，即使分別足以容納百多人的台北和台中惡魔島，也會像香港的監獄一樣，遇上客滿的情況哩！

5.囚犯特調飲食：食物方面，外國不少主題餐廳均以室內裝修與設計作為強項，而惡魔島除了營造監獄氣氛出色外，餐飲和熱盤均有一定水準。像它調製的形形色色囚犯特調酒精飲品便多達十五種，其中火辣的 「重犯特調」 最合嗜酒一族，而帶有粗獷口感的「監獄風雲」 則是大哥之選。至於熱盤方面，除了用鐵鍋盛載的「牢飯」（雜菜炒飯）夠大眾化外，推薦菜式包括杏仁玉帶、砂鍋魚頭和三杯苦瓜等。

第四節　餐飲場所的設計理念

一、餐廳外觀設計的基本原則

1.餐廳名稱的選定是在外觀設計前就應該決定的事項，根據所選定的名稱才能設計出與名稱相符的外觀及特殊的店招。而

選擇餐廳名稱時應考慮的因素有：(1)要能讓消費者印象深刻而且容易記憶，最好還能夠朗朗上口。(2)配合主要消費群的特性，不但能加深顧客的印象，更能招徠消費者。例如消費群為年輕人時，應該以具流行感、奇特新穎或諧音及諧意的名稱來命名，如此比較能夠抓住他們一探究竟的好奇心，吸引他們前來消費。

2. 確立餐廳的主題及主要消費群的喜好，並配合建築物之特色，設計醒目並能吸引消費者的外觀及店招。

3. 設計時除了必須注重特殊風格外，最好也能賦予隱藏或暗示性的意義，如此一來就更能讓顧客留下深刻的印象。

4. 要能表現出產品的特色，最好是讓消費者一看便知道餐廳的主要餐點是什麼。

5. 以開放式或透明式的設計為佳，這樣可以讓消費者親近及瞭解餐廳，進而引起消費者進入消費的慾望。

6. 設計時應注意所在商圈的文化特色，在力求凸顯餐廳風格的前提下，也要能融入當地的文化特色，避免與該區域產生隔離感。

二、正門的設計

正門的位置與設計應該以容易被消費者發現，而且有明顯易懂的指示為宜。除此之外，正門不要太小，必須要讓顧客方便進出，如果空間足夠，最好是能將餐廳的進出路線加以區隔開來，如此不但能有效地區分顧客的行進方向，還能快速提供顧客所需要的服務，例如等候帶位入座或準備結帳離開，而且還可以幫助工作人員順利執行他們的工作。

三、地板的設計

地板一般以絨毛地毯、拼花地板、塑膠地磚及瓷磚爲多。地毯常被視爲華貴而舒適的地面鋪飾，不僅感覺柔和優雅，而且具有溫暖和寧靜的特性；拼花地板，容易清理，目前台灣大都採用櫸木地板，即以木條或木板組成單位再拼接而成，如玫瑰園；塑膠地磚較硬、耐磨損但易碎，可隨自己心意設計拼鋪花樣；瓷磚是最耐久，又具備整潔、堅固和耐磨的特性，是廣受歡迎的地材之一。

四、壁面布置

壁飾是店鋪設計重要的一環，必須配合餐飲店的特性，恰到好處，否則原本畫龍點睛的初衷，很容易就流爲畫蛇添足，失去效果。

重要的一點是，必須強調餐飲店的形象，如設計預算足夠，盡可能做整體的設計；若設計預算有限，則不宜分散設計重點，應專注於某方面做特色設計，以便使顧客留下深刻印象，再次登門。做店鋪空間設計時，應注意以下幾點：

1.採用強烈色彩以加深顧客印象。
2.以無色彩爲背景，做重點強調或強調個性。
3.用造型設計凸顯個性。
4.以材料、質感強調個性。

五、照明設備

照明的方式及設備因餐飲店的特性、顧客層次及預算條件而有些許差異。照明和壁面的色彩一樣,都是營造店內氣氛的設計重點。照明的注意事項如下:

1. 客人流動率頻繁者,應採用亮度較高的日光燈,如速食店。
2. 如果壁面、桌椅及照明設備設計豪華,即使亮度不夠,亦能營造出豪華的氣氛。
3. 桌上燈光亮度務必一致,否則可能影響客人情緒,甚至減低顧客入店率。
4. 櫃台處和內部不宜過暗。
5. 壁面可使用不同款式的照明設備,另外應用遮光器以便製造出柔和之氣氛。
6. 照明亮度高者,可促進顧客流動率加速,反之則會減慢。
7. 亮度一般為20支燭光(Lux國際照明度單位),強調氣氛者多為10支燭光以上,如果是簡便餐飲店則以100至150支燭光為標準。

六、音響設備

餐飲店選擇音樂應以年齡層、顧客層為配合重點,其先決條件為掌握顧客的心態。

最好的方法是事先分析顧客的年齡和階層,然後再根據分析的結果來選擇播放的曲目。同時,應當多收看電視的綜藝歌唱節目及廣播電台的音樂節目,瞭解現在流行什麼。

1. 音量：以不影響顧客談話為原則，但須比店內周遭之噪音稍高，約3至5分貝為宜。

2. 音響設計：如果店內音響是採身歷聲，則音響設計必須確實做好，方可收到良好效果。此時應設置雙喇叭，安裝位置不可隨便，可參考**圖4-7**。喇叭應置於不會互相干擾的位置，最好能多裝設幾組，效果將更為理想。如果礙於餐飲店結構只能裝設一組時，則靠近喇叭後面，或周圍之牆壁，最好採用反射性高之材料，而遠處之牆壁則應利用吸音材料，如此一來便可使音響效果達到最高。

3. 收音機：這種方法應用範圍極廣，但離播音處較遠之位置，音量會變小，音調高低也會失真，此為其缺點。

· 身歷聲型　　　　　　　· 單喇叭型

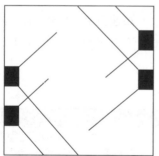 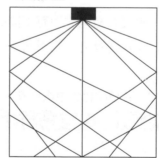

圖4-7　喇叭的放置方式

資料來源：作者整理。

七、色調的選擇

色彩可作為機能空間的劃分，但若能與其他空間搭配和諧而突出的色彩，較能經得起考驗。柔軟的暖色系統，可帶給人們溫馨

感，間接的有促進食慾的作用。餐廳依色調秩序原則，地板可用較深顏色，牆壁次之，天花板最淡，如此可免造成視覺上的壓迫感，而且需要掩飾污垢之地板，也以暗色處理。此外，餐桌椅的色彩也須注意配合，光線對色彩的影響更應注意。

當然，餐廳在整體色彩的運用上，還應配合餐廳的性質、顧客的心理以及經營格調而定。如果是美食餐廳宜以高貴、穩重顏色為裝飾主色調，如金、紫、棕色等；速食店宜以明亮色調為主軸；咖啡廳多以棕、綠為主色調；主題餐廳可依主題進行搭配，如黑白相間色調歷久彌新。至於台灣流行的××元吃到飽餐廳則勿以紅色色調為主（以免鼓動消費者食慾），宜以明亮色調為裝飾主軸（**表4-3**）。

八、 座位空間配置

應視餐廳型態而有不同的設計，如速食餐廳與法國餐廳座位空間的設計就有很大的不同。一般其桌椅之設計與排列，主要是使餐

表4-3　各種顏色的象徵意義

顏色	象徵意義	說明
白	純潔、善良、乾淨	大和民族的高貴之色；華人較不偏愛的內部裝飾顏色。
黑	權威、神秘、博學	漢王朝前之帝王之色，印度人視為死亡的顏色。
金	高貴、權威、財富	帝王之色
黃	新奇、溫暖	具有特殊的吸引力
紅	熱情、豐富、人性	可增進食慾與人類基本需求
紫	莊重、威嚴	佛門高貴之色
棕	穩重、豐饒	穩定情緒、平和心情
藍	威權、敬重	老美偏愛的顏色
綠	自然、活潑、安全、輕鬆	環保、健康之色

資料來源：作者整理。

廳面積能做最有效的利用，並兼顧客人之舒適及服務人員之工作方便為原則。設計與配置原則如下：

(一)設計上應注意

1.中餐偏用圓桌，西餐則以長、方桌為主。

2.不論何種桌子，高度力求一致，最好有部分是可摺可合併者，如方形桌可拉開成圓形桌或合併成大桌。

3.椅子之椅背應盡量配合腰部弧度略微彎曲，以符合人體工學。

4.若為特殊用途所設計之桌椅，桌子若提高，椅子也必須相對提高。

(二)配置設計

1.每桌座位人數，應先分析用餐之結構，作為座位擺設之參考，若二人座過多，浪費空間；多人座過多，又易造成很多不認識客人坐在一起的不便。

2.以對角配置較平行配置節省空間，如圖**4-8**。

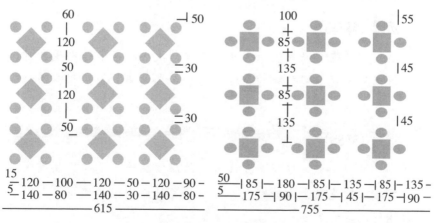

圖4-8　節省餐廳空間平面配置圖　　（單位：公分）

資料來源：作者整理。

3.座位及走道的安排：至少要安排90公分寬供一人通過，若需要兩人面對擦肩而過，則需要135公分以上，才不會干擾用餐者進食。

Go Go Play 休閒家

世界各國美食

瑞士（$$$$$）

　　四季皆宜的瑞士火鍋，以奶油、乳酪或巧克力為湯底，香味濃郁的風味，是行家的最愛。

德國（$$$$）

　　大塊、實在的料理，是德國菜最具分量的特色，德國豬腳肉感十足，是許多老饕的桌上佳餚。

法國（$$$$$）

　　視「吃」為人生一大享受的法國人，不僅十分重視食材的選擇，更重視擺設的精緻與美感，「浪漫」是法國料理的必備配菜。

捷克（$$$$）

　　順口不膩的口感，充滿香料的醃漬風味，是強調簡單、實在的捷克菜最大的特色，由於捷克地處內陸，較少看到以海鮮為主的菜餚。

義大利（$$$$）

　　料多味美是對義大利料理最實至名歸的讚賞，香濃乳酪、奶油味更是每道菜色少不了的精華所在。

希臘（$$$）

　　地中海風情，充滿陽光、海水的洗禮，讓嗜吃麵包、馬鈴薯的食客們，得到最大的飽足感，不妨試試希臘佳餚爽口的誘人芳香吧！

葡萄牙（$$$$$）

　　殖民背景的影響，讓葡萄牙融入多種風情的飲食口味，且由於靠海的地源關係，海鮮料理便成為葡萄牙菜的座上賓。

摩洛哥（$$）

　　菜餚中常見蘸食料理，展現摩洛哥對香料、豆類與調味料的巧妙搭配。捨棄一切餐具帶來繁雜的用餐方式，在雙手的巧妙運用下，增添一份自然原味的風情。

日本（$$$$$）

　　精緻、生、冷、少調味，就像位處高緯度的日本海島國家，那麼地別具風格，自然料理的呈現，更顯現出不造作的風土民情。

韓國（$$$ 🌶🌶🌶🌶）

　　驅寒火辣的泡菜，是韓國人少不了的佐餐下飯的料理，加上頗負盛名的韓國烤肉及火鍋，更是秋冬最好的菜餚。

泰國（$$$ ）

南洋的熱辣風情，融合多樣煎煮炒炸等技巧，加上泰國「水果王國」的名號，讓泰國菜更添變化。

越南（$$ ）

魚米之鄉的越南，將米的精神發揚光大，不論是米粉、糕點、河粉，都能讓愛吃米飯的食客們讚賞不已。講究清爽不油膩，也是喜好南海風情食客的最佳選擇。

阿拉伯（$$$ ）

中東神秘的色彩，讓它的飲食瀰漫一股獨特的薰香，辛辣甜鹹那股嗆味，是對於一般人味覺上的大挑戰，篤信回教的阿拉伯，可是不食豬肉的喔！

印度（$$$ ）

香料與咖哩，是印度菜中最大的驕傲，獨到的香草藥材，讓香辣夠味的印度佳餚更添美味；視牛如神的印度人，飯食多偏重羊肉及雞肉。

馬來西亞（$$ ）

入口酸辣、滲入濃厚椰奶香味，是馬來西亞不同於其他東南亞國家的風味，濃厚的回教色彩，讓馬來菜見不著豬肉的蹤跡。

印尼（$$ ）

如果說泰國菜是「香辣之王」，那印尼菜就可稱為「濃辣之后」，不管香的、辣的、甜的、酸的，都是濃得化不開的實在好口味。

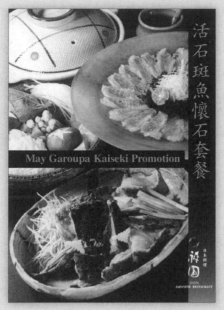

圖4-9　各國料理爭奇鬥豔
資料來源：六福皇宮大飯店。

美式料理義式風（$$$）

　　濃烈的氣味、番茄的甜酸味、九層塔的辛味，是美式義大利料理不可或缺的要素。

美式料理墨西哥風（$$$）

　　休閒、創意的個性餐飲，讓每位饕客享受大口咬定的咀嚼快感，墨西哥菜色更增添美式料理的風味。

墨西哥（$$$ 🍴🍴🍴）

　　玉米可說是這裡最重要的主食，不管包餡的、捲皮的、炸酥脆的，都充滿了香辣酸濃的南美風情。

巴西（$$$）

　　巴西窯烤的材料豐富，路上爬的、海上游的，都是窯烤最佳的材料，適合三五好友齊聚，感受百分之百的原味。

註：$$　有點便宜

　　$$$　中等價位

　　$$$$　有點貴

　　$$$$$　這可真是不便宜啊！記得多帶張卡出門吧！

　　✐✐✐　中辣

　　✐✐✐✐　重辣

　　✐✐✐✐✐　狂辣

資料來源：取材自美國安泰人壽，《生活卡意》，1999年秋季號。

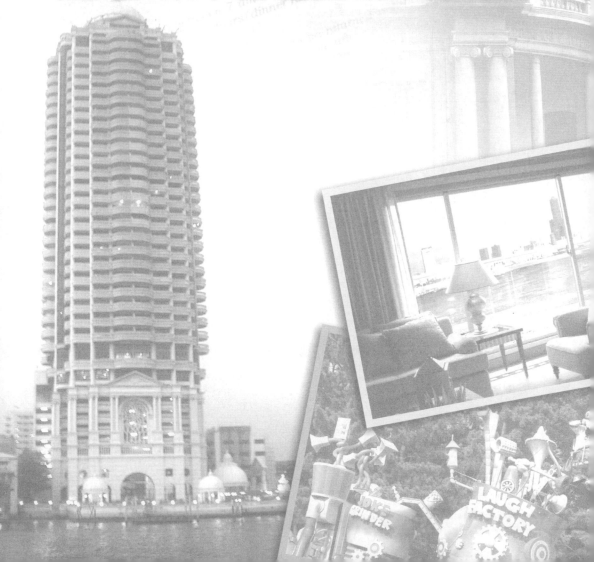

第二篇
觀光與休閒渡假旅館的設計

第**5**章

觀光與休閒旅館的緣起與特性

- 現代旅館的起源與定義
- 我國旅館的發展沿革
- 觀光與休閒旅館的特性

第一節　現代旅館的起源與定義

一、旅館的緣起

休閒事業源於觀光旅館，而旅館業（hospitality）又源於何處呢？

一般深信，在中古世紀，歐洲本土許多的修道院提供簡單的旅客住宿，一如中國古代許多的廟宇提供遠途信徒住宿，是旅館的雛形。在歐洲旅行主要是靠道路，因此客棧（inns）、旅店（hostels）便隨著城鎮或交通中心的興起而沿著公路兩旁大量出現。

渡假旅館則緣起於南太平洋，最早的旅館業服務是由各大小島嶼的土著所提供，早期他們提供航海家、探險家靠岸時一些清水的補給。之後，這些航海探險者進一步尋找擁有乾淨水源、食物的臨時避難所，這些交易則「以物易物」進行，從此之後，這些地點便成為他們可多次造訪的休息站。

當一個臨時避難所因提供足夠的資源、供旅客休息、裝備更新而獲良好的評價時，它就不再只是一個單純的「避難所」罷了，而應該稱之為休憩點（repose）或渡假據點（recess）了。而原本由地方土著所提供的簡單住宿服務，也慢慢懂得如何進一步迎合旅客的需求。因此，來光顧的人也不再限於冒險家了，各種族、各種相關職業的人也慢慢湧入這些可以滿足他們休憩或純粹渡假的地點。

在十八世紀的澳洲，大量的勞工與移民的湧入，造成住宿、膳食和相關服務的大量需求。很明顯的例子是，因為對茶、咖啡

與其他飲料的龐大需求，造成當地「公共酒店」（public drinking house，俗稱PUB）的快速成長。第一家合格特許的酒店執照在1796年頒發，據1810年的調查指出，當時的雪梨總共擁有七十五家合法的酒店，服務6,152個顧客，平均一家酒店服務八十二個人。

同樣的情形發生在南太平洋區域，由於殖民風潮而帶來大量的官員、移民、甚至商船，為因應所需，客棧、旅店或食堂（boarding house）便大量出現。在1830年，澳洲政府開始要求所有的酒店提供住宿的功能，最低限度是二個房間和一套公共衛浴設備。

在歐陸部分，在十七世紀後半期，倫敦出現了一種最新型態的旅店，稱為hotel──旅館。這個名字其實是起源於巴黎相似功能的旅店hotel garni，意指「大房子」。一直到十九世紀，沿著鐵路與輪船行駛的路線，旅館逐漸蓬勃發展，但僅以商業旅行者為主要的顧客。

到了二十世紀初葉，拜汽車工業與航空工業的發達，大量的旅遊人口於是產生。大量的旅館在歐美地區接連設立，尤其是美國許多大型豪華的旅館紛紛成立。大西洋兩岸的旅館熱吹到太平洋，到1980年為止，成為當地成長最快的行業。而近二十年來，由於世人國民所得的提高，造就渡假風潮，渡假酒店已凌駕於商業旅館，成為此一行業的主流了（**圖5-1**）。

二、旅館的定義

楊正寬（1996）在《觀光政策、行政與法規》中，將觀光旅館分為廣義及狹義二種解釋。依據發展觀光條例第二條第七款之規定：「指經營觀光旅館，接待觀光旅客住宿及提供服務。」而觀光旅館依同條例第二十條及觀光業管理規則第二條之規定，又分為觀

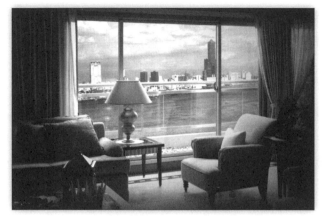

圖5-1　現代的國際觀光旅館走向休閒風

資料來源：高雄金典酒店。

光旅館及國際觀光旅館二種。因此凡是經營觀光旅館及國際觀光旅館之旅館業者，即為狹義的觀光旅館業。觀光旅館又稱為一般觀光旅館，在專用標識上屬於一至三朵梅花；而後者之國際觀光旅館則為四、五朵梅花。

　　依據台灣及台北市旅館業管理規則規定：「係指除觀光旅館業以外，提供不特定人休息、住宿服務之營利事業。」而高雄市旅館業管理規則更明顯指出：「係指除國際觀光旅館及觀光旅館以外提供不特定人休息、住宿之營利事業。」陳怡君（1995）在其論文《女性消費者對觀光旅館滿意度》中，對旅館的定義提出「旅館是一種綜合的企業，不論其規模大小，他們的共同目標是一致的，即為大眾提供衣、食、住、行、育、樂以及因應顧客需求而生的各種服務，以獲取合理利潤的公共設施」，則道出旅館業提供的機能。

　　旅館業之經營名稱或型態，除了旅館之外，還包括：賓館、旅社、國民旅舍（風景特定區內）、汽車旅館、飯店、渡假中心、青年活動中心、會館、別館、客棧、山莊、公寓、俱樂部、別墅、休閒廣場、休閒中心、休閒農莊、溫泉、套房及民宿等，既然旅館業

納入觀光事業管理體系管理與輔導，因此廣義之觀光旅館業，除了狹義的觀光旅館及國際觀光旅館之外，自然包括這些新加入觀光事業行列的旅館業（圖5-2）。

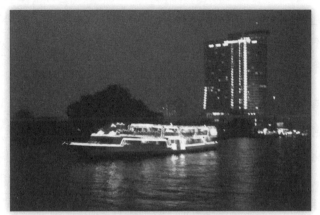

圖5-2　渡假旅館著重整體的賣點

資料來源：作者拍攝。

 ## 第二節　我國旅館的發展沿革

一、發展沿革

　　台灣旅館業的發展可區分為光復前、後與近年來的新趨勢——渡假旅館時期做簡單介紹。前者可追溯自早期荷蘭及明鄭時代。

(一)荷蘭人統治至光復前

◆宿處階段

　　也就是配合早期荷蘭及明鄭各時代的社會情況,提供最基本的旅遊宿處服務設施,但各時期在程度上因社會經濟狀況,其設施程度有所不同。基本上都以通(統)鋪方式提供住宿型態,公共盥洗設備及餐飲服務均分開設置。

◆滿清時期

　　配合台灣各港口的開埠,均有一些零星的旅店開設於港埠市街,早期的台南府城及1860年代後期的淡水通商後外商雲集,帶給艋舺繁榮,各種「客棧」提供住宿服務,盥洗則提供「公共淋浴」的簡陋設施而已。

◆日據時期

　　日據早期仍沿襲清代的情況,後期則因明治維新引進西方觀念的影響,在台北地區於滿清割台後,1900年代就已經營業的一些老店,有的冠上Hotel、有的改稱「旅社」,到1930年代才有正式西洋裝飾的三層洋樓專業旅館Hotel——「鐵道旅館」的出現,以「旅館」為正式稱呼來區隔原有的「旅社」。歐式的獨立客房、附設浴缸及蹲式便器,男服務員穿著白衫黑褲的制服,還有西餐廳、咖啡廳、大小宴會場所、撞球室及理髮室等,內部裝修、餐具都很講究。但因應殖民統治和日式生活習慣,和式的榻榻米統鋪式「旅館」也很多。主要的高級旅館均為配合交通管理而建設的,如台北「鐵道旅館」、台南「鐵道旅館」、日月潭「涵碧樓」招待所等,均隸屬於政府交通機構管理的餐旅單位。市場型態初具規模,但經濟條件尚未普及,只限服務一些政府高級官員的出差及社會上的名流商賈聚會。

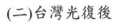

(二)台灣光復後

台灣旅館業自光復迄今，其發展沿革大致可以分成七個階段（何西哲，1987）：

◆傳統旅社時期（1945至1955）

國民政府遷台、韓戰爆發，台灣海峽及遠東地區陷入危機，國府爲了接待國際貴賓，成立「中國之友社」（客房四十多間附設有保齡球道）、「自由之家」（客房二十七間）。當時正處於中共軍事犯台威脅的危機中，一切以政治統治爲主導。經濟的改革和復興計畫才完成初期建設，民間建設或經濟活動尙無能力投入，旅遊活動只限學生的「遠足」程度而已。溫泉旅館是當時唯一「遠足渡假」的日的設施，最有名的是草山（陽明山）、北投的溫泉旅社，沿襲日式型態旅館，規模不大但也有二十幾家，較爲馳名也很大衆化。其他例如：宜蘭的礁溪、台南縣關子嶺、屏東縣四重溪及台東縣知本等地，也以溫泉「遠足渡假」聞名。

此時全省有旅社四百八十三家僅限於提供住宿，只有少數旅社供應餐飲，而無其他設備。可供外賓住宿的旅館只有台北圓山大飯店、台灣鐵路飯店、日月潭涵碧樓招待所、中國之友社及自由之家等官式旅館。

◆觀光旅館發軔時期（1956至1963）

台灣觀光協會於1956年11月29日正式成立，實爲政府與民間重視觀光事業的開始。1952年改建「台灣大飯店」爲「圓山大飯店」，1956年完成「金龍廳」（三十六間客房），1958年完成「翠鳳廳」（二十四間客房），1963年完成「麒麟廳」（七十間客房），是最能代表中國傳統的宮殿式大型建築物，氣派非凡，並附設游泳池與網球場，爲當時全台最具代表性的大型旅館。

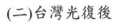

第五章 觀光與休閒旅館的緣起與特性

俟後台海形勢因美國的介入已較穩定，政府致力於多期的經濟建設計畫，並獎勵華僑回國投資交通建設及旅遊設施。國內的經濟從1950年代初期，因社會穩定而成長，政府於1957年開始推展觀光事業，為了招待到南部參觀的貴賓，也在高雄澄清湖畔成立「圓山大飯店」。

石園大飯店則是第一家以民間資本興建，並正式取得政府許可的觀光旅館。其房價比其他旅館高出十倍左右，優厚的利潤，很快刺激興建觀光旅館的意願。緊接著高雄華園、台北統一等大型旅館亦陸續成立，此時可稱為我國興建觀光旅館的第一次熱潮。海外華僑為響應政府獎勵投資政策，1959年泰國華僑在高雄投資成立「華園大飯店」，經二次擴建現有客房三百零三間，為國內最早股票上市的旅館。1962年台北市由菲律賓華僑投資興建的「統一大飯店」成立，客房三百三十間；此一時期共興建二十六家觀光旅館。

◆國際觀光旅館時期（1964至1973）

1964年「中華民國旅館事業協會」成立，業者陸續投資一些小規模的都會區地方性旅館，最具代表性的是台北市「中國大飯店」、「國際大飯店」。1964年，由國內企業家聯合日本及香港華僑投資興建台北「國賓大飯店」，客房二百七十三間；日本華僑在台南市投資興建「台南大飯店」，客房六十六間。

1964年國賓及統一大飯店相繼開幕，使我國旅館經營堂堂邁入國際化的新紀元。同年日本開放國民觀光旅遊，我國政府又施行七十二小時免簽證制度；自1965年接受駐越南美軍來台，再一次的刺激了民間投資興建觀光旅館的意願。1968年高雄市本地企業家投資興建的「華王大飯店」開幕，為本土資金的第一家大型觀光旅館。如此蓬勃的投資和興建的規模，顯示台灣的旅館市場進入了「觀光旅館」時代。雖然旅館業蓬勃發展，但當時的國內旅客除了

餐飲消費有些貢獻外，住宿的使用率只占10%以下，因爲國內旅遊消費市場剛踏入「國民旅遊」階段，國民所得及國內經濟活動仍無法大量使用觀光旅館，一般觀光旅館的消費仍以國外的商務旅客，渡假美軍或已經開放觀光護照的日本旅客爲最多，尤其是後者。

「交通部觀光局」於1971年成立，爲我國主管旅遊事業的中央級主管機關，旅館旅行社的分級、評鑑、獎勵及管理都由觀光局來執行。雖然在此之前台灣已經有中大規模的旅館投資，但在經營管理的觀念上，仍然沒有國際化「制式管理系統」的理念，在層次上仍是本土式或地域性的經營方式。1973年由菲律賓華僑投資興建，與美國「希爾頓國際旅館公司集團」合作經營管理的台北「希爾頓飯店」開幕，從籌備、招募、訓練、開幕與服務一系列的做法，才對台灣本地注入一股國際性「制式管理系統」的觀念，而逐漸影響國內的旅館管理生態，當然也影響政府的管理方式和旅館設施的制式標準。

◆大型國際觀光旅館時期（1974至1983）

1974年至1976年間，由於全球能源危機，以及政府頒布禁建令，大幅提高稅率、電費，這三年間沒有增加新的旅館。1976年經濟復甦，來華旅客突破一百萬人，此時發生了嚴重的旅館荒，又一次的刺激了民間投資興建觀光旅館的意願。政府相繼於1977年2月與5月公布「都市住宅區內興建國際觀光旅館處理原則」及「興建國際觀光旅館申請貸款要點」。突破建築基地難求、興建資金不足之瓶頸後，大型觀光旅館的興建有如雨後春筍般出現，四年內共增加四十五家，房間數約一萬多間，其中包括來來香格里拉、高雄國賓、台北財神與花蓮中信等大飯店。

1979年台北亞都大飯店原來預定與法國法航Meridien旅館系統合作，後來因爲法航與中國大陸的旅館續約而放棄台灣市場。亞都

大飯店總裁嚴長壽與義籍總經理Barba毅然採用獨立的經營路線，但經營模式完全比照國際制式管理的方法，稱為Copy Hotel。十多年來的經營過程非常成功，並贏得台灣首次加入「世界領導旅館協會會員」的榮譽。此一時期台灣的旅館經營已經國際化，並且在國際旅館市場領域占有一席之地。在本時期的後半階段因台灣生活水平和國民所得的提升，國外旅客成長遲緩甚至有負成長現象，而國內商務旅行頻繁，國際級高級旅館的國內旅客住房率已經成長到50%。

台灣開始進入「國際旅館時期」，之後陸續加入台灣旅館營運連鎖的有：美國「假日旅館國際公司」（Holiday Inns, Inc.）與高雄華園大飯店、桃園大飯店；1982年日本大倉飯店（Okura Hotel）與來來香格里拉大飯店，後來的1985年美國喜來登旅館系統（Sheraton Hotel）與來來大飯店均連續簽有訂房系統授權合作合約；1983年日本日航開發的日航酒店（Nikko Hotel Int'1）與台北市老爺大酒店的經營管理合約；1990年的香港麗晶飯店管理顧問公司與台北麗晶飯店的經營管理合約，1993年解約，台北麗晶改成「晶華酒店」；1990年美國「凱悅酒店集團」（Hyatt Int'1 Inc.）與新加坡豐隆集團在台北投資的「台北凱悅飯店」（目前改名為君悅）簽訂經營管理合作合約。

◆重視餐飲時期（1984至1989）

1980年初發生第二次能源危機，經濟衰退，來華旅客人數幾乎零成長。加上大型旅館遞增，競爭更形激烈；稅負增加，員工待遇高漲，使業者負擔更形加重。同時地下旅館叢生，住房率一蹶不振，迫使老舊、經營不善的旅館進入整頓時期。客房供過於求，來華旅客成長甚微，觀光旅館逐漸改變以客房為主軸的經營方針，加強推廣餐飲業務，以求取更多的收入，維持觀光旅館的營運。

1986年由於歐洲恐怖組織活動頻繁，致使旅客轉向亞洲觀光。

其後由於經濟景氣活絡，商務旅客增加，再加上國際性會議與展覽頻頻在台召開，來台觀光客大幅增加，旅館獲利甚佳。在市場供不應求之下，觀光旅館住宿房價大幅提升，直逼日本水準。於此時期加入國際觀光旅館市場的有福華、老爺、力霸、龍普、通豪、墾丁凱撒等大飯店。

◆國際連鎖旅館時期（1990年以後）

1990年麗晶（現晶華）酒店、凱悅（現君悅）大飯店等國際知名連鎖旅館相繼在台開幕，提供一千多間的客房及多種樣式餐點，頓時為我國的觀光旅館業帶來強烈的衝擊，更將我國的觀光旅館業帶入另一時期。

◆渡假旅館時期（1986年以後）

台灣的高度經濟成長造成國民所得的大幅提升，社會經濟及社會結構型態也改變許多。從早期的國民旅遊時期過渡到商務旅遊時期，同時也從1979年的開放海外觀光護照、1987年的開放大陸探親和大陸旅遊，到1990年以後國內的家族式渡假和休閒渡假的市場趨勢。1986年日商青木建設投資屏東墾丁國家公園內的「凱撒大飯店」，開創台灣國際級渡假旅館之始。本來市場設定為國際旅客，但開幕後90%都為國內旅客，其高住房及消費潛力讓經營者大吃一驚，原來台灣的渡假休閒市場潛力如此龐大，並持續數年，直到1990年左右才稍微減弱。

1993年台東知本老爺酒店開幕，以東部的碧海藍天、溫泉休閒，與原住民強烈的文化色彩作為訴求，二年下來成為台灣地區住房率最高的旅館之一，台灣的休閒渡假市場列車終於被啟動。1994年南投縣米堤大飯店的開幕、墾丁凱撒大飯店的整修，2002年花蓮海洋公園遠雄大飯店的開幕營運，顯示了台灣的旅館市場已經進入了國際休閒渡假旅館時期。

二、我國觀光旅館的規模

　　台灣地區觀光旅館以客房數的多寡為規模區分，其可分為八級（楊長輝，1996），分述如下（表5-1）：

　　規模一：客房數700間以上者，如：君悅、來來、環亞、高雄晶華等。

　　規模二：客房數601～700間者，如：台北福華。

　　規模三：客房數501～600間者，如：台北圓山、美麗華、晶華、凱撒等。

　　規模四：客房數401～500間者，如：台北國賓、高雄國賓、漢來、遠東國際、墾丁福華等。

　　規模五：客房數301～400間者，如：長榮桂冠（台中）、中泰、華國、西華、花蓮美侖等。

　　規模六：客房數201～300間者，如：台北老爺、墾丁歐克、兄弟、力霸、凱撒、亞都等。

表5-1　我國國際觀光旅館之規模分布

規模別	家數	客房數（間）	比率（%）
700間以上	3	2,298	15.80
601—700	1	606	4.17
501—600	2	1,114	7.66
401—500	5	2,307	115.8
301—400	11	3,659	25.16
201—300	14	3,341	22.97
101—200	8	1,066	7.33
100間以下	2	147	1.06
合計	46	14,538	100.00

資料來源：華園大飯店公開說明書，1995年。

規模七：客房數101～200間者，如：高雄尖美、長榮桂冠（基
　　　　隆）、高雄圓山、知本老爺等。

規模八：客房數100間以下者，如：陽明山中國、台東知本
　　　　等。

Go Go Play 休閒家

最窮的國家　最棒的咖啡

相傳咖啡的起源地是非洲的衣索比亞。在這個半數人一
天賺不到一塊美金的國度裡，喝咖啡卻出奇的講究。

咖啡儀式　一天上演三次

喝咖啡是衣索比亞人生活的一部分，每天進行三次的咖
啡儀式（Coffee Ceremony）：衣索比亞人喝咖啡是照三餐喝
的，而且每一杯咖啡都是現烘、現磨、現煮。

衣索比亞媽媽們三餐飯後都會坐在咖啡炭火前，進行一
次次的「咖啡儀式」：先點燃刺槐香木，讓空氣中飄著宜人
的香氣，昭告家人及鄰居要開始煮咖啡了。然後，取出適量
的咖啡生豆，拿著平底鍋在炭火上約莫搖了二十幾分鐘，咖
啡豆「波波波」的氣爆聲在爐火旁縈繞，直到咖啡豆從綠色
的生豆轉變成咖啡色。

衣索比亞媽媽們才不管（也不知道）咖啡烘焙書裡頭提
到的烘焙要離炭火幾公分，還有第一爆與第二爆的間隔、烘
好的豆子要先養豆兩三天等細瑣的要求。對衣索比亞的子民
來說，烘咖啡似乎是與生俱來的本能，已經融入他們的血液

中。衣索比亞媽媽熟練的把豆子烘好，當豆子還冒著煙時就倒進器皿裡搗碎，然後和冷水混合，在一個小陶壺裡烹煮。等水開了後，濾了咖啡渣，把咖啡倒進茶杯裡，一杯純正的衣索比亞咖啡就大功告成了。

咖啡的故鄉在Kaffa

衣索比亞一直以「咖啡的故鄉」自居，咖啡的緣起據說是衣索比亞牧羊人在Kaffa這個地方發現咖啡樹，Coffee這個字就是從Kaffa來的，而Kaffa也成了專業咖啡迷們朝聖的所在。

在衣索比亞首都阿迪斯阿巴巴可以買到、喝到正統且新鮮的咖啡。阿迪斯阿巴巴最負盛名的咖啡店當屬「高貴」的Tomoca，這家咖啡館一杯咖啡賣台幣12元（當地錢3bir），比其他咖啡館貴三倍。但在Tomoca的咖啡桌總是「站滿」喝咖啡的人，另外一個櫃台則總是「排著」要買咖啡豆的客人。賣咖啡豆的老闆身披白袍，耐心的問著客人需要什麼樣的咖啡豆子，然後用有歷史質感的磅秤過磅，整個過程有如古老而專業的藥劑師。

資料來源：取材自《中時電子報》，2007年5月19日。

 ## 第三節　觀光與休閒旅館的特性

觀光與休閒旅館為休閒事業的主體，與流通業、金融服務業並列二十一世紀台灣最具發展潛力的服務業。它的產業特性自然不同

於其他服務業，更有別於一般的生產事業。茲將其產業特性依服務業的一般特性與行業特性分述如下：

一、源於服務業的一般特性

(一)無形性

　　觀光與休閒旅館提供的服務，其商品大部分是無形的，消費者在享用的過程，或許摸不到、看不到，享受服務後也未能擁有任何實體。

(二)服務品質的異質性

　　服務是由人執行的活動，在提供過程中，因從業人員的素質與態度的差異性，不同的服務人員對顧客提供的服務有其差異性。而無法使服務品質維持一致性，即使是同一個服務人員所提供的服務，亦可能因時間、地點、顧客等不同情境而異；相同的顧客亦因時地的不同而有不同的感受。故服務的異質性，導致服務難以品管。即使如此，高級旅館更需要建立良好的作業系統與品質管理流程，以降低服務品質的異質性。

(三)生產與消費的不可分性

　　旅館的服務商品是先銷售然後再生產或消費，而且生產與消費是同時進行的，消費者對生產過程涉入的情形，使得服務人員與消費者之間的互動頻繁，也決定了顧客心中感受到的服務品質的高低。

(四)易逝性

　　服務的商品無法預先生產、儲存，無法因應需求上的變動預作調整。其商品具有時效性，未即時銷售即須作廢，故如何平衡服務

的供給與需求是很困難的，例如觀光與休閒旅館的客房如未在夜前出租，即無法提供服務，賺取房租；旺季時，一定數量的客房又往往不敷使用，而無法預先儲存因應等，皆說明旅館商品的易逝性。

二、產業特性

(一)資本密集與勞力密集

從事觀光與休閒旅館業之經營，通常必須有龐大的土地資產，投資興建的硬體建築、設備等需要相當龐大的資金，就其投資報酬而言，屬長期投資、低回收的產業。而觀光與休閒旅館係由從業人員執行服務之活動，故所需之人力多，因此人力資源費用較高，人力資源管理的重要性高於其他行業。相同的道理，員工產值亦高於生產事業，以2005年為例，台灣地區國際觀光旅館員工平均產值為每人1,950,093元。

(二)市場受外在環境影響大

觀光事業的發展有賴於政治環境的安定，經濟的發達，社會治安狀況，交通便利及經濟景氣的好壞等，故觀光與休閒旅館的市場受外在環境影響很大，譬如1999年的九二一大地震對中部的業者來講是重重的一擊，加上經濟下滑，其他地區業者亦同受波及。近年來各縣市的住房率如表5-2所示。其中以台北地區之住房率較高，其他地區並不理想。

(三)受到氣候條件限制發展

雖然觀光業並不像農業一樣，被稱為靠天吃飯的行業，但天候因素卻也是業績好壞的重要影響因素之一。由於台灣氣候屬亞熱帶，除多雨之外，也多颱風，因此對觀光業影響十分可觀。

表5-2 台灣觀光與休閒旅館住房率與平均房價統計表

種類	地區	住房數	住房率	平均房價
國際觀光與休閒旅館	台北地區	1,101,745	73.86%	4,059
	台中地區	145,526	62.91%	2,348
	高雄地區	364,039	68.88%	2,265
	桃竹苗地區	119,506	62.11%	2,537
	花蓮地區	123,715	49.21%	2,674
	風景地區	181,810	59.33%	4,240
	其他地區	119,305	55.62%	2,784
	合計／平均	2,155,646	67.03%	3,421
一般觀光與休閒旅館	台北地區	177,574	77.46%	2,009
	台中地區	19,642	72.83%	3,092
	桃竹苗地區	71,962	67.31%	2,540
	花蓮地區	8,706	44.74%	1,169
	風景地區	33,373	33.31%	2,346
	其他地區	59,140	43.51%	2,281
	合計／平均	370,397	59.87%	2,224
總計／總平均		2,526,043	65.87%	3,246

註：本資料為2007年上半年資料。

資料來源：交通部觀光局觀光統計年報整理得出。

(四)需求上具有明顯的季節性

觀光活動或商業活動具有明顯淡旺季之分，如觀光資源受氣候狀況而產生（夏季避暑、冬季滑雪）以及制度或社會因素造成（節日或慶典）。即使一年或一週之中淡旺季差別亦大，譬如休閒渡假旅館的旺季在七、八月暑假、十二到一月的寒假、四月的春假期間；週末是旺季，其他則為淡季。一般商務旅館的淡旺季則大約相反。

(五)需求的彈性大

觀光旅遊並非人類基本需求，故往往會因價格的變動或經濟情

況的變化而發生需求的變動。因為旅館業在觀光業中同屬於休閒性事業，所以除了會受到經濟景氣好壞的影響之外，受國人休閒時間長短影響甚鉅。因此週休二日的實施不但影響國人的起居生活，也影響了休閒的型態與時間。以2005年為例，全台灣平均實收房價為3,063元，較2004年之3,042元，幾乎沒有成長。其中以涵碧樓之平均房價8,076元高居首位。

(六)供給上具有僵固性

觀光事業供給的構成項目如非實體的觀光資源（山水風景）與觀光設施（觀光與休閒旅館），或無形的民俗風情、歷史人文等，都無法在短時間內輕易改變或增減供給。

(七)產品無法儲存及服務的即時性

產品無法預先生產或儲存（如客房出租），具有時效性，超過時間未售出即失去經營效益，且服務須即時提供，顧客無法久候，故事前的行銷規劃與促銷極其重要，以求產出之最大化。以2005年為例，全台灣總住宿旅客約六百九十萬人，其中團體旅客占38.55%，個別旅客占61.45%。就國籍而言，以本國旅客為最多，占43.27%，其次為日本旅客，占21.89%。

(八)營運的連續性

觀光與休閒旅館的營運是一天二十四小時，全年無休，時間長，所以人力的運用、品質的維持、作業的管理，皆須有一規範，以維持正常之運轉。

(九)功能的綜合性與公共性

觀光與休閒旅館提供的功能包含食、衣、住、行、育、樂等生活的綜合性，其場所屬公共場所，顧客可自由進出，故其對旅客的便利、舒適、安全等皆須考量。旅館是一個最重要的社交、資

訊、文化的活動中心。本行業已經展開多樣性與策略聯盟的發展，如墾丁福華曾結合星際碼頭與水世界，使得它在該區域的競爭力有大幅的提升。另外最近幾年，餐飲收入已經成為觀光與休閒旅館重要的收入之一，如表5-3所示。總營業收入約為新台幣351.3億元（2005年）。主要收入項目為客房收入與餐飲收入，各占總營業收入45.6%及35%（2006年）。

(十)立地性

觀光業發展的區域通常不限定某特定地區，加上商務型旅客人數一直在增加的情況下，旅館業者經營的據點通常也會隨著人潮而開業，據點愈來愈多，經營方式也愈來愈多元化。但旅館業務之良窳，所在位置地理條件非常重要，但它無法移動，對生意影響很大。唯許多經營良好之旅館，設法在另地闢建分館，一方面分散本館的業務，一方面提高總收益，如：福華長春店、國賓高雄館、知本與礁溪老爺酒店均為明顯例子。

表5-3　觀光與休閒旅館營業收入比重分析表

	房租收入比率	餐飲收入比率
台北（國際）	43.8	41.8
台北（一般）	49.5	21.2
高雄	41.1	41.0
台中	38.1	41.9
花蓮	56.8	31.8
桃竹苗	46.4	35.8
風景區	59.4	27.9
其他	43.9	46.3
平均	45.6	39.0

註：本資料為2007年8月單月比率。

資料來源：交通部觀光局觀光統計月報整理得出。

Go Go Play 休閒家

小小咖啡豆　學問大

　　小小一顆咖啡豆，其中的學問可不少。從品種、產地、採收、乾燥、烘焙以至於煮咖啡時的水質、水溫等都有學問。

　　以品種分，咖啡樹主要可分為阿拉比卡種（Arabica）及羅布斯塔種（Robusta），阿拉比卡種必須生長在海拔一千到兩千公尺左右，排水良好的山坡上，對氣溫等環境的要求較嚴格，羅布斯塔種可生長在平地，對疾病的抵抗力較好，產量也較高，但滋味較阿拉比卡種普通，咖啡因含量則是其兩、三倍。

　　提到產地，一般人馬上就會聯想到產於牙買加的藍山咖啡。此種咖啡以豐富的香氣、均勻的酸味著稱，價格非常昂貴，附有保證書的咖啡豆每公斤售價常在二千元以上。此外常聽到摩卡咖啡，但來自摩卡港的「摩卡」一詞現在已代表多重意義，從葉門產的咖啡豆，到熱巧克力及咖啡混合的熱飲，以及咖啡的代名詞都是「摩卡」。

　　在採收方式上，較低價的咖啡豆可能以機器搖樹幹的方式採收，但高級咖啡通常以手工方式一顆顆採下來。烘焙的深、淺不同決定了咖啡的風味。一般來說烘焙程度愈深，酸味愈低、苦味愈濃。

　　在煮咖啡的水質方面，理想的水質是過濾掉氯氣、含微量礦物質的水，用一般自來水直接煮出來的咖啡固然不理想，但完全不含雜質的蒸餾水也會損及咖啡的風味。至於煮

咖啡的最佳水溫是90.5℃，煮的時間因咖啡豆品種不同，最長不可超過八分鐘。

咖啡有酸有苦　口味任君挑選

其實咖啡豆只是藍山、曼特寧等區區數種，與其花錢喝贗品當冤大頭，還不如瞭解自己的品味，選擇適合自己的咖啡。

- 摩卡咖啡：產於衣索比亞和葉門，堪稱是最古老的咖啡品種，以早期葉門最重要的咖啡出口地摩卡港得名，一般來說具備水果酸性，飲後的餘韻有類似巧克力的感覺。

- 藍山咖啡：指的是產於牙買加海拔一千公尺以上藍山山區的咖啡豆，具備豐富的芳香與均勻的酸味。真正的藍山咖啡豆數量甚少，且通常已被日本商社壟斷，因此價格常在每公斤二千元以上。

- 曼特寧咖啡：產於印尼蘇門答臘島，質感豐富，苦味較重，飲後喉中存有甘味。

- 瓜地馬拉咖啡：偏酸質感，通常產地海拔愈高，品質愈好。

- 哥倫比亞咖啡：哥國咖啡產量占世界第二，一般特色為適當的酸味、濃郁的質感與豐富的香味，堪稱是五味並重，不走極端的咖啡。

- 巴西山多士咖啡：產於聖保羅一帶，質感、酸味普通，通常用來做綜合咖啡的基底，例如市面上有所謂曼巴咖啡，就是由巴西與曼特寧咖啡豆混合而成。

品嚐咖啡　忠於原味

　　品嚐咖啡有方法，當一杯咖啡沖泡好時，別急忙加上糖和鮮奶油。這樣子就嚐不出咖啡的原味，也枉費主人或店家的苦心烹煮了。專家建議，正確的喝法如下：

1.先喝一小口水，洗淨口中殘留的餘味。
2.先深吸香味進入體內，再小小啜飲一口，品嚐原味咖啡的香氣、酸味與苦味。
3.依個人喜好：白咖啡或原味黑咖啡，依序加糖和鮮奶油。

資料來源：取材自《工商時報》，1998年10月26日。

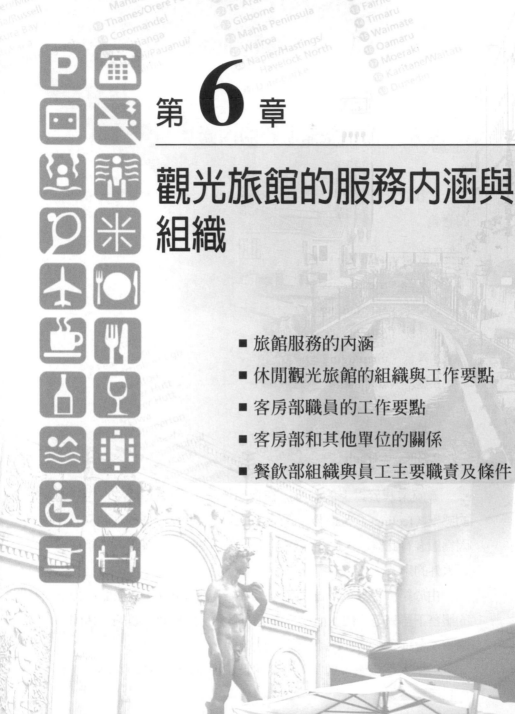

第 **6** 章

觀光旅館的服務內涵與組織

- 旅館服務的內涵
- 休閒觀光旅館的組織與工作要點
- 客房部職員的工作要點
- 客房部和其他單位的關係
- 餐飲部組織與員工主要職責及條件

第一節　旅館服務的內涵

當我們查閱字典中旅館業（hospitality）一詞時，它隱含了以下的意義：

1. 歡迎（welcome）。
2. 友善（friendliness）。
3. 愉快（entertaining）。
4. 熱忱（cordial）。
5. 善意（ungrudging）。
6. 豐富（abundant）。
7. 善解人意（consideration）。
8. 親切（graciousness）。
9. 溫暖（warmth）。

旅館業基於以上的涵意，在合理價格下提供了顧客一些舒適的感覺（feelings）、經驗（experiences）與關係（relationships），因為顧客有此需求，旅館適時適地提供這些滿足，因此，旅館稱為「家外的家」。

由於經濟起飛，多數國家的國民所得逐漸提升，對旅館所提供的服務不再只是「住」而已。周邊的服務，如餐飲、娛樂、休閒、購物、會議等功能也逐漸受到重視。

一個大型旅館，通常會包括八個主要部門，請參考**圖6-1**。其中包括了：

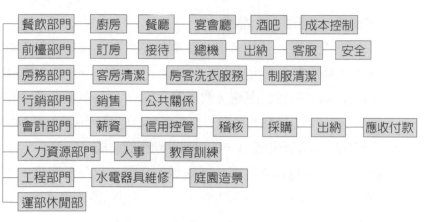

圖6-1　一般大型旅館的八大部門

資料來源：作者整理。

1.前檯（front office）。

2.餐飲（food and beverage）。

3.房務（housekeeping）。

4.行銷與公關（marketing and public relationship）。

5.會計（accounts）。

6.人力資源（human resources）。

7.工程維護（engineering）。

8.運動休閒（recreation）。

以下逐一進行簡介：

1.客務部或前檯：主要任務在於提供與控管每天客房的銷售與
　相關服務。訂房組（reservation）主要負責預先訂房的作業；
　接待組（reception）辦理顧客進退房作業（check in and check
　out）與提供一般性的住宿資訊；總機（switch board）負責內
　外部電話的轉接與相關服務；出納則是辦理顧客結帳與外匯
　的兌換工作，有些大型旅館以客務部（rooms division）包括

了前檯、房務與保全部門。

2. 餐飲部門：餐飲部門負責生產與控制所有的食物或飲料的所有相關服務。廚房負責備食與儲存；餐廳（restaurant）則是提供滿意的餐飲服務；飲料吧（bar）準備飲料；宴會廳（banquet）提供特定餐點、自助餐和雞尾酒；而成本控制部門則與會計部門相配合，確保部門利潤的達成。

3. 房務部門：包括客房與公共區域的清潔，以及房客洗衣服務。是一個高要求、高標準的工作，不但動作要求迅速，也要做得確實。

4. 行銷部門與公關部門：行銷部門必須保持市場趨勢的脈動並尋求行銷利基，擬訂策略以提高銷售與利潤。銷售部門應兼具公共關係的規劃執行，透過一些公共關係的營造加深一般大眾對企業的良好印象，如墾丁福華配合恒春基督教醫院義診，主動協助當地孤苦老人的房屋清潔工作，以善盡企業的社會責任。

5. 會計部門：負責所有的交易與帳務作業。薪資組（payroll）負責員工薪資發放；信用控管組（credit control）負責追蹤、收取信用交易（如刷卡）帳務；稽核組（auditing）控管每日的帳務處理是否正確；採購負責所有物料、備品的下單與驗收；出納組（general cashier）掌控與記錄所有現金進出；應付帳款組（accounts payable）負責所有應付款之作業。

6. 人力資源部門：舉凡員工的招募、訓練與發展、福利政策等事項皆是本部門的職務之一。大概可分為兩組：

   (1)人事組（personnel）：負責員工的招募、管理、勞資關係與員工設施。

   (2)教育訓練組（education and training）：負責設計與執行相關課程，以提升員工的工作技巧、工作滿足與生涯規劃的

輔導。

7.工程部門：負責旅館中所有財產的維修，使得相關設施運作正常，包括水電維護、花園、草皮修剪等。

8.在休閒渡假飯店除客房及餐飲部門之外，必須具備運動休閒部門（或稱為育樂部），具備多項室內及戶外設施。

第二節　休閒觀光旅館的組織與工作要點

觀光與休閒旅館的任務在於提供舒適與滿意的食宿服務。旅館的組織目前雖無一定的標準，但大致結構卻差不多，不論旅館各部門如何組織與區分，其所有旅館之基本職掌均大致相同。一般而言，旅館作業可區分為兩大部門，一為「外務前檯部門」（front of the house）；一為「內務後檯部門」（back of the house）。

1.外務部門的任務在於禮遇與使客人滿意之前提下，提供住客滿意的食宿服務。

2.內務部門的任務在於提供有效的行政支援，分擔外務部門之煩累而使其任務易於圓滿達成。

如以軍事組織為例，旅館「外務前檯部門」似如前方作戰之戰鬥部隊，而「內務後檯部門」則負責後勤部隊之行政支援，兩者職責不同，但目的則一。應在分工合作，萬眾一心的原則下，適時適切妥為接待旅客，使住客感覺賓至如歸。

總而言之，不論旅館規模的大小如何，其組織部門概略相似，其重要區分不外前檯部門的「客務」、「房務」、「餐飲」、「行銷」、後檯部門的「人事」、「會計」、「工務」等部門。大型旅館規模愈大，組織愈複雜，分工愈精細，其所需要的分工合作程度

愈高。小型旅館組織簡單，分工較粗，一個人可能兼任數職，一個
部門可能主管數項業務。

　　圖6-2與圖6-3分別是美國希爾頓大飯店組織系統表與台北君悅
大飯店組織系統表。規模與國情雖有不同，但整體架構大同小異，

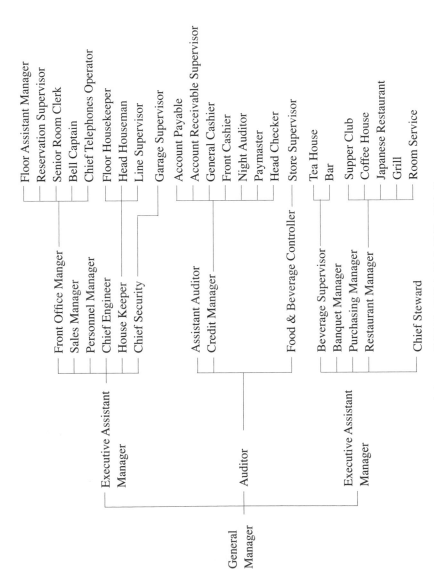

圖6-2 美國希爾頓大飯店組織系統表

資料來源：楊長輝，1996年，《旅館經營管理實務》，頁19。

大致區分為前檯外務部門與後檯內務部門。主要差異在於美國企業通常將稽核部門獨立運行，位階與前後檯最高主管相同，以便客觀行使職權，達到稽核功能。下一節將分別依前後檯組織圖，介紹旅館業成員的主要任務。

第六章　觀光旅館的服務內涵與組織

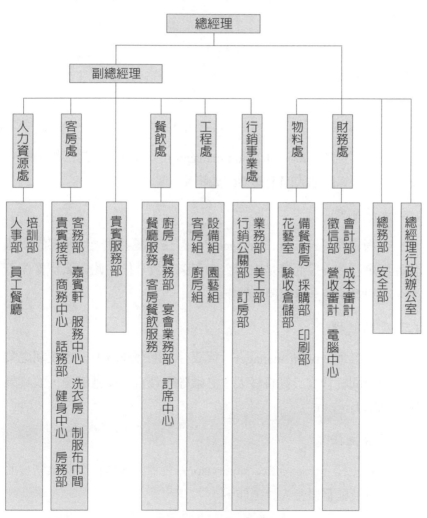

圖6-3　台北君悅大飯店組織系統表

資料來源：君悅國際大飯店。

第三節　客房部職員的工作要點

茲以**圖6-4**與**圖6-5**為例，將客房部組織及各相關人員之職掌敘述如下。

一、客務部門

(一)客房部經理

客房部經理（room division manager）負責全館客房部相關的一切業務，對客房部的問題必須瞭如指掌（**圖6-6**）。

(二)大廳副理

大廳副理（assistant manager）負責在大廳處理一切顧客的問題與疑問應答。一般而言是由櫃台的資深人員升任，此一職務責任重大，必須對旅館全盤問題瞭如指掌。

(三)夜間經理

夜間經理（night manager）代表客房部經理處理一切夜間之業務，是夜間經營的最高負責人，必須經驗豐富，反應敏捷，並具果斷的判斷力。

(四)櫃台主任

櫃台主任（front office supervisor）負責處理櫃台全盤業務，並負責訓練及監督櫃台人員工作。

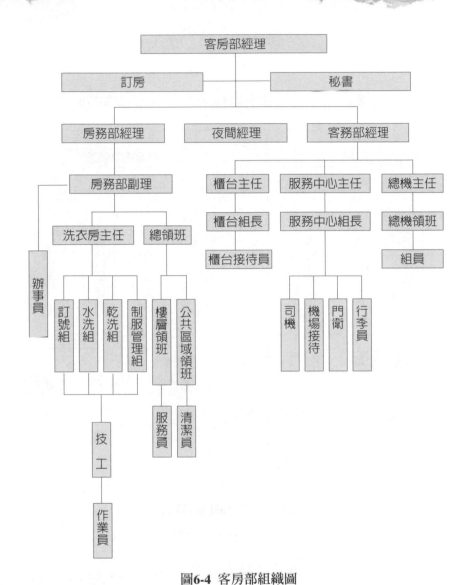

圖6-4 客房部組織圖

資料來源：同圖6-2，頁24。

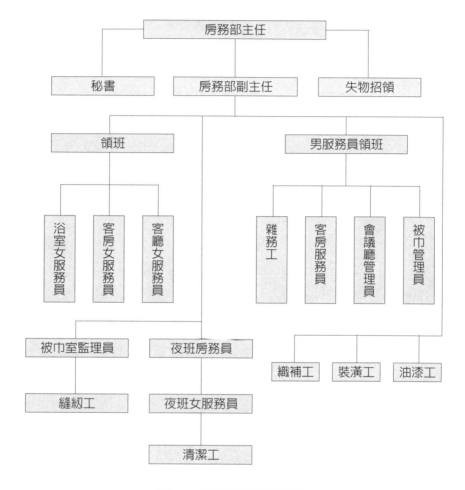

圖6-5　房務管理部組織圖

資料來源：同圖6-2，頁29。

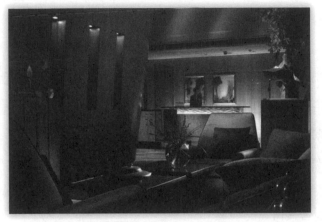

圖6-6 飯店的櫃台服務品質影響消費者的住宿感覺

資料來源：六福皇宮大飯店。

(五)櫃台副主任

櫃台副主任（assistant front office supervisor）為櫃台主任的得力助手；是主任公休、告假時的職務代理人。

(六)櫃台組長

櫃台組長（chief room clerk）負責領導櫃台組員，將所負班次之接待服務事項辦理妥適。

(七)櫃台接待員

櫃台接待員（room clerk或receptionist）負責接待旅客的登記及分配房間，並銷售當日未事前登錄的閒置客房。

(八)訂房員

訂房員（reservation clerk）負責處理事前訂房事宜。

(九)櫃台出納員

櫃台出納員（front cashier）負責住客退房 (check out) 結帳收款、兌換外幣等工作。雖隸屬財務部，唯同於櫃台處理業務，仍受客房部主管節制。

(十)夜間接待員

夜間接待員（night clerk）下午十一時上班至第二天八時下班，負責製作客房銷售日報（house count）統計資料，此外仍須繼續完成日間櫃台接待員的作業。

(十一)總機

總機（telephone operator）負責國內外長途電話轉接、晨喚服務與音響器材操作及保管。

(十二)服務中心主任

服務中心主任〔front service manager或concierge（適用於歐洲地區）〕是大廳服務員（uniform service）的主管，監督領班（bell captain）、行李員（bell man）、門衛（door man）及管理員（supervisor）等人員之工作。

(十三)服務中心領班

服務中心領班（bell captain）負責指揮、監督並分派行李員的工作。

(十四)行李員

行李員（bell man）負責搬運行李並引導住客至房間。

(十五)行李服務員

行李服務員（porter and package room clerks）在大型飯店才有

此一編制，負責團體行李搬運或行李包裝業務。同時與行李員共同分擔店內嚮導、傳達、找人及其他零瑣差使。

(十六)門衛

門衛（door man）負責代客泊車、叫車、搬卸行李，以及解答顧客有關觀光路線之疑難。

(十七)司機

司機（driver）負責旅客接送的巴士駕駛。

(十八)機場接待

機場接待（freight greeter）負責代表旅館歡迎旅客的到來與出境的服務。

二、房務部門

(一)房務經理

房務經理（executive house keeper）為客房管理最高主管，負責房務人員與備品的任務執行與管理。

(二)樓層領班

樓層領班（floor supervisor或floor captain）通常一個人管理三十間客房，負責客房之統合管理，分配工作給客房服務員（room maid），並訓練新進員工，必須經常注意住客之行動與安全。

(三)房務辦事員

房務辦事員（office clerk）負責客房內mini bar與冰箱飲料帳單登錄到銷售日報表，以及管理顧客遺失物品的尋找（lost & found）。

(四)客房女服務員

客房女服務員（room maid，又稱chamber maid），負責客房之清掃以及補給房客備品與消耗品。

(五)公共區域清潔員

公共區域清潔員（public area cleaner）負責清掃公共場所，如大廳、洗手間、客房走道、員工餐廳、員工更衣室等場所。

(六)布巾管理員

布巾管理員（linen staff）負責管理住客洗衣、員工制服、客房用床單、床巾、枕頭、臉巾等布巾以及餐廳用桌布巾等的清潔工作。

(七)縫補員

縫補員（seamstress）為房客衣物與員工制服做一般簡單的修補工作。

(八)嬰孩監護員

嬰孩監護員（baby sitter）負責看顧住客之小孩，為渡假旅館的特殊編制，須受過專業訓練、個性溫和、具有耐性與親和力者才能勝任。

 ## 第四節　客房部和其他單位的關係

不論是觀光或休閒渡假旅館，經營是一天二十四小時，一年三百六十五天不斷的營運。除了有形的設施使顧客感到舒適便利外，最重要的就是服務。旅館的服務工作是整體性、協調性的，並非某一個部門或某一個員工做好就行了。

例如有一個二十人的團體進住本旅館，首先，訂房組應把訂房卡在前一天晚上整理交給櫃台，早班的櫃台人員要確認與安排當天有多少空房、哪些客房來安置這個團體。他必須與房務部人員聯絡房間狀況，然後先配好團體房間，並通知大廳副理與客服部主任。當該團體到達時，行李員要負責將行李搬運到大廳，清點數量，結掛行李牌，依名單寫上房號，立即分派到各房間。客房服務員開始為客人做基本的服務或特殊服務：茶、水、洗衣、擦鞋、用餐……等。此時櫃台人員要與導遊或領隊聯絡團體用餐的種類方式時間、晨喚時間、下行李時間等事項。至於個人的旅客所需的服務相同。

所以客房部與其他單位的關係乃是密不可分的。以下我們就來說明客房部和其他單位的關係。

一、餐飲部

對房客餐飲之服務項目有：

1.客房一般餐飲服務。
2.住客的餐飲簽單處理。
3.餐券的使用及用餐時間的協調。
4.蜜月套房（wedding room）與招待飲料券（complimentary drink或welcome drink）之餐飲服務。
5.餐飲的布巾類取用、汰舊。

二、工務部

負責客房及公共設施之修護與保養。
1.客房各項設備、機件的保養與修護。

2.備品損壞時，能迅速通知與補充、修護。

3.選擇正確時間進行維修，避免打擾客人。

三、財務部

房客帳單的審核及財務報表之編製。

1.製作與核定帳單。

2.收取帳款。

3.核對庫存品。

四、採購單位

負責採購客房所需各項備品與消耗品。

1.建議採購品之特性與成本估算。

2.及時供應各項備品與消耗品並建立供貨的週期。

3.出現瑕疵備品時，能立即要求供應商做完整的售後服務或替換。

五、安全單位

負責館內人、事、物的防護工作。

1.可疑人、事、物的防護工作。

2.大宗財物與貴重錢財的保全。

3.安全系統之建立與維護。

4.意外事件的防止。

5.處理竊盜事件。

 第五節　餐飲部組織與員工主要職責及條件

　　以中型旅館為例，餐飲部門的組織系統表如**圖6-7**所示。並將各工作成員的職掌與條件略述於後（**圖6-8**）。

```
                    餐飲部經理
  ┌──────┬──────┬──────┬──────┬──────┬──────┐
宴會經理  食品採購   主廚    服務員主任  接待員   餐飲管
業務代表  驗收員   副主廚   服務員助理  服務員   制員
        酒類服務  廚師    洗碗工    領班
        員      烘烤師   什工     服務員
                切割師   清潔工    練習生
                助手
```

圖6-7　旅館餐飲部組織系統表

資料來源：同圖6-2，頁30。

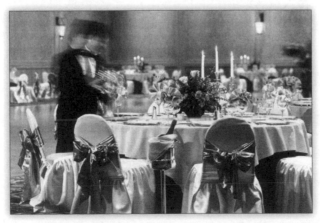

圖6-8　餐廳的服務品質對消費者的用餐評價有絕對的影響

資料來源：六福皇宮大飯店。

一、餐飲部經理

1.擬定餐飲業務的決策與計畫。

2.制定工作目標與標準工作程序。

3.建立良好的公共關係。

4.監督與檢討所屬員工的工作表現。

5.激勵員工工作精神。

6.協調相關部門，共同發展業務。

7.訓練員工。

二、餐飲部副理、主任

1.協助經理管理餐廳正常營運。

2.督導訂席作業。

3.督導各部門領班。

4.服務人員之安排。

5.解決客人的不滿及要求。

三、領班應具備的能力與特質

1.判斷力。

2.組織領導能力。

3.豐富的餐飲專業知識。

4.責任感。

5.沉著。

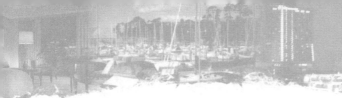

6.忍耐。

7.謙虛。

8.樂觀。

四、男女服務員的要件

1.**技能**：體能強健，熟練技能，隨時增進餐飲服務的新知識。

2.**誠實**：具良好的職業操守；不陽奉陰違，虛偽造假。

3.**機靈**：頭腦靈活，反應靈敏，能眼觀四面，耳聽八方。

4.**勤儉**：做事認真，力求上進，生活樸實。

Go Go Play 休閒家

出國旅遊　給小費的藝術

　　出國旅遊難免會遇到給小費的情況，就各國民情而言，以美國人最為重視，連搭計程車或機場提行李都免不了。碰到這一、二年外幣高漲，給多了心疼，給少了又可能會遭到不同待遇，怎麼給小費，也是有門道的，一般來說，消費者只要拿捏好給小費的場合、時機與對象，就不會成為不受歡迎的觀光客。

　　歐美國家觀光旅館等服務業，有許多人是靠小費為主要的所得來源，現在則包括當地導遊、司機也是靠小費生存的。旅遊業者經常有案例，消費者向旅行社要求自由行，最後一天台灣領隊竟要求旅客每人還要給當地導遊小費，消費

者與旅行社就會鬧得不愉快；其中，給不給小費，視當地民情狀況與服務品質，在紐西蘭、澳洲等國家，如不給小費，也不會讓人唾棄。

給小費，一般以一美元為小費基本額，掌握五個原則為宜：

1. 給小費的第一個原則就是只能給小鈔（bills），不能給銅板（coins）。後者只能給街頭藝人與乞丐。

2. 當場給服務人員，意指滿意及感謝他（她）的服務，給多給少端視消費者對服務品質與態度的感覺，原則上按個別事件（case by case），每次以一美元為單位。

3. 為了要讓服務人員印象深刻，對當地導遊或租車司機，可以彙整所有旅客成員的小費一起給，每天每人一美元為基本，讓他有更深更好的印象。

4. 如果是準備在同一旅館住四天以上，那麼房務員的服務小費，可以一次給足，像十美元、二十美元，讓他（她）更有心為你服務。

5. 到歐美地區的高級旅館，小費應自動調高為二美元為單位，當然還要配合年齡與當時服務狀況，再自行調高小費。

6. 男女出遊或者是有長輩同遊，由男性付小費，可顯示禮貌。

不多不少 合禮就好

國人出國旅遊最常給小費的地點，應是旅館內服務，無論是門房、行李搬運員、房務員及客房服務等，服務一次小費約一美元即可。至於餐廳用餐服務，可視服務員服務態

度、菜色良窳,聲明小費是給服務員或廚師等,基本上小費約在消費額的15%左右,刷卡時小費則以現金為宜,當然也不要給得太多,以免服務人員一擁而上,可就麻煩了。

在旅館給小費,首先是門房(doorman),從進旅館開車門、提行李到櫃台,最多一美元;接著行李搬運員(bellboy)搬行李到房間,一件一美元或者多給一點亦可,如果碰到電梯人員或者引領至房間,是不用給小費的,這是他分內事;至於離開旅館,搬運行李人員將行李從房間搬至櫃台或車上,可視行李件數一件一美元來給,至於門房幫忙叫車,美金一元或說聲謝謝即可。

房務員(room maid)清理服務,較無法當場給小費,一般放在床頭或茶几上,房務員會以為是客人遺失,通常不會拿,國人習慣都是在領隊交代下,隔日離房前把小費一美元或同等當地幣值放在枕頭下,此一給小費方式長久以來亦為外國人所接受;通常依歐美習慣,只住一晚的話,不須給房務小費,第二晚才開始給,如果你已準備住房多日,可以選擇一次給齊,或者最後一天給都可以。

若是住到五星級高級旅館,那麼房務費可自動提高為二美元,若是在東南亞地區、中東等地,還是以一美元換算當地幣值之紙鈔來給,以免服務頻繁,不勝其擾。

至於客房服務包括半夜要求送餐、飲料或平常燙衣服、洗衣服等,除了付費外,客房服務人員小費一定不要忘記,一次一美元即可。萬一未給,而遭到不平等待遇,也不要自認倒楣,一定要申訴,或要求重新送,否則造成台灣客好欺負的印象。

旅館以外的餐廳用餐,像歐洲的古堡餐廳、郊外與市內

的五星級主廚餐廳，給小費可是要小心的，從入門外套掛於保管間，用完餐取回即可給小費，一至二美元即可；而引領服務生則視服務態度來決定給小費多寡，至於咖啡廳則多數不給。一般給小費額度約在消費額的一成至二成五左右，反而到酒吧或酒店，所給小費的多寡則隨個人意願。值得注意的是，在美國、歐洲法、英、瑞等國家，如果忘了給小費，可能會被人追著詢問是否「服務不周」呢！

附表　各國旅館給小費參考準則

地區	門房	搬行李人員	房務員	客房服務
美國 四、五星級	1美元	一件1美元	5美元	每次1美元
美國 （五星級以上）	1美元	一件1美元	10美元	2美元
東京	100-200日圓	每件100日圓	200日圓	每次100-200日圓
北京 （五星級）	10元人民幣	10元人民幣	10元人民幣	每次10元人民幣
香港	50港幣	每件50港幣	50港幣	每次50港幣
韓國	1000韓圜	每次1000韓圜	1000韓圜	每次1000韓圜
曼谷	20泰銖	20泰銖	20泰銖	20泰銖
新加坡	1-2元星幣	1-2元星幣	不需	1-2元星幣
馬來西亞	2元馬幣	每件2元馬幣	5元馬幣	2元馬幣
菲律賓	1美元	每件1美元	1美元	每次1美元
越南	1萬盾	1萬盾	1萬盾	1萬盾
印尼峇里島	5000-10000盾	5000-10000盾	5000-10000盾	每次5000-10000盾
歐洲共同市場	1歐元	1歐元／件	1-2歐元	1歐元／次
其他美洲國家	1美元	1美元	1美元	1美元

資料來源：取材自《工商時報》，1998年11月4日，依目前行情修改。

第 7 章

觀光旅館的類型與基本造型

- 觀光旅館的定義與業務範圍
- 觀光旅館的分類
- 休閒觀光旅館的造型

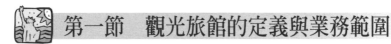

第一節　觀光旅館的定義與業務範圍

　　旅館（Hotel）是一種綜合的企業，不論其規模大小，他們的共同目標是一致的，即為大眾提供衣、食、住、行、育、樂以及因應顧客需求而生的各種服務，以獲取合理利潤的公共設施。

　　依據台灣及台北市旅館業管理規則規定：「係指除觀光旅館業以外，提供不特定人休息、住宿服務之營利事業。」而高雄市旅館業管理規則更明顯指出：「係指除國際觀光旅館及觀光旅館以外提供不特定人休息、住宿之營利事業。」旅館業之經營名稱或型態，除了旅館之外，還包括賓館、旅社、國民旅舍（風景特定區內）、汽車旅館、飯店、渡假中心、青年活動中心、會館、別館、客棧、山莊、公寓、俱樂部、別墅、休閒廣場、休閒中心、休閒農莊、溫泉、套房及民宿等，既然旅館業納入觀光事業管理體系管理與輔導，因此廣義之觀光旅館業，除了狹義的觀光旅館及國際觀光旅館之外，自然包括這些新加入觀光事業行列的旅館業。

　　依據發展觀光條例第二條第七款之規定：「指經營觀光旅館，接待觀光旅客住宿及提供服務。」而觀光旅館依同條例第二十條及觀光業管理規則第二條之規定，又分為觀光旅館及國際觀光旅館二種，因此凡經營觀光旅館及國際觀光旅館之旅館業者，即為狹義之觀光旅館業。觀光旅館又稱為一般觀光旅館，在專用標示上屬於一至三朵梅花；而後者之國際觀光旅館則為四、五朵梅花。此處所謂的觀光旅館亦包括休閒渡假旅館在內。

第二節　觀光旅館的分類

　　為便於區隔不同的市場，將旅館依其經營方式、所在位置之不同，加以區分。

　　按其收取房租之方式，可分為歐洲式旅館及美國式旅館。歐洲式旅館其定價僅包括房租，所謂美國式旅館係在其定價中包括房租與餐費。其次，如按其房間數目之多寡，可分為大、中、小三型：小型即一百五十間以下者；中型即一百五十一間至四百四十九間者；大型旅館五百間以上者（唯房間數多的旅館，不一定是好旅館）。

　　另按其旅客之種類，分為家庭式、商業性等旅館。如再以旅客住宿之長短分類，可分為短期、長期及半長期性等旅館。所謂短期者指住宿一週以下的旅客，除與旅館辦旅客登記外，可不必有簽署租約之行為；長期者至少須住一個月以上，且必須與旅館簽署詳細條件，至於半長期者即介於上述兩者之間。

　　最後，更可根據旅館之所在地分為休閒旅館、都市旅館或公路旅館等等。如按經營之時間，又可分為季節性或全年性之旅館等類。茲分述如下：

一、旅客停留時間

按旅客停留時間的久暫可分為：

1.**短期住宿用旅館**（transient hotel）：大概供給住一週以下的旅客，如機場過境旅館。

2.長期住宿用旅館（residential hotel）：大概供給住一個月以上且有簽訂合同之必要。

3.半長期住宿用旅館（semi-residential）：具有短期住宿用旅館的特點。

二、以旅客旅行目的

1.都會商務旅館（city hotel）。

2.休閒渡假旅館（resort hotel）。

三、旅館所在地

如按旅館的所在地可分為：

1.都心旅館（downtown hotel）。

2.郊外旅館（suburban hotel）。

3.驛站旅館：

　(1)車站旅館（station hotel）。

　(2)機場旅館（airport hotel）。

　(3)港埠旅館（seaport hotel）。

4.會館旅館（公共事業經營之旅館），如：

　(1)教師會館。

　(2)警光山莊。

四、立地條件

按其特殊的立地條件又分為：

1.公路旅館（highway hotel）。

2.鐵路旅館或機場旅館（terminal hotel）。

五、依特殊目的

再按其特殊目的可分為：

1.商用旅館（commercial hotel）。

2.公寓旅館（apartment hotel）。

3.療養旅館（hospital hotel）。

六、房租計價方式

旅館的房租計價方式可分為（請詳見本章後gogoplay專欄）：

1.歐洲式計價（European plan）：即房租內並沒有包括餐費在內的計價方式。

2.美國式計價（American plan）：在歐洲又稱為full pension，即房租內包括三餐在內的計價方式。

3.修正美國式計價（modified American plan）：在歐洲又稱為half pension或semi-pension，亦即房租內包括兩餐在內的計價方式。

4.大陸式計價（Continental plan）：即房租內包括早餐在內的計價方式。

5.百慕達式計價（Bermuda plan）：即房租包括美式早餐。

七、住宿設施分類

依住宿設施分類如下：

(一)都市旅館

    1.**高級旅館**（metropolitan hotel）。

    2.**商務旅館**（commercial hotel）。

    3.**會議旅館**（convention hotel）。

    4.**商用旅館**（business hotel）。

    5.**汽車旅館**（motel）。

    6.**公路旅館**。

    7.**小規模旅館**：客棧（inn）。

    8.**舍寮**（公、民營之宿舍）：

      (1)長期停留旅館。

      (2)公寓旅館。

      (3)宿舍（pension）。

(二)休閒觀光地區

    1.**觀光旅館**（保養、休閒用旅館）：

      (1)山岳旅館（mountain hotel）。

      (2)湖畔旅館（lakeside hotel）。

      (3)海濱旅館（seaside hotel）。

      (4)溫泉旅館（hot spring hotel）。

    2.**交通旅館**（traffic hotel）。

      (1)汽車旅館（mobile lodge, motel）。

      (2)公路旅館（highway hotel）。

      (3)小規模旅館：客棧（inn）。

3.**運動旅館**（sports hotel）。

   (1)高爾夫球旅館（golf hotel）。

   (2)滑雪旅館（ski lodge）。

   (3)汽車旅館（mobile lodge）。

   (4)露營小屋（camp bungalow）。

   (5)帆舟旅館（yachtel, boatel）。

4.**分讓式旅館**（eurotel）。

5.**分租式旅館**（美式condominium）。

6.**團體旅館**：國民旅舍／青年之家（hostel, backpacker hostel）／保養中心。

7.**渡假村**（resort）。

8.**民宿**（B & B）。

茲比較都市、商務、休閒三種旅館之經營特性，將其列述如表**7-1**。

表7-1 三種基本旅館比較表

旅館分類	都市 CITY HOTEL	商務 COMMERCIAL HOTEL	休閒 RESORT HOTEL
本質	注重旅客生命之安全，提供最高的服務	提供商務住客所需合理的最低限度之服務	注重住客的生命安全提供娛樂方面之滿足
推銷強調點	氣氛、豪華	低廉的房租、服務的合理性	健康活潑的氣氛
商品	客房＋宴會＋餐廳＋集會	客房＋自動販賣機＋出租櫃箱	客房＋娛樂設備＋餐廳
客房餐飲收入比率	4：6	8：2	5：5
單人與雙人房（含套房）比率	6：4	7：3	3：7
旅行社與直接訂房	7：3	4：6	5：5
損益平衡點	55～60%	45～70%	45～50%
外國人與本地人	8：2	2：8	3：7

（續）表7-1　三種基本旅館比較表

旅館分類	都市 CITY HOTEL	商務 COMMERCIAL HOTEL	休閒 RESORT HOTEL
客房利用率	90%	80%	70%
菜單種類	150～1,000種	30～100種	50～200種
淡季	12月中旬～1月中旬	無變動	12月～2月（冬季）
員工人數與客房比例	1.2：1	0.6：1	1.5：1
資本週轉率	0.6	1.4	0.9
推銷費、管理費	65%	40～50%	65%
用人費	24.7～26.4%	15%	27～29%

資料來源：楊長輝，1996，《旅館經營管理實務》，頁16，經修改得出。

第三節　休閒觀光旅館的造型

　　最好的旅館應有具特色、吸引目光、留給旅客美好印象的建築外觀（圖7-1）。良好的建築外觀取決於優美與具特色的造型，花大錢卻不一定擁有良好的效果。旅館的特殊造型能代表許多意義和功用；獨特的造型能使旅館的宣傳能力加大，使旅館的宣傳廣告費用相對降低。就因其造型獨特，真正的使大家告訴了大家（如圓山大飯店，是旅館界中唯一不必做廣告的國際知名旅館）。優美的造型能使顧客廣開視界，心曠神怡，住宿期間有延年益壽之感，能促進業務的推展，如高雄漢來、晶典、台北君悅、遠東、喜來登等超高型的旅館皆具備相當特色。

　　從前的旅館建造儘量避免有封閉式客房（inside room）的情況發生。早期因為旅館可建造容積率較大，致使大樓中間部分採密閉式建造，無法採光；房間內沒有窗戶，客人住宿期間有如住在密室

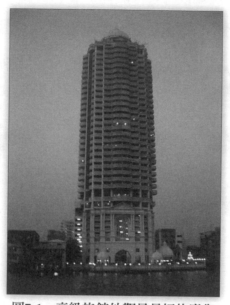

圖7-1　高級旅館外觀是最好的廣告

資料來源：作者拍攝。

或防空洞內一般的不自在。但時代愈進步，建築工程技術愈發達，以前無法處理的inside room，現在工程師們可用中庭式的建築來克服。建築工程師們甚至誇下豪語：outside view（外景）並不漂亮，因為縱使有很美的自然景觀，也只不過是靜態美而已。工程師們以動態裝飾美感來吸引顧客的好奇，使沉醉在夢幻中，更是強而有力的旅館建築之突破，招來更多的旅客。如喜來登、晶華和洛杉磯的君悅酒店等。旅館的造型因土地的限制、建築的設計和環境的驅使，而有諸多變化。如靠路邊長條的I字旅館、有大方塊土地可資建築的口字型旅館、工字型旅館、E字型旅館、S型旅館等，又有靠兩條馬路轉角的角地建造的L字型旅館，再者其他Y字型、T字型、X字型、U字型，均為適應旅館顧客需要的較好的旅館造型（**圖7-2**、**圖7-3**）。

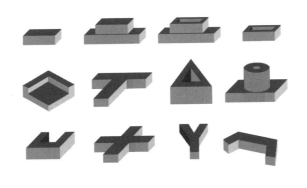

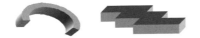

圖7-2　旅館的基本造型

資料來源：作者整理。

　　旅館建築多因採光、地形、高度限制、視野、建蔽率與容積率、地質與地震、旅館的營業項目、超高建築考量，與其他周邊客觀因素，使造型有不同的取向。旅館投資者（hotel owner）、旅館建造諮詢顧問（planning consultant）和建築工程師（architect）等人是決定旅館造型的主觀因素。人是創造者，每個人都不願意生下來是又土又醜的小雞，每個人都有愛慕美感及欣賞美的意念，這些都是與生俱來的本能；至於事實上能否做到，就要看這些人的智慧及經驗。有些旅館，在建築師設計了很漂亮的結構體後，旅館老闆卻不知該如何為它美化裝潢，結果還是弄得土土的，實為可惜。

　　經營旅館的本質與目的，是提供旅客安全、舒適的住房與餐飲品質，一切的設計均應給旅客食住的方便和溫馨的服務（圖7-4）。例如沒有經驗的設計者，很容易將房間的冷氣送風口對正床頭板，因心想旅客怕熱，則冷氣對他吹，卻沒想到第二天客人全感冒了；又如浴室如果不安裝抽風機把臭氣和水蒸氣抽走，房間會沒好空氣，因此裝了大一點的抽風機，卻沒想到把房間的冷暖氣都抽出去

長榮貴賓俱樂部 Evergreen Club	16F
桂冠樓層 Laurel Floors	15F
	14F
貴賓樓層 Executive Floors	12F
	11F
標準樓層 Guest Floors	10F
	9F
	8F
	7F
	6F
	5F

			3F
A			3F

B	C		2F

D	E	F	G	H	I	1F

J	宴會廳 Banquet Hall	K	B1
		L	B2

停車場 / Parking Lot / 駐車場	B4-B5

A 福臨園 / 台灣料理		G 大廳酒吧
B 粵香軒 / 廣東料理		H 商務中心
C 冠品鐵板燒牛排館		I 大廳
D 戶外游泳池		J 健身中心
E 點心坊		K 名品商店街
F 咖啡廳		L 義大利餐廳

圖7-3　觀光旅館的樓層設計：以長榮桂冠酒店為例

資料來源：長榮台中桂冠酒店。

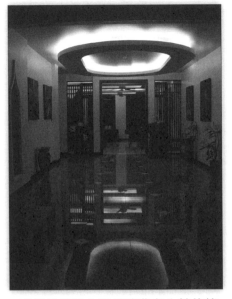

圖7-4　高級旅館的入口是消費者入館的第一印象

資料來源：作者拍攝。

了，使房間該冷的不冷，該暖的不暖，浪費了昂貴的電力。又如在
人的習慣上，朱紅色代表喜氣、黑色代表高貴；一心一意想把旅館
裝飾得好看一點，卻沒想到整個顏色火辣辣的，或是死氣沉沉的，
到了飯店想吃飯也吃不下去了。色彩能影響食慾，因此術業有專
攻，是誰做的事，就是誰做，必須請專人來負責。

　　在實務上，旅館造型必須考慮餐飲部與客房部的相對位置，宴
會廳及餐廳位置盡量設於低樓層為宜，主要因為餐廳在三餐進食時
間大量湧入人潮，低樓層可配合樓梯或電扶梯以紓解電梯之使用，
而客房以視野良好為考量，則宜設於高樓層，當然人潮較少的專屬
俱樂部或高級餐廳宜設在最高樓層，取較佳的視野並隔絕人潮。

Go Go Play 休閒家

旅館教戰守則

一、旅館教戰：訂房代碼篇

　　國際觀光旅館的訂房採用「餐飲客房配套」方式，主要是依房客是否計畫在旅館內享用早、午、晚餐所設計。而通用於國際間的配套代碼則包括了：EP（European plan）、CP（continental plan）、AP（American plan）、MAP（modified American plan）、SP（semi-pension）與FP（full-pension）。不同的代碼顯示不同的配套方式，房價自然也不一樣。以下是這些基本配套表示的內容，請注意各項配套說明中的「或」和「與」字，因為一字之差，配套內容就完全不同了。

　　EP歐式計價：係指客人只選擇住房而沒有附帶任何餐飲的配套。

　　CP大陸計價：係指除房間外並附帶大陸式早餐（continental breakfast）。

　　AP美式計價：係指附帶美式早餐（American breakfast），以及午餐與晚餐。

　　MAP修正美式計價：係指含美式早餐與晚餐。

　　SP半套計價：含大陸式早餐，以及一次午餐或晚餐。

　　FP全套計價：含大陸式早餐，以及早餐或晚餐。

　　前述的每一種 "P" ，其實代表著客人在訂房時選擇的方案。這些方案也正是旅館將最基本的產品與服務（客房與餐

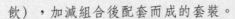

飲），加減組合後配套而成的套裝。

　　"PRPN"與"PPPN"都是國際觀光旅館訂房時所用的代碼或術語，前者是指「每個房間，每晚」（per room, per night）的報價方式，後者則是「每人，每晚」（per person, per night）的報價方式，兩者有所不同。

二、旅館教戰：服裝代碼篇

(一)美食餐廳，須著正式服裝

　　高級旅館的「服裝代碼」一般分成："formal"、"smart casual"與"casual"等幾類，客人到不同的餐廳用餐可以參考代碼穿著打扮。事實上，除了高級旅館如此，歐美的豪華郵輪多數也會要求客人用餐的穿著。

　　所謂的"formal"，指的是正式服裝。通常，旅館會要求客人在最具代表性的「美食餐廳」（fine dinning room），多半屬全服務式餐廳（full service restaurant），用餐時如此裝束。而所謂「正式」，通常指男士穿著正式深色西裝，女士著套裝。如果是宴會或主題派對（cala dinner或theme party），則西裝尚嫌不夠，男士須著緞面領襟的禮服，並打禮結，女士則著晚禮服。

(二)不同時段，穿著不同

　　半正式服裝（smart casual）指的是：「輕鬆、舒適卻不會流於隨便的穿著」。不過，這並不包括沒有領子的Ｔ恤或牛仔褲、球鞋。一般而言，男士可著有領的襯衫、馬球衫（polo shirt）、休閒褲、鞋，外面再罩上獵裝或夾克。女士則可穿著輕便的套裝或流行感的服裝。

　　至於便服（casual），則是最隨意的裝束，通常在旅館的

咖啡廳、簡餐廳都可以如此。有些高級旅館在不同的用餐時段，有不同的服裝規定。如午餐可以穿得較輕鬆，晚餐就必須正式了。

三、旅館教戰：早餐代碼篇

旅館供應的早餐非常多樣，除了自助式早餐（buffet breakfast，簡稱BBF）、美式早餐（American breakfast，簡稱ABF）、大陸式早餐（continental breakfast，簡稱CBF）外，依單餐形式又可分「套餐」（set menu）與「單點」（à la carte）兩種形式。此外，依供餐時間，除一般早餐外，有些旅館即使在非假日也會在特定的餐廳供應「早午餐」，又叫「晨午餐」（brunch）。

在各類早餐中，大陸式早餐堪稱其中最「簡約」、「單調」的一種。此類早餐通常沒有熱食，只有二、三個麵包、附帶果醬、奶油與一杯咖啡、果汁就了事，台灣旅客也許吃不來，卻是西方人平常的習慣。

相較於大陸式早餐，美式早餐的內容就豐盛多了。除了各種各樣的麵包、可頌、吐司與蛋糕外，客人還可以到餐檯上取食培根、香腸、炒蛋、炒蘑菇等熱食，以及種類多樣的果汁或牛奶。

至於自助式（台灣稱為歐式）早餐可就更多樣了，在餐檯上客人可以取食「味貫東西、漢和並列」的各種食物。由於選擇性高，因此也最受台灣客喜愛。只是，值得注意的是，同樣都是自助早餐，國外有些旅館、尤其是歐洲的旅館卻又將之細分有所謂的「冷自助早餐」（cold buffet）。冷自助早餐餐檯也有火腿肉、燻肉或義大利臘腸，但清一色皆是

冷食。

　　「套餐」，是將不同的菜餚組合配套供應，內容愈多，價格自然愈高。胃口不大或早上原本就吃得少的人，則可以考慮「單點」，從菜單上選出自己喜歡的食物。通常，兩片吐司配上煎荷包蛋（蛋的烹調形式可任選）與培根或炒蘑菇，就差不多飽了。

　　所謂「早午餐」，顧名思義即是「早餐加午餐」（breakfast & lunch，合起來即稱brunch）。其供餐時間通常自早上七點或更早，一直供應到下午二點。過去，旅館只會在星期六、日供應早午餐，讓比較晚起的房客使用，但是如今不少旅館即使在平日都有這種服務了。

資料來源：取材自《中國時報》，2000年4月7日，第42版，經修改過。

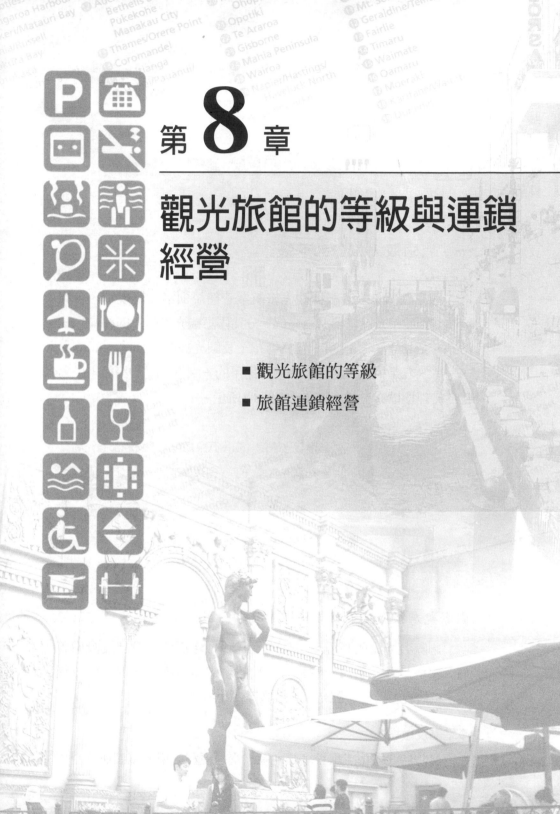

第 **8** 章

觀光旅館的等級與連鎖經營

- 觀光旅館的等級
- 旅館連鎖經營

第一節　觀光旅館的等級

一、我國觀光旅館的等級

　　觀光旅館分級，根據觀光旅館業管理規則第二條規定，各觀光旅館因建築及設備標準之高低，分為國際觀光旅館（international tourist hotel）——四朵、五朵梅花，及觀光旅館（tourist hotel）——二、三朵梅花，相當於國際間通用的一到五顆星的等級。所對應的管理機構亦不同，其結構如**圖8-1**所示：

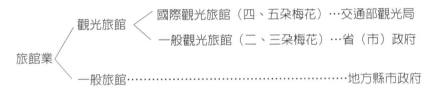

圖8-1　我國旅館等級與主管機關

資料來源：交通部觀光局。

國際觀光旅館建築及設備標準（四、五朵梅花）

　　國際觀光旅館評鑑項目共五十三項，包括建築設計及設備管理、室內設計及裝潢、建築與防火防空避難設施、衛生設備及管理、一般經營管理、觀光保防措施等六大項進行評鑑。

◆地點及環境

　　應位於各城市或風景名勝地區，交通便利、環境整潔並符合相

關法令規定。

◆**設計要點**

1. 建築設計、構造除依本標準規定外，並應符合有關建築、衛生及消防法令之規定。

2. 依本規則設計之觀光旅館建築物，除風景區外，得在都市土地使用分區有關規定範圍內，與下列用途建築綜合設計，共同使用基地：

   (1)百貨公司。

   (2)超級市場。

   (3)旅館業者自營商場。

   (4)營業用停車場（建築物附設法定停車場以外之停車場）。

   (5)銀行等金融機構。

   (6)辦公室。

   (7)其他經觀光主管機關核准之項目。

   與其他用途建築共同使用基地之觀光旅館應單獨設置出入門、直達電梯及緊急出口，不得與其他用途建築物混合使用。

3. 應有單人房、雙人房、套房等各式客房，在直轄市至少二百間，省轄市至少一百二十間，風景特定區至少四十間，其他地區至少六十間。

4. 客房淨面積（不包括浴廁），每間最低標準為單人房13平方公尺，雙人房19平方公尺，套32平方公尺。並得將相連之單、雙人房裝設防音雙道門，於必要時改充套房使用。

5. 每間客房應有向戶外開設之窗戶，並設專用浴廁，其淨面積不得小於3.5平方公尺。各客房室內正面寬度應達3.5公尺以上，並注意格局及動線安排。

6. 客房部分之通道淨寬，單面客房者至少1.3公尺，雙人客房者
至少1.8公尺。

7. 旅客主要出入口之樓層應設門廳及會客室等，足以接待旅客
之用，其合計淨面積不得少於**表8-1**之規定。

門廳最低處之淨高度不得低於3.5公尺。門廳附近應設接待旅
客之服務櫃台、事務室、旅行、郵電及酌設外幣兌換等服務
處所。

8. 應附設餐廳、咖啡廳、酒吧間（在風景特定區，咖啡廳、酒
吧間得附設於餐廳內），並得附設夜總會、國際會議廳、室
內遊樂設施。餐廳之合計面積不得小於客房數乘1.5平方公
尺，餐廳及國際會議廳應設衣帽間。

9. 門廳、主要餐廳、公用廁所、台階等處所應設專供殘障人士
進出或使用之設備，並應酌設殘障客房。

10. 夜總會營業場所之入口處應設置門廳、服務台、衣帽間。營
業場所內得附設酒吧。

11. 夜總會如兼供宴會、會議、餐廳等使用者，仍應設廚房並依
本標準設計要點第十二點之規定辦理。

12. 廚房之淨面積不得少於**表8-2**之規定。

13. 餐廳、咖啡廳、夜總會等供應餐飲之場所應依有關衛生管理
法令之規定辦理，公共用室附近應設男女分開使用的公用廁
所。廁所內之隔間，每間門應自外向內開啟。

表8-1　我國國際觀光旅館建築面積標準

客房間數	門廳+會客室淨面積
100間以下	客房間數×1.2平方米
101～350間	客房間數×1.0+18平方米
351～600間	客房間數×0.7+125平方米
601間以上	客房間數×0.5+245平方米

資料來源：楊長輝，1996，《旅館經營管理實務》，頁143。

表8-2 國際觀光旅館供餐飲場所淨面積標準

供餐飲場所淨面積	廚房（包括備餐室）淨面積
1,500平方米以下	至少為供餐飲場所淨面積之33%
1,501～2,000平方米	至少為供餐飲場所淨面積之28%+72平方米
2,001～2,500平方米	至少為供餐飲場所淨面積之23%+175平方米
2,501平方米以上	至少為為供餐飲場所淨面積之21%+225平方米

資料來源：同表8-1，頁144。

14.客房層每層樓房數在二十間以上者，應設置備品室一處。

15.應附設職工餐廳、值夜班之職工宿舍及分設男女職工專用更衣室及浴廁，除淋浴蓮蓬頭按每三十人至少應有一具外，其衛生設備數量，應依照建築技術規則建築設備標準第三十七條之規定設置。

◆設備要點

1.各項設備除依本標準規定外，並應符合有關建築、衛生及消防法令之規定。

2.旅館內各部分空間，應設有中央系統或其他形式性能優良之空氣調節設備，以調節氣溫、濕度及通風。高山寒冷地區者，應設置暖氣設備，並設門及紗窗。

3.客房及通道地面，應鋪設地毯或其他柔軟材料。

4.客房浴室須設置浴缸、淋浴蓮蓬頭、坐式沖水馬桶及洗臉盆等，並須日夜供應冷熱水。在風景特定區者，其客房浴室之浴缸，得視實際需要，改設浴池。

5.所有客房均應裝設彩色電視機、收音機、冰箱及自動電話。公共用室及門廳附近，應裝設對外之公共電話及對內之服務電話。

6.所有客房應設置錄影節目播放系統。其設置應依觀光旅館業設置錄影節目播放系統實施要點之規定辦理。

7. 自客人利用之最下層算起四層以上之建築物，應設置自主要大門至各用樓層之電梯，其數量應照**表8-3**之規定。

自避難層算起四層以上之樓層設有供五十人以上使用或樓地板面積100平方米以上之公共場所者，應各設置直達電梯一座（可包括在上列之電梯數量中，但是除了直達電梯外，一般客用電梯不得少於兩座，客用電梯每座以十二人計算）。並應另設工作專用電梯，客房二百間以下者至少一座，二百零一間以上者，每增加二百間加一座，不足二百間者以二百間計算。工作專用電梯載重量每座不得少於四百五十公斤。如採用較小或大容量者，其座數可照比例增減之。

8. 廚房之牆面、天花板、工作檯、地面及灶檯等，均應採用能經常保持清潔並經消防單位規定之不燃性建材，並應設有冷藏、爐灶排煙、電動抽氣及密蓋垃圾箱等設備，不得使用生煤、柴薪為燃料，並應經常保持清潔。

9. 乾式垃圾應設置密閉式垃圾箱；濕式垃圾酌設置冷藏密閉式之垃圾儲藏室，並設有清水沖洗設備。

10. 餐具之洗滌，應採用洗滌機或三格槽並具有消毒設備。

表8-3　國際觀光旅館客用電梯座數標準

客房間數	客用電梯座數
150間以下	2座
151～250間	3座
251～375間	4座
376～500間	5座
501～625間	6座
626～750間	7座
751～900間	8座
901間以上	每增200間增設1座，不足200間以200間計算

資料來源：同表8-1，頁145。

11.給水應接用公共自來水系統，如當地尚無公共自來水供應系統而自設給水設備，其水質應經衛生主管機關化驗，合於飲水標準者始准使用，並應具有充分之水量及水壓。

二、國際觀光旅館的等級

世界各國與旅館相關研究的組織對旅館等級制定評鑑制度，由於世界各國之產業環境、企業文化背景與經營型態各異，所以，到目前為止，雖無公認的評鑑標準，但我國以梅花數量分級，國際間則廣泛以「★」表示等級（如**表8-4**）：

五星★★★★★　　deluxe

四星★★★★　　　high comfort

三星★★★　　　　average comfort

二星★★　　　　　dome comfort

一星★　　　　　　economy

在歐洲，有許多五星級旅館的價值在它的歷史性，如某位名人曾下榻之飯店，或年代悠久的關係。因此一座典雅的旅館可能走起路來，地板會喀喀作響，不要抱怨，因為你的旅館可能是拿破崙（Napoleon）或戴安娜王妃（Diana）住過的飯店。

世界觀光組織（World Tourism Organization, WTO）對旅館等級的劃分標準內容包括：客房數、設施與設備、服務項目、服務品質與員工素質等五項。同屬歐洲地區的英國、義大利、希臘與瑞士大致以設備與設施、服務項目、地理位置與外觀三部分為評鑑依據。

在美洲地區，美國汽車協會（American Automobile Association, AAA）自1977年開始制定旅館評鑑制度標準，並運用鑽石的符號來劃分一至五等級，其評鑑區域涵蓋美國、加拿大、墨西哥與加勒

表8-4　世界各國旅館評鑑項目一覽表

評鑑項目 國家	設施與 設備內容	設施與 設備品質	服務 內容	服務 品質	清潔與維 修狀況	經營與 管理
世界觀光組織 （WTO）	✓	✓	✓	✓		✓
公共機構投資人	✓	✓	✓	✓		
美國AAA	✓	✓	✓	✓	✓	✓
美國MOBIL	✓	✓	✓	✓	✓	✓
加拿大	✓	✓	✓	✓	✓	✓
英國AA	✓	✓	✓			
英國ETB	✓	✓	✓			
澳洲	✓	✓			✓	
德國	✓	✓	✓	✓		
以色列	✓	✓	✓	✓		
中國大陸	✓	✓	✓	✓	✓	✓
台灣	✓	✓	✓	✓	✓	

資料來源：作者整理。

比海地區。而評鑑內容則包括旅館外觀、客房設施與設備、公共區域、清潔、管理與服務品質等六部分。另外，公共機構投資人雜誌（Institutional Investor）每年皆會在世界各地挑選一百位著名的銀行界人士作為評審委員，針對全球各地的大型旅館進行評比，而歷年來皆以地理位置、建築風格、設備與設施，以及服務品質等四方面最被旅客所重視。

　　鑑於世界各國旅館組織或學術研究對於旅館的評鑑項目或構面皆無一致的標準或看法，但多以「服務品質」、「設備品質」與「經營管理」等三大構面來建構評鑑項目與指標。其中「顧客導向」的觀念對於服務業來說是相當重要的，更遑論是特別重視與顧客常態性互動的觀光旅館業，因此，「顧客導向」的觀念對於旅館業在企業獲利能力上扮演著關鍵角色，更是一家旅館建立競爭優勢的前提。

　　國際觀光旅館分類以法國與瑞士分級制度較受認同，其中法國分級標記為星星、瑞士分級標記也是星星，而瑞士旅館的等級可分為六等級，從「無星級」到「五星級」，為全球旅館協會公認的標準。西班牙分級標記為太陽，茲將德國、法國、瑞士與紐西蘭的旅館等級制度列示比較如下：

(一)德國旅館等級

　　德國旅館等級制度整理如**表8-5**。

(二)法國的旅館等級

　　法國旅館等級制度整理如**表8-6**。

(三)瑞士旅館協會規定旅館等級最低標準

　　瑞士旅館協會規定旅館等級最低標準如**表8-7**。

(四)紐西蘭旅館等級

　　紐西蘭旅館分級由「紐西蘭汽車協會」（AA）主導，以品質符號（qualmark）共分五級，並以黑星、綠星、紅星分別對觀光旅館（hotels），渡假旅館汽車營地（holiday parks and motor camps），以及汽車旅館（motels）進行評價分級，如**圖8-2**所示。五等級所代表的服務內涵見**表8-8**。

表8-5　德國旅館等級

Hotel Garni	雖然是飯店，但沒有餐廳，只提供早餐。
Gasthof	營業的主體是餐廳，附加住宿設施。
Gastsate	以住宿設施為主，並附設餐廳之旅館。
Motel	以汽車旅行者為對象。
Pension	房間數少的住宿環境。
Privatzimmer	有提供住宿設施，但為業者的副業，亦即民宿。

資料來源：作者整理。

表8-6　法國的旅館等級

1顆星★	1.最少有七間房間。 2.有熱水和飲水設備。 3.沒有淋浴設備的房間，至少30人就有一間公共浴室。 4.每10間沒有洗手間的房間中就要有一間公共廁所。 5.至少要有一支電話。 6.有中央暖氣系統或電氣暖房。
2顆星★★ 符合1顆星級基準 加上右列條件	1.有浴盆。 2.有獨立洗臉設備的房間占總房數的40%。 3.有淋浴設備的房間數占總房間數的40%。 4.沒有淋浴的房間，每20位住宿者就要有一個公共浴室。 5.各樓層要有一支電話。 6.4樓以上要有電梯設備。 7.從業員須通一種外國語。 8.有提供早餐。
3顆星★★★ 符合1、2星級基準 加上右列條件	1.最少要有10間房間。 2.每間房間有獨立洗臉設備。 3.有獨立浴室、廁所的房間數占總房間數70%。 4.每間房間都有電話。 5.三層樓以上須有電梯設備。 6.從業人員能通兩種外國語。 7.有送早餐至房間的服務。 8.有停車場。
4顆星★★★★ 符合1至3星級基準 加上右列條件	1.90%的房間有獨立浴室、淋浴及廁所的設備。 2.兩層樓以上有電梯設備。 3.有餐廳。
5顆星★★★★★ 符合1至4星級基準 加上右列條件	1.每間房間都有獨立浴室、淋浴及廁所的設備，有沙龍式的臥室。 2.有通達2樓以上的電梯。

資料來源：作者整理。

表8-7 瑞士旅館協會規定旅館等級最低標準

等級名稱 調查項目	★★★★★ 豪華級	★★★★ 頭等級	★★★ 中等級	★★ 中下級	★ 普通級
交通狀況	便利	便利	便利		
房務部 人員比例	每人負責 3.7間客房	每人負責 5間客房	每人負責 8間客房	每人負責 10間客房	
櫃台、守 衛、詢問台	每日18小時	每日14小時 詢問服務16 小時	每日12小時	每日12小時	每日12小時
行李 服務人員	24小時服務	16小時服務，各樓層放置擦鞋機	12小時服務，每20間客房提供1台擦鞋機	最少提供1台擦鞋機	最少提供1台擦鞋機
早餐	免費客房用餐服務	免費客房用餐服務	免費客房用餐服務	餐廳	餐廳
餐飲 供應時間	7:00～23:00	11:00～14:30 18:00～22:00	11:30～14:30 18:00～21:00	11:30～14:30 18:30～21:00	12:00～14:00 19:00～20:30
客房 電話設備	每間都有	每間都有	每間都有	每間都有	每30間客房一部公用電話
客房最 小面積	雙人房23m² 單人房14m²	雙人房17m² 單人房12m²	雙人房14m² 單人房10m²	雙人房12m² 單人房9m²	雙人房12m² 單人房9m²
浴室、盥洗 設備	全套衛浴	全套衛浴	75%的房間有全套衛浴	30%的房間有全套衛浴	附設盥洗室供應溫、冷水
床單類用品 更換	每日更換	毛巾 每日更換	毛巾 每二日更換	毛巾 每週更換	毛巾 每週更換
衣物清 洗服務	Am9:00送洗 12小時送回	Am9:00送洗 12小時送回	24小時 內送回	24小時 內送回	24小時 內送回
客房內電視 、音響服務	每間都有	每間都有	每間都有		
安全管理	緊急警報裝置、緊急聯絡電話、安全管理人員名單列示、安全門及各出入口監控管理				
客房設備	床組、椅組、衣櫥、行李架、天花板照明燈、床頭燈、毛巾、垃圾筒、沐浴乳、衛生紙				

資料來源：作者整理。

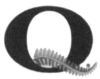

圖8-2　紐西蘭三種旅館分級符號

資料來源：紐西蘭旅遊局。

表8-8　紐西蘭旅館等級

一顆星（★）	符合品質標準分級的最低要求：乾淨、舒適與親切
二顆星（★★）	超越品質標準分級的最低要求，並提供更多特性的設備與服務
三顆星（★★★）	除以上要求外，提供齊全的設備與服務
四顆星（★★★★）	除以上要求外，提供了高品質的設備與服務
五顆星（★★★★★）	提供了紐西蘭全國最高品質的住宿品質與相關服務與設施

資料來源：作者整理。

三、奢華休閒渡假飯店的產業概況

隨著全球新富豪階級的興起，「奢華飯店」如名牌奢侈品般在近年來吹起風潮。單在2007年前半年即創造出115億美元的不菲營業額，引起許多消費者的注目，以及國際投資者、開發者與飯店經營者的爭相研究與投資。

對於「奢華飯店」的定義，產官學界到目前為止尚無正式或具完整性的定義與觀點提出，乃是起因於「奢華飯店」仍處於新興開發產業，包含的內容包括專業服務品質、設施規劃與品質、員工

管理制度與經營管理等軟硬體所組成的判斷依據尚未釐清。再者，「奢華」的概念因人而異，亦即每個消費者會針對其認為何種設備、何種服務、何種空間設計，抑或是何種價錢對於消費者來說是堪稱為「奢華」的元素。以上各種問項皆因消費者個人的生活背景、社經地位與人格特質等構面相異，以致形成「奢華」的多種型態與面向，而無法以放諸四海皆準的定義清楚表達。回顧過去對於「奢華」是意指「以不同的事物提供給不同的消費者」，也就是提供奇異的商品給不同旅行目的的旅客，但今日對於「奢華」則意指提供旅客極少在日常生活環境中的體驗結合。歐美多家奢華飯店便位於沙漠荒原或大海小島中，提供一個不受干擾、與世隔絕的渡假環境。

歐洲卓越飯店組織（The Leading Hotels of the World）以下列文字來形容體驗奢華休閒渡假飯店的感受：

> Whether your aim is to recharge your relationships, your spirit, or your wardrobe, you can use the Experience guides to plan the perfect trip. Herein, you will find hotels uniquely suited to your Quest, exciting and unique offers built around the experience and even some tips and pointers on how to make the trip a once in a lifetime experience.

奢華的確與金錢有所關聯，但因財富階層的本質或分布一直更動，因此以金錢高低來定義奢華的概念也始終沒一個正確的衡量標準（但至少是鮮少人可以負擔得起的價位）。世界各國象徵「奢華飯店」的代表作，往往都是經營者透過本身條件或是結合當地具特色的景致相互輝映，進而創作出具巧奪天工的奢華氛圍（如杜拜帆船酒店），並融合奢華因素於軟硬體服務中，創造出令旅客超乎想像的渡假體驗。經營者常藉由標榜七星級（7 stars）來意味著「超

奢華」（super-luxury）的形象（瑞士旅館最高是六顆星）。但若根據歐洲卓越飯店組織的敘述，其實奢華的標準是透過消費者的期待與體驗所衍生出來的。強調旅客的體驗與感受更甚於有形的特徵與利益。這也是未來「奢華休閒渡假飯店」應認眞思索其產品設計與服務提供的方向。

第二節　旅館連鎖經營

一、旅館連鎖的定義

所謂「連鎖經營體制」，是指包含在該體制傘下的所有商店，舉凡店面裝潢、商品結構、商品陳列、服務水平、促銷活動與管理作業等，都要做到標準化和規格化的要求。全世界第一家具有連鎖型態的公司乃是1859年創設於美國紐約的美國茶葉公司（Great America Tea Company），它以多店鋪經營，低價競爭策略迅速崛起，立下了連鎖經營的楷模。

一提到「連鎖旅館」，大家會想到諸如假日旅館、喜來登、洲際旅館這些國際知名品牌。其實早在1898年瑞士的貴族飯店之王西薩・麗池（Cesar Ritz）在巴黎創立了麗池飯店（Hotel Ritz），大力培植飯店管理人才，使他們皆能獨當一面。後來這些人陸續在歐洲各地建了十八家麗池飯店，麗池飯店不但是貴族飯店的典範，更開啓了飯店特許連鎖（Franchise Chain）經營的先河。

洛克威爾（Frederick W. Rockwell）認爲「標準化」、「管理」和「控制」是旅館連鎖營運最重要的三個因素。梅塔克（Charles J. Metalka）在觀光字典中定義「連鎖旅館」是「由兩家或兩家以上

的旅館為同一公司所擁有或經營管理，且為旅客所認知，並由總公司統一廣告宣傳者」，簡單道出連鎖旅館的特色。何西哲認為「兩家以上的旅館，用某種方式聯合起來經營，組成一個團體，稱為「連鎖旅館」。美國旅館暨汽車旅館協會（American Hotel & Motel Association, AHMA）指出，三家以上旅館聯合一致行動，就可稱為旅館連鎖系統（hotel chain system）。

根據觀察現狀發現，「連鎖旅館」（hotel chain）指多數旅館或汽車旅館的集體組織，在總公司支配下，保持各參與連鎖旅館的一定風格水準，共謀發展與利益。因此「三家以上的旅館，以一種或多種合作的方式聯合經營，保持連鎖旅館相同風格水準，以謀取經營利益與未來發展，稱之為連鎖旅館」的定義，合乎現代企業經營的趨勢。

二、旅館連鎖的方式

(一)直營與加盟兩大方向

國際觀光旅館的經營對象是世界各國的旅客，因此旅館連鎖的方式不外乎直營連鎖與加盟連鎖兩大方向，共分為六種連鎖方式：

◆直營連鎖

1. 由總公司新建旅館加入營運陣容，例如：台北國賓在高雄興建國賓大飯店、長榮桂冠酒店先後在台中、基隆、法國巴黎與馬來西亞檳城興建旅館為直營連鎖。

2. 由總公司收購市場中原有的旅館，或以投資的方式控制與支配其傘下旅館。在美國最典型的方法是運用控股公司（holding company）的方式，由小公司逐漸控制大公司。例如：台北富都飯店收購中央酒店，列入香港富都飯店連鎖經

營；統一健康世界收購高雄名人飯店成為統一名人飯店，都
是這一類連鎖經營的例子。

◆租借連鎖

以租賃方式借來加入連鎖陣容。例如：原本墾丁凱撒大飯店租
用土地由日本青木集團興建旅館後，加入其所屬的日航酒店的連鎖
旅館體系。目前凱撒大飯店已轉手予宏國集團經營，並加入威斯丁
渡假旅館（Westin Resort）連鎖系統。

◆管理經營委託連鎖

以委託經營的方式網羅其他旅館加入連鎖。例如：台北君悅飯
店由新加坡豐隆集團委託香港凱悅（Hyatt）國際集團經營。台北
晶華酒店由中安觀光公司委託四季麗晶（Regent）酒店集團經營。
墾丁悠活渡假村則委託麗緻管理顧問公司經營，並參與關島渡假村
（PIC）的渡假休閒活動系統。

◆經營技術指導連鎖

各獨立經營的旅館與連鎖旅館公司訂立長期合約，由連鎖旅館
公司賦予參加組織的權利。此種方式加入連鎖組織的各獨立旅館，
使用連鎖旅館的名義、招牌、標誌和經營方法。此種方式又可稱
為特許加盟的連鎖組織（franchise chain）。例如：以往台北希爾
頓大飯店與國際希爾頓公司簽約獲取經營技術（現加入凱撒飯店系
統）。墾丁悠活渡假村參與關島渡假村的系統也是一例。

◆業務聯繫連鎖

又稱志願加盟連鎖（voluntary chain）。各獨立經營的旅館，
自動自發地參加而組成者，其目的為加強會員旅館間之業務聯繫或
採取異業聯盟。例如：台北國賓和日本東急（Tokyo Hotel）；高雄
國賓同時和日本東急及日航酒店、長榮航空；高雄漢王與墾丁天鵝

湖渡假村推廣連鎖訂房；老爺酒店和日航酒店建立連鎖經營關係；來來飯店和美國喜來登（Sheraton）；福華和日本京王飯店（Kei-O Plaza），增進業務上的聯繫。目前國內外各類型旅館多朝此一連鎖方式，既可獲得連鎖經營的優點，又同時保有獨立經營的靈活度，加速旅館連鎖化時代的來臨。

◆會員連鎖

　　屬公會型的連鎖，較沒有實質上的意義。

(二)Iverson的分類

　　凱薩琳艾維生（Kathleen M. Iverson）則將旅館連鎖的方式歸納成三類：

1. **完全所有（full ownership）連鎖**：完全由連鎖公司經營負責損益、建立新旅館。例如長榮酒店、福華飯店等

2. **經營管理契約（management contract）連鎖**：委託具經營管理能力的連鎖公司經營，收取管理費，像麗緻管理系統（台北亞都、宜蘭久屋、墾丁悠活）等。

3. **加盟（franchise）連鎖**：投資者可自己經營，僅接受連鎖公司的訓練，達到所要求的標準。例如力霸皇冠酒店、遠東香格里拉國際大飯店、凱撒威斯丁渡假飯店等。

(三)《世界旅館專業雜誌》的分類

　　根據《世界旅館專業雜誌》在1991年對三百家大連鎖旅館的調查，將連鎖的方式簡化為三種：

1. **公司組織、團體的連鎖（corporate chain）**：包括直營、加盟連鎖方式。

2. **經營管理公司連鎖（management companies）**：包括管理經營

或技術委託連鎖。

3.**自願連鎖及會員連鎖**（**voluntary chains associations**）：包括業
務聯繫連鎖及公會連鎖。

現代旅館連鎖的方式已非昔日單純，採取固定的模式，因此無
法明顯加以區分歸屬，即使同屬一類型的連鎖方式，契約內容可能
有所差異。茲將上述旅館連鎖方式整理如下**表8-9**。

表8-9　旅館連鎖方式

連鎖內容 / 連鎖名稱	土地建築物設備所有權	經營方式	連鎖方式	經營負責人	公司名稱	連鎖主體的收入來源
直營連鎖	部分或全部屬連鎖主體	連鎖主體直營	資本經營及人事皆有連鎖作用	連鎖主體直派	同一連鎖主體名稱加上地名	連鎖主體本身就是營利主體
租借連鎖	屬原來的資本主	連鎖主體經營	向資本主租借旅館	連鎖主體直派		連鎖主體就是營利主體
管理經營委託連鎖	屬原來的資本主	連鎖公司管理經營	經營委託連鎖	連鎖主體直派	連鎖體與各旅館名稱不同	以佣金收入維持
經營技術指導連鎖 franchise	屬原來的資本主	由原來的資本主經營	經營技術指導或用連鎖名稱或商標	資本主自派人員	連鎖體與各旅館名稱不同	收取連鎖費用及技術指導佣金
業務聯繫連鎖	屬原來的資本主	由原來的資本主經營	只有廣告及訂房聯繫	各旅館自派人員	連鎖體與各旅館名稱不同	收取佣金

（續）表8-9　旅館連鎖方式

連鎖內容　連鎖名稱	土地建築物設備所有權	經營方式	連鎖方式	經營負責人	公司名稱	連鎖主體的收入來源
會員連鎖 Referral chain	屬原來的資本主	由原來的資本主經營	公會型連鎖	各旅館自派人員	連鎖體與各旅館名稱不同	向會員旅館收取會費

資料來源：何西哲，1987，《餐旅管理會計》，頁9。

　　表8-10為2006年全球飯店集團前十名。其中國人較熟知的洲際酒店集團（ICH）擁有假日酒店與國際洲際酒店等知名品牌；喜達屋酒店集團（Starwood）擁有六個飯店品牌——Westin、Sheraton、St.Regis、Luxury、Collection、Four Points、W-hotel。

表8-10　全球飯店集團前10名排行

2006年排名	飯店集團名稱	房間數	飯店數
1	Inter. Continental Hotels Group（洲際酒店集團）	537,533	3,606
2	Cendant Corp.（勝騰酒店集團）	532,284	6,344
3	Marriott International Inc. Hotels（萬豪國際酒店集團）	485,979	2,672
4	Accor（雅高酒店集團）	475,433	4,065
5	Hilton Hotels Corp.（希爾頓酒店集團）	472,720	2,747
6	Choice Hotels International（精選酒店集團）	417,631	5,132
7	Best Western International（美國最佳西方酒店集團）	315,875	4,195
8	Starwood Hotels and Resorts（喜達屋酒店集團）	257,889	845
9	Carlson Hotels（卡爾森酒店集團）	147,129	922
10	Hyatt Hotels（凱悅酒店集團）	144,671	738

資料來源：廣東商學院／旅遊與環境學院網站http://ly.gdcc.edu.cn/n15903c133.aspx。

三、旅館連鎖的目的與優缺點

(一)目的

連鎖經營的目的，從總體策略來看可以達到四個主要目的：

1. **學習效果**：學習已經成功旅館的經營知識（know-how）與標準化的制度，用到加盟旅館上，創造連鎖經營的核心價值。
2. **規模經濟**：藉由加入連鎖家數的增加達到規模經濟。例如說有五家連鎖飯店，可以成立一個管理中心，負責所有成員的空間規劃與內部管理制度，可以有效降低固定成本。
3. **風險的降低**：對同屬一家集團的連鎖旅館據點，如福華飯店、長榮桂冠酒店等，可以分擔整體的經營風險。
4. **資金的調度**：用先開的旅館所留存的保留盈餘來支持後開的店，達到資金有效運用的目的。

至於旅館連鎖經營的內部管理目的，詹益政認為有六點：

1. 共同建立強有力的行銷網，聯合推廣業務，確保共同利益。
2. 合作辦理市場調查，開發共同市場，加強廣告及宣傳效果。
3. 成立電腦訂房連結網，建立統一的訂房制度，以爭取顧客來源。
4. 提高旅館之知名度，樹立良好的形象，給予顧客信賴感與安全感。
5. 共同採購旅館用品、物料及設備，以降低經營成本。
6. 統一訓練員工、訂定作業規範、健全管理制度，以提高服務水準與完美的服務。

(二)優點

從上述目的來分析，學者、專家認為旅館連鎖經營擁有許多優點。如Kathleen M. Iverson認為可以獲得廣泛的訓練、國際性廣告、提高知名度及集中訂房系統的優點。另外從企業管理的角度來看旅館連鎖的目的，不論其是國內或國際連鎖，均符合了「多國籍企業」之目的，以世界觀點將經營資源做最適當之分配，而使投資收益極大化，以確保競爭之優越性。藉此更可達成技術移轉、共同作業（房務）、共享通路（連鎖訂房系統）的目的。

何西哲（1987）從會計的觀點歸納五項參與旅館連鎖經營的優點：

1.以雄厚的資金及龐大的組織推廣業務，擴大企業版圖。
2.可做全國性廣告推廣業務，互相交換情報，人才互相使用。
3.利用連鎖組織，便利旅客預約訂房；各連鎖旅館間也能互通住客，提高住房率。
4.食品材料及旅館一切備耗品，可統籌大量採購，降低成本。
5.能有效推行技術管理。

余聲海將旅館連鎖的優點整理如下：

1.會員旅館可以冠用已經成名的連鎖旅館名義及利用其標誌。如來來喜來登大飯店，可招攬顧客及提高旅館身價及名氣。
2.集團信譽較佳，容易獲得金融界的貸款支持。
3.總公司對於旅館建築、設備、布置、規格方面提供技術指導。
4.由總公司調派人員參與管理，提供經營的知識。
5.由總公司設計一套降低成本的作業程序標準，供會員旅館採用。
6.由總公司統一規定旅館設備、器具、用品、餐飲原料之規

格，並向製造商大量訂購後分銷各會員旅館，藉以降低成本及維持一定之水準。

7.總公司以集體方式從事廣告宣傳活動，效果較個別宣傳為佳。

8.總公司提供市場調查報告，供會員旅館確定經營方向。

9.總公司負責或協助會員旅館訓練員工，或安排觀摩實習計畫。

10.可以參加廣大的預約通訊系統（電腦、電報等），提高預約作業及爭取顧客來源。

11.總公司定期派遣專家檢查設備及財務結構，藉以保持連鎖旅館的風格及良好的營運狀況。

12.總公司運用各種方法招攬旅客至會員旅館住宿：

(1)總公司與航空公司或汽車租賃業保持密切業務關係，招攬旅客。如星空聯盟（Star Alliance Airlines）包括十七家全球性航空公司、十一家連鎖旅館與三家汽車租賃公司。對加盟的業者而言有相當的助益。

(2)總公司有更大的談判力向專門設計及安排旅程的大旅行社（tour operator, tour wholesaler）推銷其連鎖旅館。

(3)總公司與金融界合作發行信用卡（credit card），促使廣大的消費群（信用卡會員）利用信用卡惠顧連鎖旅館。如台灣多家知名信用卡可至多家五星級飯店享受會員優待。

(4)運用連鎖組織，各會員旅館利用完備的預約通訊網，推薦連鎖旅館，可留住老顧客。

(三)缺點

當然不會只有百利而無一害的管理系統，參加旅館連鎖亦有部分缺點：

1.每年應向總公司繳納一筆為數可觀的加盟金或營業額抽成金。

2.總公司可能干涉企業之內務，如人事之調派與交流及經營方

法等，尤其是人事常遭大量調動對企業士氣打擊最大。

3.總公司所提設備方面之要求苛刻，申請加入連鎖時，必須花費鉅資配合改建，不一定划算。

但是建立共同市場，以確保共同利益為旅館連鎖經營的核心價值。正如希爾頓大飯店創始人Conrad Hilton所說：「創造更多的利潤，唯有連鎖一途」。

四、台灣旅館連鎖經營的現況

面對台灣推動成為世界貿易組織會員國的大趨勢，台灣國際觀光飯店市場占有率的消長，已經成為本土與洋字號品牌競爭重點，在2000年之前，本土業者與洋飯店各思商戰對策，尋求擴大商機，希望在跨世紀時能在台灣市場創造出獨霸地位，一場台灣國際觀光旅館市場的土洋大戰也正蓄勢引爆（**圖8-3**）！

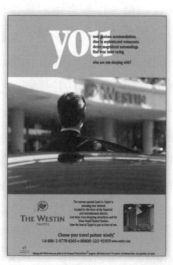

圖8-3 近幾年來許多的國際知名品牌旅館在台灣設立

資料來源：六福皇宮大飯店。

1997年才開始，台灣本土自創品牌飯店，包括台北的福華飯店、國賓飯店與長榮桂冠酒店等業者，就擺明以實際動作向君悅、威斯丁、四季麗晶、香格里拉等國際連鎖飯店挑戰。

近年來，台灣本土飯店分別與國際連鎖旅館集團簽約合作，引進國外經營管理Know-How，以強化競爭力；或投入巨額資金改善或加強硬體設施，期望能以全新面貌拉近與國外連鎖品牌飯店的形象差距。面對本土品牌飯店的指名叫陣，在台灣的國外品牌連鎖飯店也已擬妥行銷策略，準備打好跨世紀硬仗。

台灣觀光旅館業自光復後，歷經傳統旅社期（1945年至1955年）、發軔期（1956年至1963年）、國際觀光旅館期（1964年至1976年）、大型國際觀光旅館期（1977年至1981年），以及1981年至1983年全球石油能源危機的盤整期後，自1986年起，由於歐洲恐怖組織活動頻繁，國際觀光客轉向亞洲旅遊渡假，同時韓國主辦亞運、日圓大幅升值，使得來華人數激增，觀光旅館在供不應求的情況下，平均房價大幅提升，業者獲利程度頗佳。惟自1990年起台北的君悅、晶華、西華、遠東，以及台中的長榮桂冠等飯店相繼開幕後，頓時為台灣觀光旅館業帶來強烈衝擊，尤其是本土品牌的老字號觀光飯店更是深切體認到不轉型即可能慘遭市場淘汰的下場。

台北市觀光旅館的國際化可從1973年國際希爾頓集團在台北設立希爾頓飯店開始，目前在台的國際連鎖系統已有：來來大飯店於1982年與喜來登集團（Sheraton）簽訂世界性連鎖業務及技術合作契約；日航（Nikko）、老爺酒店，於1984年簽訂連鎖合作契約；君悅（Hyatt）與麗晶（Regent，1993年初更名為晶華酒店）於1991年成立。台北亞都大飯店於1983年成為「世界卓越旅館」（Leading Hotels of the World）訂房系統的一員。1992年開幕的台北西華大飯店也成為Preferred Hotels 訂房系統的一員，這些訂房系統旗下所擁有的旅館在世界均具有很高的知名度，尤其「世界卓越旅館」更是

舉世聞名。另外，凱撒大飯店1997年亦成為威斯丁渡假連鎖旅館（Westin Hotel & Rosorts）之一員。這些國際連鎖的旅館，由於引進歐美旅館的管理技術與人才，因此除了促進台灣的旅館經營朝國際化的方向邁進，也造福本地的消費者。

　　外國品牌觀光飯店究竟有多大能耐？從國際觀光飯店密度最高的台北市來看，或許不難窺出一二。根據觀光局的統計數據顯示，2006年1至6月以走高級路線的涵碧樓之平均房價八千零七十六元高居首位，營業額最高的前兩名分別是台北君悅大飯店（原凱悅飯店，台幣十四億八千餘萬元）與晶華酒店（原麗晶飯店，台幣十二億二千餘萬元）。平均住房率最高的前兩名分別是美麗信花園酒店（91.64%）與台北老爺大酒店（83.22%），其中國際凱悅旅館集團、四季麗晶酒店集團等長期連鎖經營影響巨大（請見表8-11）。

表8-11　台北著名國際觀光與休閒旅館住房率排行

旅館名稱	住房數	住房率	平均房價	總營收
美麗信花園酒店	33,172	91.64%	2,188	149,547,806
台北老爺大酒店	30,426	83.22%	3,897	250,587,844
華泰王子大飯店	31,471	80.33%	3,136	179,953,470
國賓大飯店	61,158	78.95%	3,380	578,402,576
台北凱撒大飯店	55,959	78.20%	3,137	318,936,892
六福皇宮	40,015	76.76%	6,384	620,128,819
晶華酒店	74,437	76.40%	5,339	1,226,924,036
華國大飯店	39,336	75.46%	2,409	222,594,786
遠東國際大飯店	57,482	75.61%	6,348	884,922,150
兄弟大飯店	34,014	75.17%	2,806	363,279,591
台北皇冠大飯店	30,173	74.09%	3,197	144,794,238
西華大飯店	45,324	73.01%	5,194	469,007,496
台北寒舍喜來登	91,152	73.20%	4,737	1,129,083,487
福華大飯店	79,778	72.73%	3,931	787,767,000
亞都麗緻大飯店	27,259	72.06%	4,019	253,345,759

（續）表8-11　台北著名國際觀光與休閒旅館住房率排行

旅館名稱	住房數	住房率	平均房價	總營收
台北君悅大飯店	109,372	70.59%	6,524	1,488,494,652
圓山大飯店	59,673	67.84%	3,398	515,913,850
合　計	1,279,319	74.34%	3,775	11,335,963,616

資料來源：交通部觀光局。

　　另外國際大型連鎖飯店集團喜達屋，是目前主控全球知名休閒商務飯店、旅館市場的集團要角之一，旗下有七百三十八間飯店，分布世界各大洲，深獲國際商務旅客的喜愛。喜達屋擁有六個飯店品牌——Westin、Sheraton、St. Regis、Luxury Collection、Four Points、W-hotel。

　　喜達屋集團在台灣的飯店，目前有台北六福皇宮、桃園寰鼎大溪別館、台北寒舍喜來登，其中，六福皇宮、寰鼎大溪別館為強調最頂級商務、休閒飯店等級的Westin連鎖飯店，而台北寒舍喜來登則加入Sheraton。聯邦建設投資的台北中和福朋飯店，則是與四星實用商務等級的Four Points簽約，以商務住宿與宴會餐飲為經營主力。至於St. Regis、Luxury Collection品牌，也是屬於歷史悠久、口碑好的高級渡假飯店；最新品牌的 W-hotel，則是喜達屋瞄準X世代商務人士所設置的精品飯店，講求空間藝術美感、陳設品質、住宿嶄新經驗，第一家就開在飯店競爭最激烈的紐約，讓時尚人士趨之若鶩。

　　國際觀光飯店的外籍兵團相繼在近五年交出一張張漂亮的成績單，看在曾在市場引領風騷的國賓、福華與長榮飯店豈止情何以堪。國賓與福華飯店鎖定的頭號競爭者正是連續二年市場營業額排名一、二的君悅與晶華飯店。其中，國賓飯店斥資八億元完成客房及宴會廳改裝（平均每一客房花費一百五十萬元），以全新的硬體設施，以「古典新流行」的訴求，強調其老店新妝的內涵，加上與

華航、長榮航空公司的異業聯盟，爭取新舊客源青睞。而剛剛才與喜來登國際飯店集團完成續約的台北寒舍喜來登飯店，則將「寒舍」與「喜來登」兩品牌並列，建立起本土成功融合國際化的形象。

至於福華這個目前台灣最大的本土自創品牌連鎖飯店，則在高雄福華、墾丁福華及翡翠灣福華飯店相繼開幕後，與原有的台北福華、福華長春店與台中福華飯店串連，進而以集團連鎖的優勢，以及可互相交換分享的通路資源，全力開發國內的商務與休閒旅遊客源。而已斥資七億元全面改裝，並與洲際酒店（Inter Continental）簽約結盟的華國飯店，則計畫在引進經營管理及行銷推廣的技術與經驗後，以國際品牌形象挑戰亞都、西華、老爺與希爾頓等勁敵。

截至2001年6月爲止，台灣地區一共有二十七家國際觀光旅館加入連鎖系統，十七家分布於北台灣（台北、桃園、新竹）；三家於中台灣（台中、南投）；四家位於南台灣（高雄、屏東）；最後三家則是在東台灣（花蓮、台東）。台北爲台灣首善之區，各大企業總部大都也設於此地，國際化程度也高，商務、會議活動頻繁，再加上來台觀光人士又多以此爲主要的停留根據地，因此是台灣連鎖國際觀光旅館最集中之地區，共有十四家占全體的52%；次爲高雄市的三家；台中、新竹、花蓮各二家；桃園、南投、屏東、台東等只有一家（詳見表8-12）。

綜觀台北地區的國際觀光旅館幾乎每一家都是加入國際連鎖系統，以期能獲得全球最新的經營觀念與技術，掌握國際情勢變化，以便能及時調整經營策略；透過聯合訂房與國際行銷之手法提升經營績效。

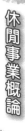

表8-12 國內主要連鎖飯店一覽表

旅館名稱	投資公司 (股) 公司	連鎖系統	連鎖型態	成立時間	所在地
台北希爾頓大飯店	國裕開發	Hilton	管理契約	1973	台北市
台北凱悅大飯店	豐隆開發	Hyatt	管理契約	1990	台北市
來來喜來登大飯店	鴻禧酒店	Sheraton	特許加盟	1981	台北市
台北老爺大酒店	老爺大酒店	老爺大酒店、日航	直營連鎖、管理契約	1984	台北市
新竹老爺大酒店	老爺大酒店	老爺大酒店	直營連鎖	1999	新竹市
知本老爺大酒店	知本老爺大酒店	老爺大酒店	直營連鎖	1992	台東縣
台北華國洲際大飯店	華國大飯店	Inter-continental	特許加盟	1967	台北市
台北國賓大飯店	國賓大飯店	國賓大飯店、SRS	直營連鎖、業務聯繫	1964	台北市
新竹國賓大飯店	國賓大飯店	國賓大飯店	直營連鎖	2001	新竹市
高雄國賓大飯店	國賓大飯店	國賓大飯店	直營連鎖	1981	高雄市
亞都麗緻大飯店	亞都麗緻大飯店	麗緻管理顧問公司、The Leading Hotels of the World	管理契約、會員連鎖	1979	台北市
陽明山中國麗緻大飯店	大信觀光企業	麗緻管理顧問公司	管理契約	1967	台北市
西華大飯店	西華大飯店	The Leading Hotels of the World、Preferred Hotels	會員連鎖	1990	台北市
六福皇宮	六福開發 (股) 南京分公司	香格里拉	管理契約	1999	台北市
寶鼎大溪別館	鴻禧育樂	The Westin Hotels & Resorts	管理契約	1993	桃園縣
力霸皇冠大飯店	中國力霸	Crown Plaza Hotels	特許加盟	1985	台北市
遠東國際大飯店	鼎鼎大飯店	The Westin Hotels & Resorts	管理契約	1994	台北市
台北福華大飯店	福華大飯店	福華大飯店	直營連鎖、業務聯繫	1984	台北市
台中福華大飯店	福順	福華大飯店	直營連鎖	1995	台中市
高雄福華大飯店	福華企業	福華大飯店	直營連鎖	1996	高雄市
墾丁福華大飯店	耕頂興業	福華大飯店	直營連鎖	1997	屏東縣
台北晶華酒店	晶華國際酒店	晶華酒店	直營連鎖	1990	台北市
台中晶典大酒店	中港晶華	晶華酒店	直營連鎖	1998	台中市
高雄晶典大酒店	青雲晶華	晶華酒店	直營連鎖	1999	高雄市
天祥晶華渡假酒店	天祥晶華飯店	晶華酒店	直營連鎖	1996	花蓮縣
日月潭中信大飯店	中美企業	中信飯店	直營連鎖	1969	南投縣
花蓮中信大飯店	中信觀光開發	中信飯店	直營連鎖	1982	花蓮市

資料來源：陳炳欽，2002，《台灣地區連鎖國際觀光旅館經營效率之研究》。

五、連鎖旅館經營之國外一例

以紐西蘭爲例，國際型與本土型連鎖旅館琳瑯滿目，包括有：

1. 紐西蘭汽車旅館協會（MANE）。
2. 紐西蘭渡假旅館協會（HAPNZ）。
3. 紐西蘭旅館協會（HANZ）。
4. 紐西蘭最佳西式旅館〔或稱貝威連鎖旅館（Best Western）〕。
5. 黃金連鎖旅館（Golden Chain）。
6. 太平洋渡假村與客棧（PACIFICA）。
7. AA連鎖旅館（AA Host）。
8. 旗標國際連鎖旅館（FLAG）。
9. 最佳民宿連鎖（Mainstay）。
10. 格列弗連鎖旅館（Gullivers）。
11. 前十名渡假旅館（Top 10 Holiday Parks）。
12. 奇異汽車營地（Kiwi Camps）。

圖8-4為其不同的標章,你可以分辨出來不同的連鎖體系嗎?

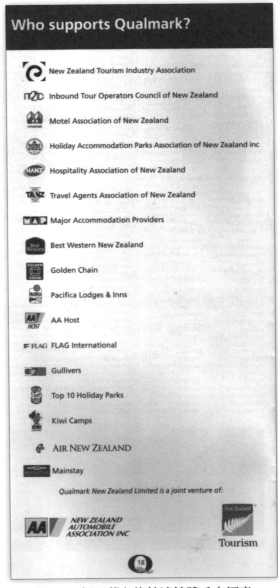

圖8-4 紐西蘭各旅館連鎖體系之標章

資料來源:紐西蘭旅遊局。

Go Go Play 休閒家

五星級飯店中的五星級

　　為了迎合不同族群的客層需要，旅館飯店內的客房與套房分有許多種不同的等級與報價。除了不同坪數空間、裝潢陳設的房間會有不同的價位外，服務人員的多寡，更是重要指標。而五星級飯店中的「貴賓樓層」或「商務樓層」中的房間，正是旅館飯店中視野最佳、設施配備最齊全、服務最完善，同時房價也是最高的房間。

不必排隊辦手續　專人服務好禮遇

　　下榻貴賓樓層的客人，不必在一樓大廳排隊等著check in，可以直接上到樓層坐下來，一邊啜飲迎賓飲料，一邊等待服務人員辦好一切手續。有些飯店甚至還備有專用電梯，同時，客人一抵達飯店，連手續都已辦妥，可直接進房。

　　多數飯店的貴賓樓層規劃有交誼廳與商務中心。交誼廳中備有茶點、飲料，以及各種語文的書報雜誌，客人任何時間均可在此免費享用，同時，每天下午並可在此享用下午茶或happy hour。

獨立用餐空間　房間設備齊全

　　另外，規模更大的飯店會在貴賓樓層中規劃餐廳和會議室，連用餐都會與一般客人分開，客人若需要開會或洽商、會客，則可以免費或以折扣享用相關設施，商務中心的秘書則會替客人打點好相關事宜。貴賓樓層中的房間設施齊全，大概一般想得到的商務設備房間內一應俱全。近年來多數旅

219

館並紛紛在房內加設個人專用視聽娛樂系統或電動玩具，以及網路專線與電腦，有些飯店甚至在房內裝傳真機與迷你影印機哩！

樓層特別命名　高品味高價格

為了凸顯不凡的品味，有些飯店會為貴賓樓層另外命名，同時，各飯店規劃的貴賓樓層所在位置也不一樣，有些飯店甚至將各樓層位置最好，視野最佳的房間一律以商務套房名之。

「飯店中的飯店」除了硬體設施與一般房間不太一樣外，客人因為付錢多，享受的服務內容也高人一等。

一般而言，客人若住在一般客房，許多服務必須另外付費，但下榻貴賓樓層中的房間，幾乎所有服務都包了，有些房價並將早餐也算在內了。

就以國人平常旅遊渡假住飯店時想不到的服務為例，貴賓樓層房間提供的服務包括了：免費洗燙衣物、擦鞋、每天中英文早晚報紙、睡前小點心、免費市內電話、無限次使用三溫暖（有些旅館要另外收費）、快速訂房與退房、延遲到下午三點退房等。國內有些國際級的觀光大飯店，甚至提供客人購物折扣券和市區的交通接送服務。

值得國人進一步瞭解的是，通常只有位在城市的觀光飯店或以商旅客人為訴求的商務型飯店，才會規劃有貴賓樓層，而休閒渡假式旅館則就少有類似規劃。

	飯店	商務樓層名稱及位置	客人享受及主要服務特色	房價
台北	君悅	嘉賓軒（20-23樓）	1.快速住房、退房。 2.設有交誼廳 3.房內2條電話專線 4.4間會議室 5.專屬人員服務	9,500起
	寒舍喜來登	SPG樓層（11、12、15樓）	1.優先訂房、下午3點半至5點下午茶 2.交誼廳 3.每房間設有私人保險箱	6,800起
	台北凱撒	大亨樓（8、9、10樓）	1.設有休閒廳 2.房間特大可在房內開會 3.快速訂房、退房 4.單獨Check-in	8,300起
	台北福華	尊爵客房（分散在各樓）	1.設有專屬交誼廳 2.住房含早餐 3.免費下午茶 4.商務服務折扣	7,900起
	台北國賓	貴賓樓（10、11樓）	1.含早餐 2.設有VIP交誼廳 3.每星期二、五有Happy Hour 4.免費洗燙衣服服務	6,700起
	皇冠	皇冠貴賓樓（15樓）	1.快速訂房、退房 2.含早餐 3.房內設有傳真及網路 4.刷卡專屬電梯、退房可延至下午3點 5.下午6至8點免費雞尾酒及點心 6.免費使用商務中心	8,000起
台中	華國洲際	貴賓樓	1.貴賓室交誼廳、歐陸式早餐 2.全天候茶飲及夜間雞尾酒	4,900起
	長榮桂冠	貴賓樓（12-13樓）	1.16樓設有貴賓俱樂部（設有餐廳、酒吧、會議室） 2.房間大、並附有綠豆枕 3.免費使用所有設施	5,900起

	飯店	商務樓層名稱及位置	客人享受及主要服務特色	房價
台中	通豪	商務樓層 （18-21樓）	1.專業人員專屬服務 2.提供個人電腦、打字機、口述錄音機服務	5,000起
	福華	尊爵客房 （分散各樓）	同台北	5,200起
高雄	漢來	貴賓軒 （40樓）	1.自助早餐、快速訂房、退房 2.專屬check-in服務 3.專屬秘書服務 4.定時機場巴士接送 5.送百貨購物折扣券	即日起訂房6折
	福華	尊爵樓層 （27-29樓）	1.免費使用會議室1小時其他商務服務折扣優惠 2.29樓設有專屬接待中心 3.高樓酒吧Happy Hour	3,000起
	晶典	晶典商務樓層 （65-69樓）	1.專屬櫃台及接待人員 2.樓高視野好房間大 3.免費歐陸早餐、飲料 4.每天下午茶及點心招待 5.每天晚餐及餐前點心及雞尾酒招待	

資料來源：取材自《中國時報》，1999年6月15日，第40版，經修改過。

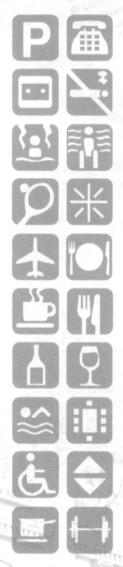

第 **9** 章

休閒觀光旅館的設施與庭園設計

- 休閒觀光旅館的設施
- 休閒觀光旅館的空間設計理念
- 休閒觀光旅館之庭園設計原則

第一節　休閒觀光旅館的設施

　　渡假休閒旅館除客房及餐飲部門之外，必須具備多項室內及戶外設施（**圖9-1**），因此，其組織系統與都會型旅館有所不同。茲將主要休閒渡假旅館設施（typical recreational facilities of resort hotel）及其組織表列述如下：

一、室內設施

　　1.游泳池（swimming pool）。

　　2.淺（戲）水池（wading pool）。

　　3.按摩池（whirlpool, jacuzzi）。

　　4.體適能教室（exercise room）。

　　5.三溫暖（locker rooms, sauna）。

　　6.兒童遊戲室（game room）。

　　7.乒乓球室（ping-pong, billiards）。

　　8.回力球場（racquetball, squash）。

　　9.室內網球場（tennis）。

　　10.慢跑跑道（jogging track）。

　　11.健身房（mini-gym）。

　　12.多用途球場（multi-use sports court, includes volleyball, badminton）。

　　13.有氧舞蹈教室（aerobic exercise classroom）。

二、戶外設施

1.游泳池（swimming pool）。

2.按摩池（whirlpool, jacuzzi）。

3.淺（戲）水池（wading pool）。

4.網球場（tennis）。

5.排球、羽球場（volleyball, badminton）。

6.飛盤場（shuffleboard）。

7.籃球場（basketball）。

8.手球場（handball）。

9.慢跑跑道（jogging, par track）。

10.小型高爾夫球場（miniature golf）。

11.推桿果嶺（putting green）。

12.高爾夫球練習場（golf course）。

13.海灘活動（beach swimming）。

14.帆船（sail boating）。

15.機動帆船（motor boating, marina）。

16.衝浪板（windsurfing, surfboard）。

17.滑水（water skiing, parasailing）。

18.潛水、浮潛（scuba diving, snorkel trails）。

19.釣魚（fishing）。

20.觀光遊艇（sightseeing tour boats and glass-bottomed boats）。

21.滑雪場（snow skiing）。

22.自行車道（riding stable）。

23.滑冰場（ice-skating rink）。

24.散步道（marina）。

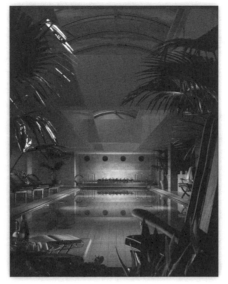

圖9-1　好的休閒旅館必須具備高品質的休閒設施

資料來源：六福皇宮大飯店。

第二節　休閒觀光旅館的空間設計理念

一、主要設施設計準則

1.地點的選擇：

(1)地點以設置在平緩之地形上為宜，以減少施工上的困難。
盡量避免大量的整地及土方的開挖。避免土質容易塌陷的
地區。

(2)與主幹道及停車場間距離不宜過遠，車道易於辨認與行
駛。

(3)地點要顯著。

(4)採光足、通風好、排水佳。

2.方位、朝向：

(1)旅館主體建築的方向應朝向觀景線上，可眺望優美的景致。

(2)旅館建築所包被的空間腹地應大，可設計為庭園主景區。

3.旅館建築體積避免過於龐大，造型太過突出，而與周圍景觀產生不協調。

4.旅館建築並無規定一定要是低層建築，須視基地所在地點自然度高低及能否與周圍景觀相調和而定。

5.造型、材料、顏色：

(1)應考慮到與環境的配合。造型材料的選擇與所在地點的自然度有相當大的關係，自然度愈高，則造型及材料的選擇更應注意到與大自然環境的和諧度及天然材料的運用程度。

(2)材料選擇

‧在山林地區，可以選用材質，如木頭、石材等。

‧在海邊地區，各種自然石材、人工石材、紅磚、白粉牆等皆可選用。

(3)顏色選擇

‧顏色的選擇亦應以與環境色調相和諧為主。

‧在山林地區或樹木較多的地方，以深綠、冷灰、咖啡色等為主要色調，與環境較和諧。

‧在海邊地區或岩石地區則應與主要環境色調相和諧。如白色系擁有愛琴海格調；木質色系則可展現南洋或南大西洋格調。

二、停車場設計準則

1. 地點的選擇，入口區與停車場間距離不應太長，以利旅客進出。注意指標的設計應醒目易懂，具人性化等原則。
2. 停車場是一項相當人工化的設施，易與景觀造成不協調。鋪面多為瀝青混凝土，經濟、耐用；但面積過大或位於自然度較高區，則可使用植草磚，以增加綠化面積，減少人工化之感受。植栽考慮遮蔭性及四周環境植物之配合。
3. 停車場位置的選定主要考慮，坡度平坦、排水良好。位置的決定應與入口處、旅館建築及交通動線相互配合（如室內停車場宜直通大廳），便利旅客車輛進出。
4. 依提供住宿量的多寡換算停車量需求，再求出停車空間需求。
5. 動線的安排以環狀系統最佳，出入口宜分道，以便利住客尋找停車位。

三、入口區部分設計準則

1. 位置須具有顯著性，動線宜清楚，車道空間宜足夠，以利旅客及車輛的進出。
2. 鋪面主要採用經濟、耐用之柏油路面。若經費足夠，可選用質感較好、色澤較佳的材質。
3. 應有植栽美化單調鋪面；引導行車視線。
4. 與停車場距離不宜太遠，以免旅客進出不便。

四、動態活動區設計準則

1. 視旅客特性的不同，導入不同的活動項目，視個案而定。但由眾多範例中可得知游泳池、網球場與迷你高爾夫球場是最普遍、大眾化的運動。
2. 游泳池在造型、相關位置應與附近設施物相配合，且須注意到安全性。
3. 網球場獨立性較高與其他設施相容性較低，可獨立一區，或予以相當的區隔。

五、靜態休憩區設計準則

1. 為因應渡假旅客心理需求，最能表現渡假旅館特性的地方，滿足渡假旅客接近大自然的慾望，藉著水、石、花、木的巧妙安排，塑造吸引人的「觀光意象」（tourist image），使人身心得到最大的紓解（圖9-2、圖9-3）。
2. 其主要設施物不外乎假山、水景、亭、台、散步道、雕塑等飾景設施。
3. 植栽設計應注重季相的變化及色彩、層次的安排，以提升庭園的豐富性。

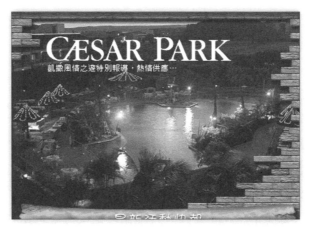

圖9-2 良好的庭園造景與休閒設施相輔相成

資料來源：凱撒大飯店。

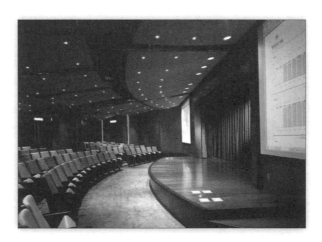

圖9-3 會議休閒的套裝行程成為渡假旅館的重要訴求

資料來源：六福皇宮大飯店。

Go Go Play 休閒家

天時加地利的現代溫泉鄉

誰說不景氣時代，一定百業蕭條。至少在它們身上，看不見一丁點不景氣的陰影。溫泉旅館在台灣近十年可謂蓬勃發展。其中典型代表業者如：春天酒店自1999年前由三德電子接手以來，業績可說是節節上升。1999年營業額二億九千萬元，2000年達三億二千六百萬元，2001年第一季住房率超過九成，業績預估是三億八千萬元，2002年二期工程完工後，更可能達四億六千萬元。

天籟溫泉會館也刷新營業紀錄。1999年業績一億五千萬元，2000年達二億五千萬元。2001年年度目標是賺五千萬元，第一季就達成全年度目標超過50%。

這兩家休閒渡假旅館的成功，可以說是地利，加上天時的配合。地利是指它們都鄰近台北，周遭有超過九百萬消費人口，可以在一、兩個小時車程內到達。天時，是週休二日的全面實施，增加了許多渡假人口。然而更重要的是，它們也都同時抓對了整個休閒需求的趨勢。首先是強調與健康結合，因為泡湯，一般認為具有保健、醫療的功能。

其次，它們都符合企業界進入娛樂經濟時代，喜歡到大自然或是休閒的氣氛中召開會議的要求。沉浸在大自然中開會，目前被認為更可以刺激創意。

離台北中心約一個多小時車程的天籟溫泉會館，坐落在陽明山國家公園的隔壁，一眼望去是陽明山清秀的山景，可以容納五百多人開會。目前平均每天在那裡召開的會議，大

大小小有三場。而較缺會議地點的春天酒店，現正施工中的二期計畫內容，就不是以增加客房為主，而是要增加會議場所。

第三，它們都同時滿足貴族與平民化的需求。在天籟或春天住宿一晚，定價極為昂貴，從五、六千塊到二萬多塊不等。常客因此都是政商名流、影視紅星。

例如，聯電董事長曹興誠是春天酒店的會員，前行政院長張俊雄也常去春天泡溫泉。至於天籟的常客，包括陳文茜在那裡買了一幢別墅，是天籟的住宿會員，立法委員施明德等曾經去渡假過。

但是，除了提供金字塔頂尖的客戶外，它們同時都提供了大眾化的泡湯需求。

天籟跟春天，陸續增設十多個戶外泡湯池，每人收費六百到八百元之間，就可以享受早期北投人所說的「浸礦水」的樂趣。這些被取名為「露天風呂」或「親子風呂」等日本味十足的戶外池，強調與附近山景結合，一邊泡湯，一邊欣賞風景，極受大眾喜歡。例如天籟露天風呂雖然收費便宜，卻占天籟24%的營業額。

最後，跟傳統收費一百元的家庭式小型泡湯服務不同的是，春天是五星級的渡假旅館，天籟在二期完工後，也將正式申請為五星級，因此兩家的服務都以精緻出名，裝潢也很高級。符合現代人願意多花一點錢買價值的需求。

春天以及天籟的成功，見證了精緻的休閒產業在台灣發展的潛力，也說明了儘管不景氣，只要抓對趨勢、抓對產業、管理得法，最傳統的產業也可以有最光明的未來。

資料來源：取材自《天下雜誌》，2001年5月，頁85-86。

第三節　休閒觀光旅館之庭園設計原則

本節將就前一節所述，根據消費者心理所擬之渡假旅館及其庭園特性、選址時所應注意之環境條件，再參考渡假旅館庭園實例所分析、評估之結果，進一步擬定渡假旅館之庭園設計原則。探討項目包括：(1)庭園所占比例之建議；(2)整體規劃設計原則；(3)不同區位間之相關性。分述如下：

一、庭園所占比例之建議

1. 欲成為一完善的渡假觀光旅館，土地的取得及使用是相當重要的。*Hotel Planning and Design*一書中提到：一家五百個房間的中型濱海渡假旅館需要約4公頃的土地，包括游泳池、景觀及停車場（swimming pool, landscaping, parking）。但若為渡假中心（村），則需要更大的土地用於高爾夫球場、網球場及其他休閒設施上。例如：一座十個網球場地的網球中心，另外需要約1.2公頃的土地，一個十八洞的高爾夫球場，大概需要45至65公頃的土地。上述數據有助於規劃渡假旅館的參考。

2. **表9-1**中由夏威夷十一家旅館所得到的數據資料做整理及簡單的統計分析顯示：現代化渡假旅館，庭園部分（不含停車場、網球場）平均約占51%，建築物體部分平均占23%，停車場及主要道路約占22%，網球場部分約占4%。其中均不包括包被於其周圍兼具借景及運動、休閒多項功能的高爾夫球場，若將之再納入庭園的部分則比例更高。

表9-1　Kaanapali Resort, Maui Hawaii所屬之十一家度假旅館庭園及其他主要設施比例概算表

名　稱	庭園比例	建築物比例	停車場及道路	網球場
Hyatt Regency Maui	48%	21%	26%	5%
Maui Marriott	41%	19%	35%	5%
Kaanapali Alii	63%	14%	18%	5%
Westin Maui	58%	19%	20%	2%
The Whaler	61%	14%	18%	8%
Kaanapali Beach Hotel	52%	24%	24%	-
Sheraton Maui	54%	28%	16%	2%
Royal Lahaina	45%	27%	23%	5%
Maui Kaanapali Villas	52%	26%	20%	2%
Maui Eldorado	47%	47%	6%	-
Kaanapali Royal	45%	20%	33%	2%
平　均	51%	23%	22%	4%

資料來源：由夏威夷觀光地圖（1990年出版）概算其比例，僅供參考。

　　另外表9-2就國內與中國大陸較具代表且有資料可考的旅館做分析，所得的結果為：庭園部分平均占總面積之45%，建築物部分占31%。

　　雖然渡假旅館庭園到底應占多少比例才合乎標準，其所牽涉到的變數相當多，包括周圍環境、戶外活動項目及造園的手法，都是影響的重要因素，故有其彈性空間存在。只是我們可建議，一個渡假旅館其庭園綠化空間在45%至50%應是較合乎當今現代化水準的。若為渡假村，則比例應更大，若低於25%則嫌不足。

二、整體規劃設計原則

1.旅館建築主要是提供旅客室內生活空間，旅館的庭園是旅客的主要戶外生活空間，設計應力求兩者和諧，互相襯托，創

表9-2　中國大陸及國內數家知名度假旅館庭園及其他主要設施概算表

名稱	總面積(m²)	庭園部分 面積(m²)	庭園部分 所占百分比	建築物部分 面積(m²)	建築物部分 所占百分比	戶外活動項目	面積(m²)	所占百分比	房間數 間	人數 人	停車場道路	停車場道路
北京香山大飯店	28,000	17,000	61%	11,000	39%	游泳池(含於建築面積內)	-	-	292	500	-	-
深圳東湖賓館	30,000	11,400	38%	6,500	22%	游泳池 網球場 兒童遊樂場	5,600	19%	-	-	-	-
廣州白天鵝賓館	24,000	6,000	25%	15,500	65%	游泳池(含於建築面積內)	-	-	-	-	-	-
墾丁凱撒大飯店	28,000	12,500	45%	6,700	24%	游泳池 網球場 高爾夫球場	3,500	12%	-	-	4,600	16%
武陵賓館	5,600	2,500	45%	1,400	25%	-	-	-	54	185	1,700	30%
興農山莊	165,00	9,700	59%	1,800	11%	游泳池 網球場 回力球場	5,000	30%	106	338	-	-

資料來源：施芸芳，1994，《渡假旅館庭園設計之研究》。

造出一個寧靜幽雅、居住舒適的環境。故亦應考慮到旅館建築量體大小，造型、材料及顏色與環境的關係。

2.旅館庭園應盡可能創造一「觀光意象」（tourist image），賦予渡假旅館一個風格，令人留下難忘的印象。其方法有：善用基地特殊資源及特性，盡可能使用具地方色彩材料及技術（如南台灣的板岩、中台灣的竹林），反映周遭環境及氣候特色。

3.考慮旅客的使用機能，由經營對象的特性（如對象的設定、旅遊方式、嗜好等）分析，導入適當的活動，豐富其住宿體驗。

4.活動空間的分配須恰當，動、靜活動須區隔清楚，避免不同活動間互相干擾。

5.植栽設計強調層次、色彩及季相變化的庭園環境及景觀效果。

6.充分發揮中國造園傳統的因借手法，借景於周圍湖光山色，以擴大空間效果。

三、不同區位間之相關性

由數個渡假旅館的區位安排，概略可得以下之共同特色：

1.若該渡假旅館庭園為海濱型渡假旅館或避暑型渡假中心，則主庭園以動態活動為主導，游泳池常成為主體活動設施，通常位於庭園的心臟位置，整個庭園氣氛較活潑，以提供戶外活動為主，如溪頭米堤大飯店、新加坡太平洋渡假村、墾丁天鵝湖渡假村。

2.若該渡假旅館屬於觀光勝地之渡假旅館庭園，則庭園以靜態景觀為主，游泳池便退居次要地位，且與觀景區應有適度的區隔，以免互相影響，如墾丁凱撒大飯店、知本老爺大飯店即如此，該類型庭園通常較幽靜，以提供賞景為主。

3.至於網球場的定位，由於基地外形及活動內容與其他設施物較不相容，常位於較獨立或偏僻的位置。如茂那雷尼灣大飯店、馬利歐特斯、歐蘭多世界中心、深圳東湖賓館皆如此。若戶外空間不足或無法將之區隔者，亦應有適度的過渡空間，如凱撒大飯店。

4.通常建築物所包出之空間為庭園主景區，是庭園心臟地帶。與入口區以建築物阻隔，避免閒雜人入內，如墾丁福華、凱

撒大飯店。

5.入口區與停車場間距離不應太長，以免不利旅客進出，如深
圳東湖賓館，但亦不能入口區即停車場，降低入口區的顯著
性及美觀，如墾丁福華大飯店、武陵國民賓館。

Go Go Play 休閒家

科技菁英最熱愛的休閒飯店

休閒飯店土地成本遠低於都會商務旅館，因此現在的休
閒飯店，多半結合了商務會議的功能，像花蓮美侖等多家飯
店，以「商務休閒飯店」自我定位；大溪鴻禧也明顯結合商
務及休閒的功能，在商務飯店及休閒飯店排名中皆有入榜。

科技菁英選擇休閒飯店的考量點，第一為周邊景點
（85.9%）。台灣科技菁英似乎樂水多於樂山。他們在選擇
休閒去處時，最喜歡到海邊，其次為泡溫泉，再者為上山踏
青。

所以入榜的休閒飯店擁有的景點，墾丁凱撒、墾丁福
華、翡翠灣福華以海洋景致著名；知本老爺、北投春天、陽
明山天籟因地近溫泉而興起；天祥晶華、溪頭米堤、花蓮美
侖則以蒼翠的山間景致受到歡迎。

科技菁英選擇休閒飯店時，有68.3%會將休閒娛樂設備納
入考量。科技菁英最常透過什麼方式訂飯店？答案是，秘書
代訂（25%）居多，這也是為什麼大部分的飯店，都會定期
舉辦「秘書之夜」，拉攏各公司負責訂房的秘書。

　　另外，旅遊網站介紹、親朋好友推薦，都可能影響科技菁英選擇飯店，尤其是口耳相傳的效果。「一個不滿意的顧客，可能會拉走二百五十七個潛在客戶」。口碑行銷是休閒渡假旅館要著重的行銷手法。

台灣科技菁英印象最好的休閒飯店前十名

排名	飯店名稱	得分
1	墾丁凱撒	150
2	墾丁福華	99
2	知本老爺	99
4	北投春天	57
5	天祥晶華	55
6	陽明山天籟	42
7	溪頭米堤	39
8	花蓮美侖	35
9	大溪鴻禧	13
10	翡翠灣福華	12

台灣科技菁英最常消費的休閒飯店前十名

排名	飯店名稱	得分
1	墾丁凱撒	143
2	知本老爺	102
3	墾丁福華	99
4	北投春天	46
5	天祥晶華	40
5	溪頭米堤	40
7	陽明山天籟	33
8	花蓮美侖	29
9	翡翠灣福華	14
10	花蓮中信	10

資料來源：取材自《遠見雜誌》，2001年5月，頁274-276。

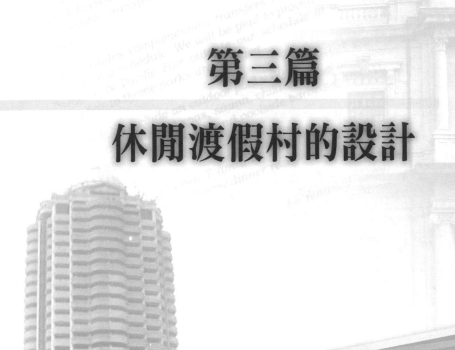

第三篇
休閒渡假村的設計

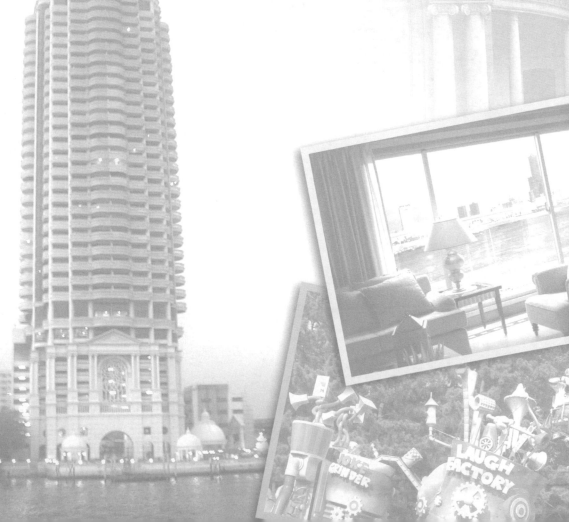

第 **10** 章

休閒渡假村的緣起與特性

- 休閒渡假村的發展背景
- 休閒渡假村的本質
- 休閒渡假村群落設計

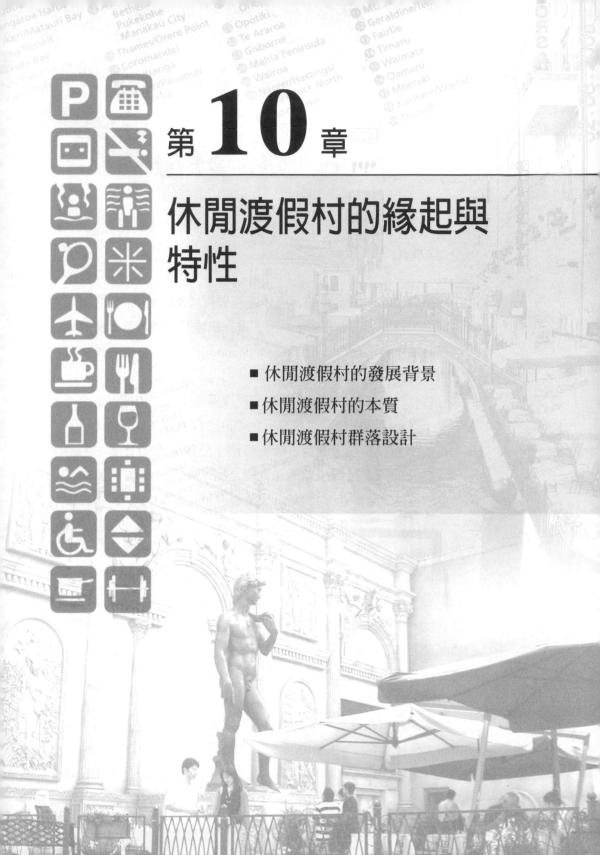

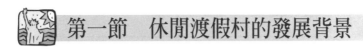

第一節　休閒渡假村的發展背景

一、發展沿革

　　根據歷史的記載，人們對於休閒渡假村（resort）開發的需求自古即然，只不過在十九世紀以前，旅行和休閒娛樂通常是有錢人才能享有，所有的渡假別墅（resort condominiums）都是專爲上流社會特別設計的。

　　在古代，有錢的羅馬人喜好在靠近海邊或幽靜的山裡，建造鄉村別墅，以避開羅馬炎夏的熱浪。例如位於台伯河（Tiber River）出海口的奧斯提山莊，就是古羅馬時期十分受歡迎的奢華渡假勝地，從西元前四世紀到西元第三世紀之間，始終風靡著羅馬的上流社會。另外，建於西元124年、位於提弗里（Tivoli）的哈德良山莊，更將花園、劇院和占地廣闊的豪華浴池等附屬設施，精巧地設在渡假山莊內，爲當時奢華的代表作。

　　此後幾個世紀，歐洲皇室的夏日宮殿一直就是貴族們的季節性渡假中心，在提供田園式休閒享受的同時，仍不失現代社會所強調的便利性。在法國、德國、英國、西班牙和俄羅斯等國，金碧輝煌的樓閣星羅棋布在鄉野間，這些樓閣內盡是專爲豪門貴族設計的各種鄉土娛樂節目，讓他們享受如同家中一般舒適與便利，又不失宮廷的典雅氣息。

　　法國的凡爾賽宮是集這類浮誇的鄉村大宅院之極致，其占地範圍遼闊，有紀念性建築和相當考究的大花園。1700年代，法王路易十六（Louis XVI）爲愛妃瑪麗安東尼（Marie Antonitte），在凡爾

賽宮內所建的庭園別墅，名曰沛蒂緹雅諾（Petit Trianon）。據歷史記載，在這個大宅院裡，她常幻想自己是穿著春味的絲綢衣服、悠遊自在的牧羊女或擠奶婦。

　　休閒別墅和富麗堂皇的休閒渡假旅館，在當時都是應上流社會旅遊需求而產生的。素享盛名的溫泉勝地，如瑞士的魯西納湖（Lucerne）、法義之間的河境（Riviera）避寒地，德國的巴登巴登（Baden-Baden）健身中心，以及講究休閒文化的英國貝斯（Bath）地區等。西班牙的SPA小鎮更是傳說中的SPA發源地。

　　這些貴族獨享的鄉村式生活型態，還隨著季節配合貴族的要求而改變。當他們想要將牛羊群趕到地勢較高的牧場時，他們就需要居住在渡假山莊；而如果是想享受釣魚的樂趣，則需要居住在海邊望海的渡假小屋。雖然這種田園生活，算不上是當時真正的主流休閒活動，但在不同的別墅渡假，卻可以為他們帶來截然不同於日常生活的情趣，暫時脫離一成不變的生活型態，這種解脫的快感對當時的窮人家而言，永遠如天際漂亮繁星，無福享受。

二、近代渡假村的發展

　　許多殖民時代的美國貴族，仍舊獨占著鄉村別墅或大型農園以及城市裡的豪華宅第渡假。到了十九世紀中葉時，大眾化價位的渡假村已在濱海地區、山林裡蓬勃發展。如1800年代的紐澤西出現美國最早期的渡假村，有許多一般的休閒渡假客聚集在那兒，他們最初是乘汽船，後來由於鐵路的興建，則改搭火車，可以迅速直接地到達遊憩地點。可謂是近代渡假村的雛形。

　　平等是美國人的立國基本精神，即使不同貧富或職業階層的人，經濟狀況雖有不同，但他們追求休閒娛樂的取向卻無明顯的差異。在1880年代，大部分的休閒渡假區的開發都是同時針對富人和

窮人而設計的。當時由於交通工具日新月異，更使得一般人可以輕鬆地到達新的休閒渡假區。一開始，都市中的電車公司在電車鐵路的終點站建造公園，鼓勵市民在週末時乘坐該公司的電車到公園渡假。這些電車公園不斷延伸那些廣受大眾喜愛的野餐森林，假以時日，逐漸成為後來的休閒公園。

譬如紐約長島的康妮島（Coney Island）的大眾化海岸遊樂場，即是典型的美國休閒娛樂型公園，它在1860年至1890年之間陸續開發完成，公園內的設施有大型的渡假村、啤酒屋、浴池、舞廳、騎馬場和遊戲場所等等，吸引了成千上萬的紐約市民前往。就像其他很多遊憩開發事業一樣，康妮島上極富異國情調的瑪格莉特旅館（Margate Hotel），建於1881年，外形酷似一隻大象的模樣，建造的原始動機是，藉此繁榮附近地區的房地產市場。事實證明，康妮島的開發，已成功帶動了其他類似的娛樂公園之開發，影響所及橫跨整個美國大陸。

工人階級常造訪的季節性渡假村，往往附設宗教或文化中心。這類渡假村通常都是極為樸素的小型木屋或茅舍，密密麻麻地建在臨海地區或湖泊的四周，甚少有娛樂設施。麻州奧克布拉夫（Oak Bluffs）的基督教浸信會（Baptist）野外聚會所，就是這類渡假小屋的典型代表。

另外，回顧本世紀專為有錢人設計的避暑山莊，精緻而豐富，足可媲美歐洲先民過去所講究的。如新港（Newport）、羅德島（Rhode Island）、長島（Long Island），以及佛羅里達州海岸避寒的勝地棕櫚灘，皆是以季節性渡假功能著稱。

關於富豪人士的渡假地點，1880年代曾掀起一陣奢華渡假村開發浪潮，聖奧格斯丁（St. Augustine）的潘西迪林村（Pance de Leen）是當時最奢侈昂貴的渡假村，它使得佛羅里達州成為美國的重要休閒渡假據點，並帶動了火車旅行的風潮。另外像聖地牙哥市

内的科羅拉多村（Del Coronado），原是為促進不動產投資而興建的，它揉合了西班牙和瑞士風格、氣派浮華而誇張，沒想到若干年後這座渡假村獨特的魅力仍然不減當年，現在周圍雖然已發展成現代都市，但它仍然保持原樣，在反璞歸真的潮流下，遠近馳名，深獲現代渡假人士的青睞。

Go Go Play 休閒家

到紐西蘭渡假別墅體驗生命的原味！

曾因沾英國女皇王伊莉莎白二世（Elizabeth Ⅱ）下榻之光，而將名聲打得震天價響的「胡卡山莊」（Huka Lodge），掀起了紐西蘭住宿頂級莊園的風潮。"lodge"一詞，原本是流行於歐陸地區，為了釣魚及打獵所興建的小木屋，但流傳到了紐西蘭，變成了一種獨樹一幟的住宿型態，並以多樣面貌存在：有的氣派奢華，有的舒適溫馨，也有為了打獵目的與釣魚活動而建在河邊、湖邊、海灘上，甚至山林以及花園之中，它們的共通點就是都擁有一個令人摒息且無法取代的美景。

走訪過的每一座紐西蘭渡假別墅（Lodge），都帶給視覺上及心靈上的高度震撼，而在一座座美不勝收的渡假別墅中，最令人難忘的是擁有高度隱秘性、政商名流冠蓋雲集的「麋鹿山莊」（Moose Lodge）；此外，景色絕佳的「馬它卡利渡假別墅」（Matakauri Lodge）其落地窗外的湖光山色令人流連駐足，捨不得將目光移開。

說起「麋鹿山莊」（Moose Lodge）似乎頗受亞洲政商

名流的偏愛，下榻於此的名人計有新加坡前總理李光耀、前副總統夫人連方瑀女士、前省長宋楚瑜以及伊莉莎白女皇二世（Elizabeth Ⅱ）、查爾斯（Charles）王子和安妮（Annie）公主。占地100英畝的麋鹿山莊，只有二十間客房，另擁有碧草如茵、住客獨享的九個洞私人高爾夫球場；此外，亦可划著獨木舟遊湖，細品山光水色。住宿於紐西蘭高檔的渡假別墅時，勿錯過別墅內的晚宴。「麋鹿山莊」的主廚，是一位頗具藝術家風格的英國女主廚，她選取上等、新鮮的豐美食材，再加上清淡不膩的醬料，烹煮成最正點的五星級料理。

「麋鹿山莊」的經驗如此獨特，本想這應該就是紐西蘭渡假別墅的最佳體驗吧！在南島渡假勝地的皇后鎮瓦卡蒂普湖畔，讓我再度發現了另一座匠心獨具的渡假別墅——「馬它卡利渡假別墅」，房數僅有主幢建築的三間套房與三間獨幢別墅（villa），特別是別墅部分，簡直就是主人的神來之作。落地窗的房間面對絕美的瓦卡蒂普湖，湖上還映照四周群山的倒影，每當秋冬之際，皚皚白雪將山頂化為白頭，景色益加迷人。

從一進入「馬它卡利渡假別墅」，落地窗外的美景便深深吸引著客人的目光，尤其是房內還擁有面湖的落地窗大浴室。此外，還有一座獨幢的三溫暖室、健身房，與一大片森林，運氣好的人還可以看到可愛的果子狸呢！

「馬它卡而渡假別墅」的特色，在於強調百分之百的紐西蘭風格（Nothing but New Zealand）：濃濃的紐西蘭式木造建築，別墅內所提供的酒品、水果、佳餚，全部來自紐西蘭，就連店裡的員工、畫飾，也都是百分之百的紐西蘭籍，想體驗最純粹紐西蘭風味的旅者，這裡會帶給您最深切的感動！

資料來源：取材自《長榮航空雜誌》，2001年7月號。

第二節 休閒渡假村的本質

　　無論是諸葛孔明的「晴耕雨讀」的田園生活，或是竹林七賢的「放蕩不羈」的閒雲野鶴生活，都是許許多多現代都市人所嚮往的。離群索居雖不可能，但短暫脫離都會生活，享受片刻悠閒卻是許多人的夢想。其中最強烈的行為是嚮往戶外活動、親近大自然。

　　影響休閒活動需求的動機有很多，主要都與逃離與放鬆身心和改變日常生活模式有關。每個參與戶外活動者的觀念與理由雖各不相同，但是所採取的行動卻大同小異，無論是天性使然，或是出於征服自然的冒險精神，都是試圖走向戶外，尋找簡單樸實的生活方式，解除緊張的工作壓力。這種追求開放空間、接近難以駕馭的大自然，不論是華人的離群索居或歐美人民特有的「拓荒精神」（frontier spirit）皆然。拓荒精神對某些人而言，是對抗環境挑戰的一種積極態度，有些人則將欣賞與親近大自然環境視為一種拓荒精神（**圖10-1**）。

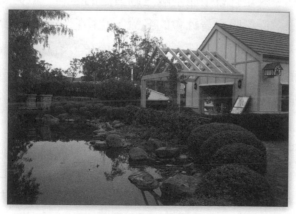

圖10-1　好山好水好休閒是渡假村的基本訴求
資料來源：作者拍攝。

　　雖然現代社會似乎都是由大都會和都市居民居於主導地位，支配著現代社會的運作方式。但它同時也面臨著生活環境擁擠、污染愈趨嚴重、犯罪率升高的社會問題。唯有在鄉間野外可以讓都市人暫時拋卻這些煩惱。根據觀察，不論中外皆然，近十年來生活哲學有一項重大的轉變：都會周邊地區逐漸出現一種「休閒住宅」或「渡假住宅」（vacation home），結合了都會與休閒生活的優點，使都市人趨之若鶩，更驗證了反璞歸真的潮流。也許，人們之所以投入休閒活動，最主要的目的就是尋求生活與工作壓力的解放，一種身心的完全解放：逃離工作及現代日常生活上的壓力和緊張，或者讓一成不變的刻板生活多一些變化。

　　此外，我們生存在高樓林立的辦公大樓內，缺乏足夠的運動，以及視覺和感官的刺激，對開放的空間、活潑生動的休閒活動和出外旅遊的需求程度，必然是逐步提高。

　　曾經只有極富有的少數人才能夠負擔的休閒活動，如今已經普及到一般大眾。然而某些活動還是保有較強烈的貴族意味。因此，為了提高社會地位，相對地，民眾參與休閒俱樂部的活動或造訪知名的渡假村之需求就提高了，也不無包括此一心態。以高爾夫球為例，雖然它已經是社會中產階級逐漸普遍的運動，但仍然不減昔日奢華的意象，深深吸引著社會的名流，認為它是一種社會地位表徵的運動。另外如鄉村俱樂部，從過去到現在，始終保留著獨特的形象，是目前許多休閒渡假村開發學習的典範，希望藉著這種歷久不衰的貴族形象，獲得社會的認同。

　　事實上，休閒事業體，不管是休閒渡假村（飯店）、俱樂部、主題遊樂園等，都是一個充滿趣味的地方，可以讓人們盡情追逐幻想的空間、享受興奮與快感，或者豐富生活內容，淨化心靈。舉凡渡假飯店、俱樂部、異國情調的渡假村，乃至休閒購物中心或風格獨特的主題餐廳，都是提供新生活經驗的好地方。

「家的體驗」（family experience）是另一個近年來對休閒渡假村需求的重要核心概念。例如渡假村就是專供全家人從事休閒活動，適合各種年齡的人使用。這種強調家的感覺的遊憩場所，除了老少皆宜的渡假住宅之外，歐美先進國家還有一種專供單身貴族及頂客族（DINC, double-income no kids，指雙薪無小孩的夫妻家庭）使用的渡假中心，這種軟硬體設計周全、適合成人居住的渡假村所強調的是：生動有趣的休閒運動設施及豐富的野外生活。由於單身貴族和頂客族人口的急速增加，未來這類渡假村的需求量，勢必十分可觀。

休閒渡假村的型態受到民族性與當時的休閒風潮的影響，不容忽視。表10-1說明美國人對戶外休閒的偏好，可提供我國業者設計休閒運動設施時參考。

表10-1　美國人參與戶外休閒活動之比率表

活動	每年至少參加四次							每年最少參加一次
	12-17	18-24	25-34	35-44	45-54	55-64	65以上	
在已開發區露營	14%	18%	13%	15%	11%	11%	3%	30%
在原始地區露營	13%	13%	10%	11%	6%	4%	4%	21%
划行獨木舟、泛舟	10%	6%	5%	7%	8%	1%	1%	16%
駕帆船	9%	7%	5%	4%	3%	2%	1%	11%
滑水	9%	17%	10%	8%	4%	1%	0%	16%
釣魚	51%	40%	36%	38%	36%	34%	21%	53%
划船	28%	24%	23%	21%	19%	13%	11%	34%
戶外泳池游泳	75%	67%	62%	57%	37%	27%	11%	63%
海灘游泳	53%	48%	46%	39%	28%	16%	6%	46%
漫步自然區	37%	34%	42%	43%	39%	34%	23%	50%
遠足或登山	19%	23%	23%	21%	11%	10%	6%	28%
步行或慢跑	74%	67%	67%	54%	46%	41%	40%	68%
騎單車	80%	56%	47%	38%	26%	11%	9%	47%
騎馬	17%	13%	10%	7%	4%	2%	*	15%
打獵	17%	19%	13%	20%	14%	13%	6%	19%

（續）表10-1　美國人參與戶外休閒活動之比率表

活動	每年至少參加四次							每年最少參加一次
	12-17	18-24	25-34	35-44	45-54	55-64	65以上	
騎馬	17%	13%	10%	7%	4%	2%	*	15%
打獵	17%	19%	13%	20%	14%	13%	6%	19%
野餐	48%	52%	62%	58%	52%	42%	25%	72%
打高爾夫	10%	11%	11%	12%	12%	15%	5%	16%
戶外網球	46%	38%	34%	25%	13%	4%	1%	33%
越野滑雪	2%	1%	2%	2%	1%	1%	0%	2%
坡地滑雪	9%	10%	5%	3%	1%	*	*	7%
戶外溜冰	21%	13%	12%	10%	5%	2%	*	16%
駕雪車	6%	9%	5%	4%	4%	2%	1%	8%
戶外運動或遊戲	76%	60%	54%	48%	30%	17%	8%	56%
休閒渡假	30%	39%	41%	42%	42%	32%	24%	62%
兜風（駕車）	43%	72%	65%	66%	57%	53%	40%	69%
參觀動物園、遊憩公園	47%	51%	52%	42%	31%	28%	13%	73%
出席戶外運動	66%	57%	52%	42%	31%	28%	13%	61%
出席舞會或演奏會	34%	38%	24%	18%	18%	13%	8%	41%

註：打＊號者，表示比例大於0但小於0.5%。

資料來源：美國內政部貴產保護及娛樂服務部，〈國家戶外娛樂調查〉。

 ## 第三節　休閒渡假村群落設計

　　休閒渡假村與休閒渡假旅館在外表上最大的不同便是結構體的不同。休閒渡假旅館通常是剛性建築體，亦即採用鋼筋水泥或石材為建築主體，客房為群體集中式；休閒渡假村則是軟性建築體，亦即採用木材、竹材、石材或原始建材為建築主體。另外客房多為分散式規劃，因此稱為休閒渡假「村」。

　　依休閒渡假村的設計理念，建築單位規劃又可以分類如下：

一、聚集度

1.**獨幢別墅**：為休閒渡假村的主體建築形式。
2.**雙拼別墅**：為休閒渡假村的次要建築形式。
3.**連幢別墅**：除非受限於地域，否則不常出現。
4.**公寓別墅**：極少出現在休閒渡假村的建築形式。

二、視野價值

1.臨近海景、山景、湖景或河景（sea/mountain/lake/river side）
  別墅。
2.面對海景、山景、湖景或河景（face to sea/mountain/lake/
  river）別墅。
3.海景、山景、湖景或河景（sea/mountain/lake/river view）別墅。
4.近遊憩設施（recreational facility side）別墅。
5.其他（others）形式別墅。

三、休閒渡假村環境分析

休閒渡假村開發在實質環境條件上的分析，應該囊括所有所在
基地的地文基本資料以及未來開發所需的進一步資訊。有關實質環
境的分析研究，必須涵蓋下列各項的評估細節：

1.地形：水文特徵、水資源、主要及次要的排水系統，其中包含
  洪水氾濫（或可能的土石流）和侵蝕（山崩）的預防計畫。
2.地理：評估基地地層狀況是否合宜興建。

3. 海洋：若位於海濱，必須考量海岸線特徵、海灘或岩岸特性、水深，以及潮汐運動，以便進一步規劃水上活動。如墾丁悠活渡假村便強調親海特性。

4. 植物：渡假村內外主要植物、森林，以及農業品種，是否具備獨特性，林相是否融入設計藍圖中。苗栗西湖渡假村便具備白色桐花林，每年5月雪桐花季時傳為佳話。

5. 野生生物：主要的種類與數量，是否具有攻擊性？能否融入設計藍圖中？

6. 氣象：四季的風向、風速、溫度、濕度、降雨，以及日射角度。

7. 生態及環境因素：視野、聲音或其他特殊環境條件。如綠島溫泉為全球二個海底溫泉地之一。

8. 公用設施：水電能源、灌溉、廢棄物處理以及通訊設施。

9. 動線及其他相關的基礎交通結構：鐵、公路交通、機場、港口與港灣、橋樑的便利性。

10. 其他獨特自然的利用，如大板根森林。

11. 歷史、文化保存區與獨特地標，如恆春古鎮、三峽古鎮皆是渡假村外圍的好景色。

12. 與其他休閒事業體的共存共榮評估，是處於合作或是競爭狀態。

13. 目前的土地使用狀況，及未來計畫中的變更或開發：適用於該計畫的土地使用分區管制、建築法規與建築限制（包括預期中的變更）；逾時被批准的可能性；地復權（easement）與契據（deed）之限制。

　　以上這些事前的規劃結果，應該再進一步綜合成為一系列的分析藍圖和分析報告，以便作為休閒渡假村實際規劃、設計與施工上的具體藍本。在實質環境分析的這個階段，除了以上所描述的內容

之外，還必須融合所有可能開發用地技術層次和財務與行銷概念，以便期望成為具有開發潛力成高品味休閒渡假區。

四、渡假村群落道路設計

基本上，休閒渡假村住宅群落的設計與道路設計是一體兩面。基本的道路設計有以下四種：

1. 格子型（grid pattern）。
2. T字路／雙T字路。
3. 槌頭路（hammerhead road）。
4. 砲門式周邊（crenellated edge）。

在休閒渡假村發展方案中，上好的景相選擇與基地整體的規劃設計是提高附加價值的不二法門。為了使景觀的潛在美能夠充分發揮出來，創造性的開發計畫是必需的。尤其在今天，地點適當的土地愈來愈少，且多多少少有實質環境的開發障礙。以台灣的離島（如澎湖、金門、蘭嶼或綠島）為例，雖然它們景致優美，但卻普遍面臨水電供應不足與廢棄物處理技術的問題；高山地形太過陡峭，又無法抵禦地震或土石流的可能威脅。

在美國，早期許多大規模的渡假村在陽光帶地區（佛羅里達州、加州與墨西哥灣區）進行開發，多數的道路都是傳統的格子型造型（grid pattern）。在佛州南部，槌頭路的設計主要目的卻在於緩和格子型道路硬邦邦的「機械形象」。另一方面，則以不規則形狀的土地使用來改善高密度住宅的環境衝擊，它強調保留自然景觀，著重開放空間，與機械式的格子型道路或T字型道路恰成對比。

在美國喬治亞的斯其達衛島，為了改變格子型道路硬邦邦的

「機械形象」，設計出一種被稱爲「榔頭路」（hammerhead road）的道路，它的作用在於可使面對高爾夫球球道的房屋更深入基地興建，並可節省排水道的工程費用。在國內部分的休閒渡假村，如小墾丁綠野渡假村也採取此一設計理念。榔頭部分連結集合道路，包含了排水渠道結構的一些標準組件，如飾緣、導管（gutter）等，該特殊街道有助於林木的保留，並提高各單元間的私密性與舒適性。

在濱海的渡假村設計理念上，傳統的道路設計是與海岸平行，做帶狀發展。但在美國海松農莊計畫中，由於評估海灘旁的不動產具有明顯的增值潛力，因此一項稱爲「雙T字」的巷道設計便用於面海之基地上。雙T道路是由一連串面向海岸的橫向的平行道路與死巷所組成，兩條橫巷形若兩個T字，這是它的名稱由來，其作用則是用以擴大基地的容積。它不但提供住民直接通往海灘的通道，並且創造了私密、安全的居住環境。它更巨幅提升了面海地段的房地產價值。這種道路設計方式已普遍運用在西方的一般建築計畫上，不再只是渡假村的專利。

同樣在海松農莊計畫中，「砲門式周邊」（crenellated edge）的概念創造了高度景觀化的中庭環繞港口（見圖10-2），其四周則

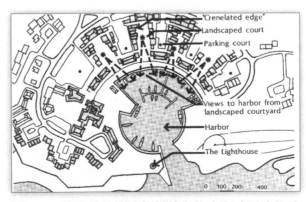

圖10-2　臨海的休閒渡假村特有的砲門式周邊設計

資料來源：劉麗卿譯，1992，《遊憩區開發：渡假休閒社區》，頁71。

坐落著雙拼住宅和連幢公寓。砲門式村落周邊並可作停車之用，這麼一來，不但兼顧每個住戶都擁有其私人汽車出入道，同時又能夠透過砲門式中庭一覽港口的景色。

Go Go Play 休閒家

台灣溫泉小常識

台灣溫泉種類

一、氯化物泉

　　1.碳酸氫鈉氯化物泉──關子嶺溫泉即屬於此類。

　　2.酸性硫酸鹽氯化物泉──溫泉水質呈酸性，且泉溫高達攝氏80至100℃，陽明山的馬槽溫泉即屬於此類。

　　3.中性硫酸鹽氯化物泉──泉質為中性偏鹼，泉溫大致在60℃上下，安通溫泉即屬於此類。

二、碳酸氫鹽泉

　　1.碳酸氫鈉泉──本省溫泉大都此類，泉質偏向鹼性，四重溪溫泉即屬此類。

　　2.碳酸氫鈣泉──泉質為中性至鹼性，泉溫約60℃上下，台東知本即屬此類。

　　3.硫酸鹽碳酸氫鈉泉──泉質為中性至弱鹼性。

　　4.氯化物碳酸氫鈉泉──泉質為弱酸性，泉溫約40℃上下，瑞穗溫泉即屬此類。

三、硫酸鹽泉

1. 酸性硫酸鹽泉——此類溫泉大致為火山的產物，泉溫約80℃以上，大屯山系的溫泉大部分均為此類。

2. 中性硫酸鹽泉——泉質為中性至弱酸性，泉溫約70℃上下。

泡湯的方法

1. 入浴法：即是在溫泉中泡個十至二十分鐘，即能得到放鬆筋骨的效果。

2. 蒸汽浴：其做法是把天然蒸汽利用導管導入室內，洗浴者在蒸汽室內，藉大量排汗來加速新陳代謝，對於風濕痛、神經痛的病情都會有明顯的幫助。

3. 持續浴：即指長時間浸泡於溫泉當中，因長時間的浸泡，所以泉溫絕不可太高，大約在攝氏36℃上下，對人的生理機能影響最小，對失眠症、高血壓、腦中風等疾病的療效極受肯定。

4. 砂浴：砂浴多在海岸地帶才能進行，埋身於受地熱加溫的海砂中，對於神經痛的緩和有所助益。

資料來源：作者蒐集整理。

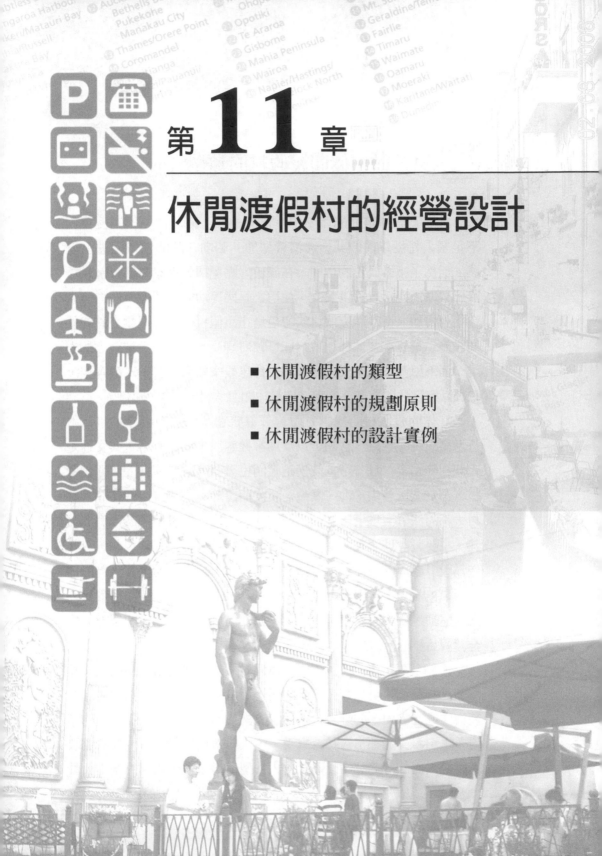

第 **11** 章

休閒渡假村的經營設計

- 休閒渡假村的類型
- 休閒渡假村的規劃原則
- 休閒渡假村的設計實例

第一節　休閒渡假村的類型

　　休閒渡假村是休閒產業中重要的一員，在週休二日制度實施下，國人將從以前的「金錢消費型態」朝向「時間消費型態」發展。而為了獲得真正的休閒，在旅遊地點選擇上對於離都會區較遠或風景區周邊，可提供餐飲、住宿、娛樂等功能的休閒渡假村需求會相對增加。而休閒渡假村的特色是在渡假村內設有規劃完善的休閒設施，讓旅客在此休憩時，即可輕鬆享受渡假村內各種精心的安排，而不用為了玩遊樂設施來感受休息娛樂效果而必須四處奔波，這種「定點休閒旅遊」的安排便是休閒渡假村的訴求重點。

　　在休閒渡假村的規劃方面，著重於它區位的市場性，包括附近地區的遊憩景點、賣點，以及為掌握客戶來源必須考量其交通是否便利等因素，且資金上及規劃範圍也需要考慮。國外的休閒渡假村大都是依傍著山、海、湖泊、溪流而設計；而在國內的休閒渡假村大都因法令與環境限制而選擇在內陸闢建，但近期個案多靠海而建。主要設計理念在於融合自然、優美的環境做一完善規劃，以此作為吸引客戶的最佳條件，絕大部分非靠山即靠海而興建。針對休閒風氣的興起，國內休閒渡假村業者提出了六大主張：渡假、休閒、運動、會議、旅遊與尊貴，藉此提倡另一種新的休閒型態，提升渡假品質。

　　天然景觀是造物主的恩賜，休閒渡假村坐擁這項利基。在前往渡假村的路上，可以享受到燦爛陽光；在渡假村內，可以領會到蔚藍海洋或蒼綠山叢的魅力。讓你脫去累人的高跟鞋，丟掉整人的領帶，逃出污濁的都市叢林，感受一下大自然的鳥語花香、風清雲淡所帶給人們的舒適感。以下針對山岳型與海濱型渡假村的基本設計

分別進行說明。

　　基本上，一個理想的休閒渡假村在設計上離不開八個S的範疇；也就是陽光（sun）、天空（sky）、海（sea）或水、溫泉或冷泉（spring）、滑水或滑雪（ski）、游泳（swim）、運動（sport）、服務（service）等八項（**圖11-1**）。

1. **陽光（sun）**：擁有陽光才擁有歡樂與健康。位處南台灣的恆春半島一年四季都適合渡假，理由很簡單：她擁有台灣最多的陽光。

2. **天空（sky）**：沒有天空就不可能有陽光，沒有天空就似乎沒有生氣，你可以想見一個四季多雨的渡假勝地嗎？因此在鄉村型渡假村定點渡假，可以待個三五天而不膩，因為多數業者都位於擁有漂亮天際景觀的地點。

3. **海（sea）**：海洋與山岳是休閒渡假村的二大賣點，只有陽光卻沒有海洋沙灘似乎缺了什麼。太平洋聯鎖渡假村（PIC，國內有悠活渡假村加入聯鎖體系）便是以純淨的海洋沙灘為主要訴求。

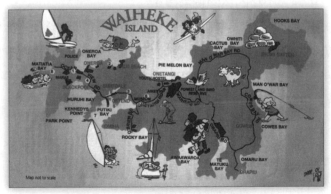

圖11-1　8S是休閒渡假的構成要素

資料來源：紐西蘭旅遊局。

4. **溫泉或冷泉（spring）**：在日本，好的渡假勝地配上好的泡湯活動是定點渡假的必備條件。最近幾年泡湯活動由日本吹入國內，形成一股流行在社會各個階層的泡湯樂。國內多處渡假村皆享有此一優勢，如綠島海底溫泉、礁溪溫泉、四重溪溫泉等。

5. **滑水或滑雪（ski）**：如果說泡湯活動是日本人的最愛，那麼滑水或滑雪就是西洋人的家常便飯了。當提到夏威夷，第一個聯想到的活動應該是沖浪或拖曳傘等水上活動，另外，澳洲的黃金海岸便是以沖浪活動聞名，因此位於其中心點的渡假勝地便是「衝浪者樂園」。周邊的渡假村或渡假旅館林立。

6. **游泳（swim）**：不論是海泳或游泳池，遊泳池已經成為渡假村或渡假旅館必備的設備。無法想像沒有游泳設備的休閒事業如何經營下去。

7. **運動（sport）**：除了上述活動外，近年來「休閒運動」逐漸被消費者所重視，簡單如慢跑、健行活動，具挑戰性者如高空彈跳、攀岩、野外單騎，甚至於騎馬活動等，都是目前許多年輕人不錯的休閒新選擇。

8. **服務（service）**：有了天時、地利外，一家優異的休閒業者仍然必須具備人和，也就是好的服務了。如果沒有好的服務，空有好的設備與環境皆是枉然。在消費者的心中，一次的不滿意必須十次的滿意才能彌補。業者不可不慎。

以上八個S是一家休閒渡假村業者在區段選擇、產品設計上必備的條件，當然並非每一項皆須具備，業者應該考量自己的優劣勢與外在條件的機會，把8S融入設計之中。

中國古諺：仁者樂山、智者樂水。自古以來，山與水便是上自

帝王下至販夫走卒的共同休閒取向。現代的一般休閒活動仍以樂山
（山岳）休閒活動、親水（包括濱海、溪、河、湖）休閒活動與文
化休閒活動為主體，因此休閒渡假村的類型亦離不開這二大類，以
下逐一說明：

一、山岳型休閒渡假村

因為山岳的休閒活動能夠同時從事相當多的活動，例如健行登
山、露營、野炊、攝影、釣魚、學術研究、賞雪、滑雪、玩雪等多
樣性之活動。因此以自然資源為休閒活動對象中，山岳休閒活動占
了非常重要的地位。

山岳常隨季節的變化而展現多采多姿的景觀。常因氣候的變
化、地形的變化（如岩石、地層、湖泊、溪流、火山、溫泉）及各
種不同的動植物生態等，而展現多樣的景觀與林相變化。因此山林
的景觀，神秘超俗的林間意境，每每吸引大量的休閒活動旅客前
往。台灣有三分之二屬於山陵地形，但是多數為高海拔，風景雖
好，除少數舊省屬林務單位兼營的國民旅社外，能納入民營休閒渡
假村規劃者卻幾乎沒有。因此多家著名靠山設計渡假村皆幾乎位於
平地設計，除大板根渡假村與歐納都渡假村算得上是山岳型渡假村
外，諸如小墾丁渡假村、西湖渡假村只有小丘陵可供健行。以下將
五家業者依其設計內涵是否符合8S設計，歸納如表11-1所示。其中
充分利用山林景色的有大板根渡假村與歐納都渡假村；怡園渡假村
則以自創森林意境聞名；小墾丁則遺世獨立，兼顧山水之長（**圖11-
2**）。

表11-1　台灣山岳型渡假村8S設計比較表

	大板根渡假村	歐納都渡假村	小墾丁渡假村	怡園渡假村	西湖渡假村
陽光（sun）	⛰	⛰	⛰	⛰	⛰
天空（sky）	✓	⛰	⛰	⛰	✓
海或水景（sea）	✗	✗	✓	⛰	✗
溫泉或冷泉（spring）	✗	✗	✗	✗	✗
滑水或滑雪（ski）	✗	✗	✗	✗	✗
游泳（swin）	✓	⛰	⛰	✓	✓
山岳活動（sport）	⛰	⛰	⛰	⛰	✓
服務（service）	⛰	⛰	⛰	⛰	⛰

註：✓表有此條件；⛰表具備優異條件；✗表無此條件。

資料來源：作者整理。

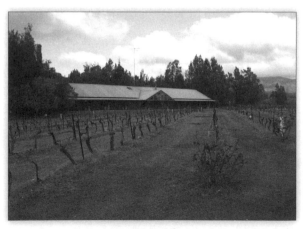

圖11-2　依山傍水的渡假村是最好的定點渡假地點

資料來源：作者拍攝。

二、親水型的休閒渡假村

親水型渡假村的休閒活動資源可分為淡水型休閒渡假村與海濱型休閒渡假村。前者位於溪邊或湖邊（或人工湖，如理想、天鵝湖與怡園渡假村），休閒活動以林間小道健行、溪湖之中划船、溪釣……等活動為主；後者位於海濱，休閒活動主要係從事海水浴、海釣、乘坐遊艇出海、操作帆船、潛水、衝浪……等之活動。

近百年來，先進國家的遊憩地與渡假村（旅館），均沿空曠的海岸線設置，主要係海岸的自然資源與美景，經過規劃以後可以滿足大量休閒活動旅客前往度假、享受陽光、從事海水浴與其他的海上活動，例如南歐與北非的地中海地區；沿著東、北歐黑海、北海和波羅的海等開發為海灘休閒活動區；美國沿著卡羅來納州（Carolinas）和加州（California）的佛羅里達（Florida）海灘、墨西哥灣的加勒比海等，均發展海灘休閒活動以吸引外國休閒活動旅客。國內如萬里的翡翠灣、墾丁均屬之。

親水型休閒渡假村的設計，除了需要氣候溫和、陽光充足外，許多海灘均位於大都會區的附近，以便利、快捷的交通易達性吸引休閒活動旅客與鄰近的遊客就近前往。例如荷蘭首都附近的斯海弗寧恩（Scheveningen）、澳洲布里斯班附近的黃金海岸（Gold Coast）與陽光海岸（Sunshine Coast）、紐西蘭陶波湖畔（Taupo Lake）、法國巴黎附近的多維爾（Deauville），以及美國的大西洋城（Atlantic City）的服務圈，包含紐約與費城等區域在內。

一個夠水準的親水型休閒渡假村，除了日照時間長、氣候溫和外，尚需要自然條件的配合，例如沙灘細緻、坡度平，可提供人們在沙灘堆沙丘、築城堡、玩拖曳傘……等活動。同時海浪應適中，可以安全地從事衝浪、潛水、划船、乘坐遊艇等海上活動。海

灘風光綺麗，令人賞心悅目留連忘返，如美國佛羅里達州的棕櫚灘（Palm Beach）以陽光、細沙海灘聞名；夏威夷以海浪適於衝浪聞名；而澳洲的黃金海岸，其海岸長達25英里，在衝浪遊樂區的中心，建有二千六百間的旅館，吸引大量休閒活動旅客前往渡假。

台灣因四面環海，西海岸的沙灘擁有許多海灘遊樂區，如南部高雄之西子灣、北海岸的翡翠灣、墾丁的南灣、白沙灣均爲較聞名之海濱休閒活動。以墾丁的南灣而言，除了可游泳外，尚有乘坐遊艇、海上摩托車、操作風帆、潛水、衝浪、拖曳傘、滑翔翼等多樣化之活動。可惜台灣季節性氣候變化大，夏天颱風多，冬天東北部細雨綿綿，親水型渡假村雖散見於全島各地，營業狀況卻飽受季節因素之苦。例如宜蘭的濱海渡假村深受多雨之苦；綠島的賓島渡假村受台東地區嚴苛海象與不便交通限制；而花東縱谷中的小熊渡假村受夏天颱風多威脅。

即使如此，隨著國民定點渡假的風氣日盛，業者苦心經營下，雖離國際級渡假村仍有一段距離，但已經有一番成績。例如濱海渡假村以鄉野活動與近海牽罟活動聞名；賓島渡假村以全世界少有的海底溫泉作爲招牌產品；悠活渡假村以太平洋渡假村系統的國際性品牌做後盾；天鵝湖渡假村則以恒春溫和氣候與漂亮的南灣水上活動作爲訴求。如表**11-2**所示。

 ## 第二節　休閒渡假村的規劃原則

一、融合環境

傳統的計畫用地規劃法，一向都是考慮工程需求、地方法令，

表11-2　台灣海濱型渡假村8S設計比較表

	賓島渡假村	濱海渡假村	理想大地渡假村	悠活渡假村
陽光（sun）	🏝	✓	🏝	🏝
天空（sky）	🏝	✓	🏝	🏝
海或水景（sea）	🏝	✓	✕	🏝
溫泉或冷泉（spring）	🏝	🏝	✕	✕
滑水或滑雪（ski）	✕	✕	🏝	🏝
游泳（swin）	🏝	✓	✓	🏝
山岳活動（sport）	✕	✕	✕	✕
服務（service）	🏝	🏝	🏝	🏝

註：✓表有此條件；🏝表具備優異條件；✕表無此條件。

資料來源：作者整理。

和市場政策等一般性的限制，以便進一步發展成敷地計畫（site plan），而這敷地計畫其實大部分只是附加在土地上的粗淺計畫而已。休閒渡假村的規劃設計應該擺脫舊有的窠臼，融合環境，彰顯開發基地的獨特風格。唯有將遊憩設備適合開發地的特色，整個計畫區的環境氣氛才能夠被強調出來。例如大板根渡假村以三峽獨特的大板根森林為主體，規劃一個主題式渡假村便是最好的例子。

二、結合自然環境，自然環境才是主體

渡假別墅可依視野與到最佳風景據點的距離，設計出最合適的設置區位與群落。例如，濱海渡假村，最好的區位就是在接近水邊的地方；而山林地區的最佳區位就是山林內部，可以充分享受芬多精的地點。第二優良的區位，是指正面對著風景或遊憩點，或者有可遠眺這樣的據點的角度，如可欣賞山林或海濱之美的角度。第三等級的區位，通常位在可以遠眺全景或其他別墅群的地點，如大海

與山陵景色，第四等級的區位，大都設有較私密性、類似花園之類的景觀，或者較接近其他如高爾夫球場、網球場或游泳池之類的活動設施。渡假區的規劃者，應該就所有可供替選的配置計畫，反覆加以推敲，以便設計一種結合自然環境的最佳的配置計畫。有最多渡假別墅單元，接近最好的風景據點或遊憩設施，這樣的規劃才能真正為渡假村帶來最高的市場性（**圖11-3**）。墾丁的悠活渡假村以墾丁白色沙灘為賣點，設計出適合一家老小親水活動的人工河流也是別有心裁。

三、同中求異，異中求同

雖然渡假村必須在同一個主題之下進行整體規劃，但是亦不能完全相同，毫無變化。假如渡假村的規劃沒有將自然環境納入整體的考量，那麼會在渡假別墅單元的配置上出問題：幾乎每一幢別墅

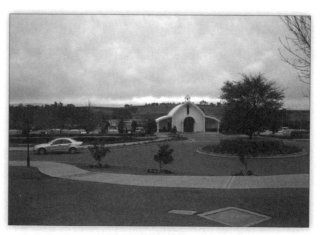

圖11-3 把人文與自然景觀融入渡假村規劃才是好的
休閒渡假村設計──澳洲獵人谷花園

資料來源：作者拍攝。

的外觀或感受都會十分類似，又如視野變化少，或者只能通往一個共同的休憩據點。但如果每幢別墅或旅館能依區位好壞訂出不同價位，如濱海與面海的別墅單元，其間懸殊的價差（從20%至30%不等），不僅可讓消費者自由選擇，並且可讓業者獲得較大的利潤。因此，規劃時如何盡量使每個別墅面對多項的遊憩設施與風景點，對開發者而言是非常重要的，往往關係到開發利潤的多寡。

四、多元化的休憩設施

渡假村的核心價值在於提供一個屬於全家人共同的、完全休閒的定點渡假方式。因此基本上，休憩設施絕對不是以滿足某一個年齡層消費者做考量，因此諸如全家性休閒設備或活動，如協力車、健行、家庭式溫泉池等，皆是受歡迎的。

五、人車分道

渡假村與渡假飯店在基本上的差別是，渡假村是一個屬於全家人的定點渡假地，因此重要的是渡假村內的休閒設施而非村外的風景據點。所以汽車常被認為會破壞渡假環境，因此一個人行步道較多的渡假村，顯然是必要的。

在歐美多數休閒渡假村內，不可能看到屬於現代文明的汽車，代之的是以騎馬或自行車作為代步工具，如此才能充分遠離文明塵囂，享受完全的身心解放。

第三節　休閒渡假村的設計實例

　　以國內知名的八家渡假村爲例，將各渡假村的產品特性陳示如表**11-3**，並初步分析國內渡假村特色如下：

1. 國內渡假村地點多位於都會區一到三個小時的地點上，實地距離雖不遙遠，但以台灣的交通狀況，仍非理想。
2. 由於台灣山地陡峭多天災，海濱天候難測，加上早期海岸線的禁建政策，渡假村地點多位於內陸或離海濱有相當的距離，無法盡覽海景風光。
3. 渡假村的設計多以小木屋作爲主體建築的材質。但近來新開幕業者在外型上已更考究，如花蓮理想大地渡假村便以西班牙高第的建築美學，拜占庭的斜圓塔頂爲特色。
4. 渡假村地點選擇上尙屬風光明媚，但是因爲台灣天災比率相當高，又深受季節性氣候的負面影響，所以營業狀況也是四季分明。
5. 國內渡假村過去所提供的休閒軟硬體設施多屬於靜態規劃，現在則在軟硬體規劃上尋求突破，多能與當地人文民俗活動結合。如花蓮理想大地渡假村便以「運河、人文、休閒」爲行銷概念。
6. 國內渡假村價位雖多屬中價位（一晚約三千至六千元之間），但與國外渡假村比較起來價位仍高。近來新開幕業者在營運品質上更精緻，如花蓮理想大地渡假村與馬利歐、悠活渡假村與麗緻旅館系統合作，追求永續經營。

表11-3　台灣各渡假村產品內容彙總表

名稱	理想大地渡假村	西湖渡假村	小墾丁渡假村	怡園渡假村
地點	花蓮	苗栗縣三義鄉	屏東縣恆春鎮	花蓮縣壽豐鄉
交通便利性	較不便利	三義交流道下	較不便利	鄰近市區
地形	花東縱谷	盆地	依山傍水	內陸
氣候	豔陽高照	春光明媚	陽光普照	秋高氣爽
景觀	河景迷人	民俗采風	山水如畫	風景如織
建築型態	西班牙高第的建築美學，拜占庭的斜圓塔頂	小木屋	同左	同左
房價	高價位	中低價位	中價位	中高價位
健身項目	摩爾式水療按摩池、礁岩泳池、健身房	高爾夫球場、山訓場	健身中心、游泳池、各類球場、三溫暖	游泳池、網球場、籃球場、腳踏車
娛樂項目	划船、親子戲水區	兒童樂園、名人表演	卡拉OK、迪斯可、PUB、KTV、迎賓秀	卡拉OK康樂室
休閒項目	風箏、草原活動、彩繪花蓮石、天燈祈福	露營區、烤肉區、凡爾賽花園、馬車遊園	賞鳥、垂釣	賞鳥區、釣魚池、泡茶區
會議室	從50到600人的12間專業多功能室，可以滿足各類型會議、婚宴、展覽	大型可容納100人	大型宴會廳可容納200人、小型會議室可容納80人	大型可容納200人、小型可容納23人、VIP房
餐廳	中、西式餐廳、歐式自助餐	客家餐廳、速食店	中、西式餐廳、歐式自助餐	野菜饗宴
促銷方式	暢遊花東三日	廣告、公共報導、異業聯盟	各類優惠專案、推行會員卡	暢遊花東一日
特色	以「運河、人文、休閒」為行銷概念；花東地區首創Garden Lagoon的精品飯店	結合遊樂區並具備民族藝術氣息	講求全方位、多功能、並結合國外免費交換住宿	園中收養了800多棵老樹
消費天數	2-3天左右	1-2天為宜	2-3天為宜	1-2天為宜

（續）表11-3　台灣各渡假村產品內容彙總表

名稱	賓島渡假村	濱海渡假村	歐納都渡假村	大板根渡假村
地點	綠島	宜蘭	嘉義	三峽
交通便利性	不便	尚便利	尚便利	便利
地形	海島	濱海	山林	農村
氣候	豔陽高照	風光明媚	風光明媚	風光明媚
景觀	海景	海景與農村風光	山林景色	農村與森林
建築型態	小木屋	小木屋	小木屋	小木屋
房價	中低價位	中價位	中低價位	中低價位
健身項目	浮潛與潛水	沙灘活動	林間小道	攀岩等野外活動
娛樂項目	室內交誼廳	牽罟、放天燈民俗技藝	土風舞教學、游泳	民俗技藝、室內交誼廳
休閒項目	海灘活動、海釣	鄉野迷蹤、賞鳥、追星望月、踏浪	石雕展、森林浴、烤肉	森林浴、烤肉野餐
會議室	無	有	有	四種會議室由20人至150人
餐廳	中西式餐廳	中西餐廳、嘎嘎叫小吃DIY	中西餐廳、野菜、露天咖啡館	中餐、快餐
促銷方式	大力促銷台灣最佳的國際級浮潛區與獨一無二的海底溫泉	套裝旅遊1.龜山朝日、追星望月2.賞鯨賞豚3.地方小吃DIY	大力促銷地處森林保護區，園內鳥類多達60種，是一真正可以體會森林浴的渡假村	大力促銷全國獨一無二的板根林森林有氧運動區（SPA）
特色	台灣少數島嶼渡假村	賞鯨賞豚牽罟	地處森林保護區	大板根森林
消費天數	2-3天為宜	2天	2天	2天

資料來源：作者整理。

Go Go Play 休閒家

泡湯DIY

泡湯前，記得先熱身

泡湯之前一定要先熱熱身，因為急遽的溫度變化，很容易引起人體的不適，所以下水之前也要和游泳一樣先做暖身操。若是在室內的個人池，可以先放熱水讓溫度升高，或是以毛巾沾水拍打全身，等身體適應泉水的溫度之後再入浴浸泡。

泡湯溫度不一定愈熱愈好

溫泉的泉溫會因為成因不同而有極大的差異，從低於人體溫度的22℃到幾近沸騰的99℃都有。一般來說，火山地形的硫磺質泉溫都會相當高，為了方便浸泡，接引到浴池後都會加以冷卻，除了特殊的冷泉之外，普通的溫泉以42℃至43℃左右為最佳的浸泡溫度。

輕鬆泡湯，不要泡過頭

溫泉要浸泡多久才最有療效呢？其實溫泉浸泡的時間長短視個人需要以及泉溫而定，一般而言均不可超過三十分鐘，而且每天應以三次為限，免得因泡過頭而引起不適。為了使溫泉浴能充分發揮療效，可在浸泡五至十五分鐘後，起身稍作休息，之後再入浴浸泡，這樣的話效果會更佳喔！

乾性及過敏性皮膚應避免強酸性溫泉

泡溫泉具有排除體內水分的作用，因此乾性皮膚及過敏

性皮膚的人要避免強酸性泉質的溫泉，而且浸泡時間也不宜過久，出浴後還要馬上搽上乳液等補充肌膚水分，另外，冬季會出現皮膚乾燥現象的人也要特別注意；皮膚有傷口或是對溫泉過敏的人皆不宜泡湯。

孕婦、身體虛弱者，還是少泡湯為妙

儘管溫泉具有療效，有益健康，但不是人人都適合泡湯喔！除了上述乾性及過敏性皮膚的人之外，孕婦、身體虛弱者最好避免泡湯。此外，高血壓、心臟病、糖尿病等患者，也須經醫師指示才能放心享受泡湯樂趣。

剛吃飽、空腹或酒醉時皆不宜泡湯

有人喜歡在酒足飯飽後，再來個熱熱的溫泉浴，其實這是不對的觀念。在剛吃飽，或是空腹、酒醉時都不宜泡湯，因為這不但會引起消化不良，還會產生其他不適的現象。另外，在舟車勞頓、身心疲憊時也不宜馬上泡湯，應稍作休息，待恢復體力後再行入浴。

是否使用香皂等清潔用品，應視泉質而定

洗溫泉時可不可以使用香皂等清潔用品須視不同的泉質而定，像是陽明山等地的溫泉，因屬酸性硫磺泉，所以不宜使用含皂鹼香皂，而像浴巾等沐浴用品也不宜在溫泉中浸泡過久，以免纖維受到損壞。而入浴前須將身體洗乾淨，這是泡湯的基本禮儀，尤其在大眾池更是如此，須特別留意別讓污水濺到池內。

除了療效外，溫泉還可以瘦身喔！

溫泉不但可治療一般疾病，還可促進血液循環、幫助

新陳代謝、排除多餘水分，有助於燃燒體內的熱量，達到瘦身效果。若想利用溫泉來瘦身，應掌握「浸泡、起身、再浸泡」的步驟原則，而且每次浸泡不超過十五分鐘，起身休息五分鐘後再入浴，如此反覆二至三次即可，但要切記，泡湯後一小時內嚴禁進食，否則就前功盡棄嘍！

資料來源：作者收集整理。

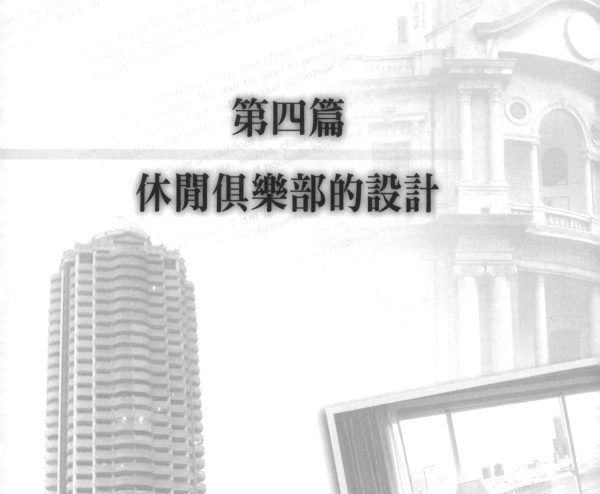

第四篇
休閒俱樂部的設計

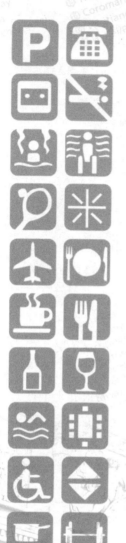

第 **12** 章

休閒俱樂部的緣起與特性

- 休閒俱樂部的演進
- 國內休閒俱樂部的起源與發展
- 休閒俱樂部的定義

第一節　休閒俱樂部的演進

一、休閒俱樂部的發展背景

　　著重在發揮聯誼、社交功能的俱樂部，最早起源於歐洲的英國，傳統的私人俱樂部採會員制，以特定職業或專業人員為會員的目標，因此會員的人數相當有限。早期私人俱樂部的產生，只是為一些「落魄王孫」，提供一個能夠重現他們昔日光芒的去處罷了。工業革命之後，一些養尊處優的王公貴族，或因城堡被奪，財產失散，或因奴婢他去，不堪住處冷清，於是相邀共募資金，找一些合適的地點委託專家設立經營，在假日休閒時刻，利用廣大的土地從事騎馬、打球等戶外活動。平日則提供這些落魄貴族餐飲和聚會聯誼的場所，而成群的服務人員更常喚起他們甜蜜又風光的回憶。

二、休閒俱樂部的起源

　　現代俱樂部的觀念主要源自十七世紀的英國。細數英國的發展模式，當初俱樂部是一個吃喝玩樂、談話耗時間及交際應酬的場所，其前身便是以喝酒聊天為主的公共酒館（Public house, Pub）。私人俱樂部又以1652年前後引進咖啡飲品後所興起的咖啡館（coffee shop），逐步發展成近代俱樂部的雛形。咖啡館俱樂部不久即遍及全倫敦，但是咖啡館的顧客卻逐漸分類，如商人、政治家、律師、神職人員、文學家、藝術家、股市掮客、軍人等，各自有各自所聚集的咖啡館。早期任何人只要付費即可進入，但是以老

顧客及較重要的顧客占支配經營型態的地位，於是咖啡館變得較私人化，失去普遍性，成為一個特殊階級或職業聚集的據點。老會員可對新會員做入會接受性的審核，而且須繳交一筆入會費及遵守一些特定規定，於是乎咖啡館變成現代休閒俱樂部的雛形。

在1882年後，運動俱樂部的風潮傳入美國，其中以高爾夫球俱樂部（golf club）為主要的風潮，高爾夫球俱樂部同時具備了運動與商業聯誼的性質，因而高爾夫球俱樂部形成了資本主義國家的俱樂部文化。二次大戰後，都市人口外移郊區的發展，有地位、有錢的人口大量移往郊區，使得鄉村型與運動型俱樂部的發展又再次興盛起來。

 ## 第二節 國內休閒俱樂部的起源與發展

在國內，俱樂部並沒有專屬的屬性，在某些行業、某個角落，被蒙上神秘而不健康的色彩，或是一個高不可攀，專屬於高官富商的活動場所；直到休閒產業以俱樂部包裝推出市場時，國人才慢慢有了新一層的認識、定義，而達到正名的效果。

在國內俱樂部最初的發展是從1950年代駐台美軍顧問團而來，因應美軍需求而產生的定點單店式的俱樂部。當時經營的型態很單純，純粹是一種聚會、喝酒、跳舞的場所，而且界定在特定層次以上，是一般人不得其門而入的特定場所。台灣目前的俱樂部，在1977年即已成立的「太平洋聯誼社」，算得上是早期都會俱樂部（City Club）的典型代表，其他如「企業家聯誼會」、「環球金融俱樂部」等，其經營項目以商業聯誼為主要的業務重心，因此在設備上，較為強調餐飲聯誼服務。至於一些周邊設施，如健身房、游泳池、三溫暖及網球場等，則屬於可有可無的陪襯性質。

　　至1980年代後，台灣觀光事業迅速發展，大型觀光飯店紛紛成立，其內部開始設立有會員制的健身房中心，可說是最早的運動俱樂部雛形。1980年第一家鄉村高爾夫球俱樂部──國華成立後，十年內至少有三十家之多高爾夫球俱樂部陸續成立，入會費高達百萬元（相當於一個中產階級十年收入），稱得上是最昂貴的貴族消費。

　　論及國內都會型運動健康體適能俱樂部產業的緣起，深受美國俱樂部產業的影響，第一家健康體適能俱樂部「克拉克健身俱樂部」成立於1980年，就是由美商克拉克先生在台北市東區設立的。半公益的俱樂部諸如基督教青年會（YMCA）所經營之溫水游泳俱樂部；北部第一家由日本游泳俱樂部打入台灣市場的「桑富士運動俱樂部」以及南部的「名仕俱樂部」，皆是早期的代表性業者。

　　至於第一個有渡假中心觀念的俱樂部應屬1981年於桃園高速公路旁開幕的「花旗俱樂部」。當時花旗俱樂部把重心放在上層收入階級，市場不易打開，加上當時自用轎車不夠普及、休閒觀念不足之下，會員招攬不易，經年累月的虧損，被迫無奈地將石門據點賣給「合家歡俱樂部」，結束營業。另外是「諾亞家庭俱樂部」，它創意極佳，以休閒和健康的觀念深入家庭核心，堅強的醫師顧問群與5甲大的雅致活動場地，意圖喚醒現代都會人對於健康保健的注意與對生活內涵品味的追求。可惜空有理想，現實上卻因為土地取得不易，落得會費悉數退還給俱樂部會員，頓成經營者一場浮光乍現的白日夢。

　　其他以單項活動為主的俱樂部，多以運動項目加以分類，陸地上有室內健身運動、騎馬、高爾夫球、滑草等俱樂部，在水域上有滑水、衝浪板、帆船、遊艇、潛水、釣魚等俱樂部，天空則有滑翔翼、飛行傘、拖曳傘、輕航機等俱樂部。相信在政府陸續開放海釣及部分天空飛行活動後，未來的海、空兩類俱樂部會更熱鬧。

　　回顧自1980年代以來，國內休閒俱樂部如雨後春筍般出現，可歸因於以下幾項趨勢：

1. **國民所得普遍提高**：一般而言，當一個國家的平均國民所得超過美金一萬一千美元時，休閒活動的重要性便與事業活動並重了。台灣在1992年每人每年之國民所得已超過一萬美元，1997年達到11,950美元（NT$343,000），2006年超過16,000美元（NT$520,000）。隨著國民所得的普遍提高，國人花費在健康休閒上的預算必然大幅提高。

2. **俱樂部會員卡是社經地位之表徵**：在繁榮的商業社會中，高所得者愈來愈多，由於生活寬裕，在消費活動上，便寧願以較高的花費，換取更好的消費內容及服務品質。因此以限定消費對象、標榜高服務品質的會員制俱樂部產業，便應運而生。日本趨勢大師大前研一所言的M型社會現象的出現，讓消費者兩極化，部分新富階級將尋求更高品質的奢華生活型態（**圖12-1、圖12-2**）。

3. **反璞歸真的趨勢**：經濟成長而使得工商社會生活節奏日益緊湊，人們對心理調適的需求增強，投身於現代大都會生活與工作的人們，面對日益高漲的競爭壓力、人際關係的疏離及價值觀混亂下，撥冗從事休閒活動，促使生活的平衡與美化，已是必然的趨勢。

4. **健康概念之回歸**：消費者意識抬頭，不但刺激了消費者的消費能力，純物質的需求再也不能完全滿足消費者，消費者的需求逐漸朝個性化、多元化與軟體化心靈需求滿足的方向發展。

5. **週休二日下之消費潮流**：1998年起台灣公民營機構開始實施隔週休二日制度，每週平均休閒時間大幅增加，不再視休閒與

渡假為浪費金錢的活動。不管是都會型健康俱樂部或是定點休閒的鄉村型俱樂部皆有其潛在顧客群。

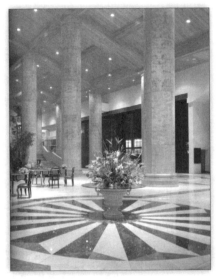

圖12-1　傳統上參與俱樂部是社經地位的象徵

資料來源：揚昇高爾夫球俱樂部。

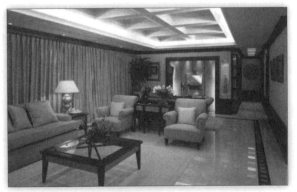

圖12-2　飯店型俱樂部重視私密與尊榮

資料來源：高雄晶典酒店。

台灣休閒俱樂部發展的時程如表**12-1**所示。

表**12-1**　國內俱樂部發展年表

時間	國內大事
1953年後	美軍顧問團在台灣成立俱樂部。
1970	國華高爾夫俱樂部成立。
1977	太平洋聯誼社成立。
1980	來來大飯店俱樂部成立。 克拉克健身俱樂部成立。
1981	花旗俱樂部成立，第一個有渡假中心觀念的俱樂部。
1982	亞力山大俱樂部成立。
1983	CCA（Club Corporation of America）在台灣成立銀行家俱樂部。
1984	台北金融家俱樂部成立。 皇家俱樂部成立。
1986	中興健康俱樂部成立。
1988	合家歡俱樂部成立。並在7月與RCI簽約，會員可與世界50餘國的兩千餘個俱樂部交換免費渡假。
1994	統一健康世界、太平洋聯誼會俱樂部成立。
1995	名媛時尚俱樂部成立。 虹頂俱樂部成立。
1996	台北聯誼會成立。
1997	卡沙米亞俱樂部成立。
2002~2006	台灣多家都會型俱樂部經營不善，相繼倒閉。
2007	亞力山大俱樂部出現財務困境，經營權易手。

資料來源：陳金冰，1991，《休閒俱樂部行銷策略之研究》，修改而得。

 # 第三節　休閒俱樂部的定義

　　關於俱樂部在學術上的看法並不一致，通常符合學者James M. Buchanan的看法，亦即人們之所以要組成俱樂部的動機應是基於若干經濟方面的理由，以及可以與自己喜歡的人們聚集在一起，分享

共同的喜好娛樂或利益而定期集會的封閉社交團體。簡單的說，俱樂部是一種集合相同消費行為的封閉式社交團體，通常會有一種對會員資格審核程序，通過的新會員便能取得入會資格證明。陳金冰（1991）將休閒俱樂部定義為：「集合一群具有相同消費偏好或品味的封閉式社交團體，該團體所從事的行為須具有休閒活動的功能，同時會員在消費過程中不能以現金交易為主者，稱為休閒俱樂部。」總而言之，俱樂部也可說是一種集合相同消費行為和品味的消費者的封閉式社交團體。

而一個理想的休閒俱樂部應該具備 "8S" 概念，也就是SUN陽光、SKY天空、SEA海、SPRING溫泉或冷泉、SKI滑水或滑雪、SWIN游泳、SPORT運動、SERVICE服務等八項。

1. SUN陽光：擁有陽光才擁有歡樂與健康。位處南台灣的墾丁一年四季都適合渡假，理由很簡單：它遠比翡翠灣擁有更多的陽光。統一健康世界墾丁據點便是以陽光與滿天星光為賣點。

2. SKY天空：沒有天空就不可能有陽光，沒有天空就似乎沒有生氣。因此在鄉村型俱樂部可以待個三五天而不膩，卻無法耗在都會型俱樂部裡一整天。

3. SEA海：海洋與山岳是休閒活動的二大地點。只有陽光卻沒有海洋沙灘似乎缺了什麼。可以想像，如果墾丁少了海還叫墾丁嗎？紐西蘭的高爾夫球俱樂部評價勇冠全球，靠的是什麼？就是多數的業者多沿海濱而建，擁有絕佳的海景。統一健康世界西子灣據點便是以面對高雄港出海口為賣點。

4. SPRING溫泉或冷泉：好的渡假勝地配上好的泡湯活動是人間仙境。最近幾年泡湯活動由日本吹入國內，形成一股流行在社會各個階層的泡湯樂。統一健康世界谷關溫泉養生會館

便是唯一以溫泉養生爲賣點的鄉村型俱樂部。

5.SKI滑水或滑雪：如果說泡湯活動是日本人的最愛，那麼滑水或滑雪就是西洋人的家常便飯了。當提到夏威夷，第一個聯想到的活動應該是水上活動，另外，澳洲的黃金海岸便是以衝浪活動聞名，因此位於其中心點的渡假勝地便是「衝浪者樂園」。

6.SWIN游泳：有天有水最適合做什麼？當然是游泳嘍。不管是海泳或是池泳都有它的樂趣。因此任何一個休閒事業，游泳池皆是必備的設備之一。

7.SPORT運動：除了上述活動外，近年來「休閒運動」逐漸被消費者所重視，如高空彈跳、攀岩、野外單騎等都是目前許多年輕人不錯的休閒新選擇。統一健康世界馬武督據點便是以健康運動休閒爲賣點。

8.SERVICE服務：有了天時、地利外，一家優異的休閒業者仍然必須具備人和，也就是好的服務了。如果沒有好的服務，空有好的設備與環境皆是枉然。在消費者的心中，一次的不滿意必須十次的滿意才能彌補。業者不可不愼。

Go Go Play 休閒家

打通你的任督二脈：三溫暖

　　三溫暖（Sauna）在中國、港、星、馬稱為桑拿；但不如台灣翻成三溫暖更貼切。三溫暖發源於芬蘭，因此三溫暖又稱為芬蘭浴。當地居民對三溫暖都十分狂熱，更在海諾拉小

鎮舉行一項洗三溫暖的趣味比賽，並選出全世界最「耐熱」的人。參賽者必須穿著泳衣，同坐在一個大型的三溫暖烤箱裡，最後一個離開者即為優勝。

三溫暖使用順序

清洗身體→溫水池→蒸氣室→冷水池→烤箱烘房→清洗身體

1. 按摩池（40℃左右）浸泡10-15分鐘。
2. 進入蒸氣室（44℃左右）5-10分鐘，以全身出汗為原則。
3. 冷水（20℃左右）沖浴，擦拭汗漬至全身清涼。
4. 進入烤箱（78℃左右）5-10分鐘，至汗如雨下為原則。
5. 再以冷水全身沖浴，擦拭汗漬至全身涼透舒暢。
6. 最後再入按摩池泡浴5-10分鐘。

溫水池使用

溫水池的功能，是在於人進入水池中，用熱水的溫度及高速的按摩氣泡來拍打您的全身，並使您的肌肉感覺到放鬆並且處於休息的狀態，使人的身體舒服起來，那您愛泡多久就泡多久。

蒸氣房使用

蒸氣室乃是三溫暖中的極品，因為它高溫的水蒸氣，可以使全身皮膚的毛細孔張開，使排泄物快速排出體外，也能稍微燃燒脂肪，更能幫您的皮膚做一做全身護膚的作用，不過太熱時，可以澆一點冷水在身上，使身體降溫，以免虛脫；如果感覺到頭暈或身體不適，應趕快出來休息一下或停

止使用，如果要再使用，請喝杯水及休息五至十分鐘再進入，才不會因人體過熱而暈倒。

冷水池使用

　　冷水池的功能，是在於人太熱時進入冷水池中，用冷水的溫度及高速的按摩氣泡來拍打您的全身，使您的溫度下降，並感覺到全身頓時清涼，會使全身張開的毛細孔忽然收縮。

烤箱烘房如何使用？

　　烘房乃是三溫暖中重要的一環，因為它高溫乾燥的溫度，可以使全身皮膚的毛細孔張開，使排泄物快速排出體外，也能燃燒脂肪，更能幫助您像做運動一樣快速排汗，不過效果並沒有比真正的運動來得大。太熱時，可以澆一點冷水在身上，使身體降溫，以免虛脫。如果感覺到頭暈或身體不適，應趕快出來休息一下或停止使用，如果要再使用，請喝杯水及休息五至十分鐘再進入，才不會因人體過熱而在烤箱中暈倒了。

　　三溫暖據說有益健康，將一個本來好好在室溫中生存的人，突然丟進一個熱水的鍋子裡煮一下，再以盡快的速度自願地跳到另一個溫差極大的冷水缸內，在一陣莫名的震撼下，又昏昏沉沉地回到原來的那缸水深火熱裡，據說這麼三次震撼下來，可以增進血液循環，排泄去除體內有害物質，絕對有益身體之健康。

　　三溫暖是從天寒地凍的北歐芬蘭傳來，當地居民對熱水的偏好是可瞭解的，尤其在外面凍得耳青鼻腫，回家泡個熱水澡那種感覺將是多麼美妙。但因科技發達，冷熱的控制

已有很多其他的補救辦法，也許是為了懷念那份由極冷到極暖的感覺吧，乾脆來個人為的方法——三溫暖，並且冷熱的溫差愈加愈大，到後來忘了原來舒快的目的，而變成考驗忍耐的工具。生意人想到了女人的一個弱點，號稱一冷一熱之際，會將脂肪煮掉，你沒見過雞湯上面浮的那層油麼？這一招果然有效，據說目前女士們也愛去洗三溫暖，而且放出來上面果然有一層油——其實不是她們的脂肪，而是化妝品等的保養油。無論如何，看到一個社會中流行三溫暖總是一件好事，表示這一定是個富裕而安定的環境，如果不富裕，吃飯都有問題，誰還花錢去泡湯？

使用三溫暖應該注意事項

需要注意的是，做三溫暖前應該避免吃太飽，剛運動完以後也應該先休息一下，待心跳恢復正常再開始三溫暖程序。此外，在進入蒸氣室前，最好先行淋浴洗淨身體並擦乾，如此才不會影響後來的流汗效果。專家同時建議，每次蒸氣時間最好不要超過十五分鐘，期間也不要喝水，而應該在結束後才補充水分。

第 **13** 章

休閒俱樂部的經營設計

- 休閒俱樂部的型態與產品設計
- 不同類型俱樂部產品規劃比較
- 休閒俱樂部的等級

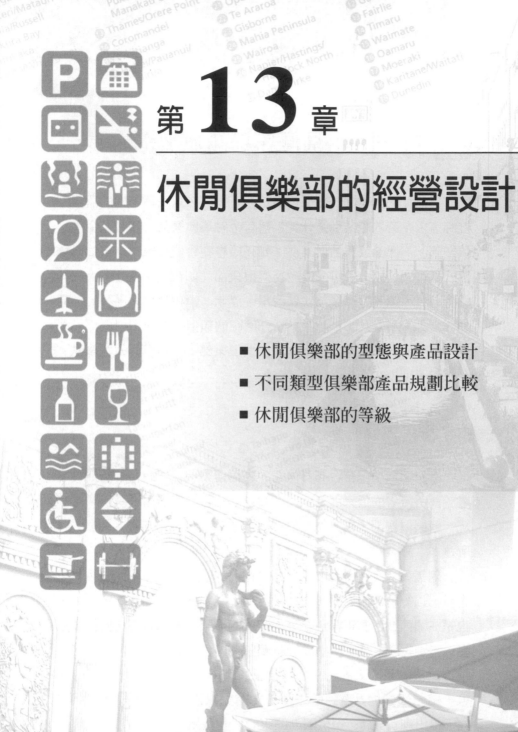

第一節　休閒俱樂部的型態與產品設計

　　目前休閒俱樂部的類型可謂是百花齊放，以滿足不同的消費族群的需求。若依職業別區分，包括有金融業俱樂部（如台北金融家俱樂部）、律師或醫師俱樂部（如高雄皇朝會俱樂部）。若依俱樂部的社經關係來分，可分為商務型俱樂部（如台北聯誼社、太平洋聯誼社）、運動型俱樂部（如滑水、潛水、滑翔翼俱樂部等）（**圖13-1**）與休閒俱樂部。後者又區分為四個類型：鄉村型俱樂部、都會型俱樂部、社區型俱樂部與飯店型俱樂部，為本書的敘述重點。分述如下：

一、鄉村型俱樂部

　　鄉村型俱樂部結合鄉村休閒、高檔運動項目與商務聯誼性質，屬於高所得者的俱樂部型態（**圖13-2**）。實例如鴻禧大溪俱樂部，統一健康俱樂部，揚昇休閒俱樂部和永安高球俱樂部等，如**表13-1**所述。

　　隨著國民所得的提高及工作時間縮短，休閒產業將成為明日之星，以統一健康俱樂部的創設為例，其動機除了因應社會需求，也是在國內缺乏真正符合全家人渡假的俱樂部情況之下積極投入開發。特別是統一集團所倡導的新健康休閒生活觀，既然現有的渡假中心無法滿足國人的需求，就無法從現有渡假中心看出真正的需求。統一健康世界看到此一趨勢，首先以滿足國人重視休閒為導向，提出創新觀念，提供國人健康的休閒產品。

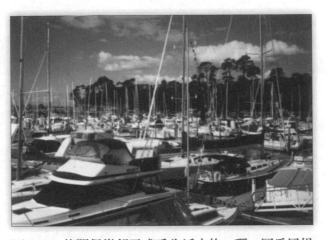

圖13-1　休閒俱樂部已成為生活中的一環，圖為風帆
之都：紐西蘭奧克蘭半月灣的風帆俱樂部

資料來源：作者拍攝。

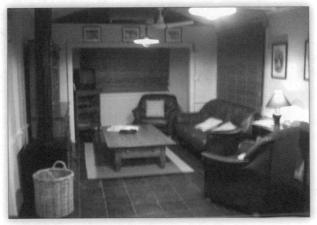

圖13-2　鄉村型俱樂部以休閒舒適取勝

資料來源：作者拍攝。

表13-1 台灣著名鄉村俱樂部之比較

名稱	個人入會標準	團體入會標準	餐飲設施	其他設施	備註
統一健康俱樂部	個人卡32萬元	家庭：55萬元法人：150萬元	餐廳戶外吧台	造浪池、射箭場、天文台、綜合球場、鹽水池、溜冰場、高球場、電玩室等。	北部：馬武鄉村俱樂部。中部：谷關鄉村俱樂部。南部：墾丁鄉村俱樂部、西子灣海洋俱樂部。
揚昇休閒俱樂部	會費：25萬元保證金：20萬元月費：1,000元		餐廳	游泳池、三溫暖、健身房、圖書館、回力球、桌上曲棍球、溜冰場、美容沙龍、視聽室、射擊場、迪斯可、KTV等。	高爾夫球鄉村俱樂部為主。
永安高球俱樂部	入會費35萬元	公司卡350萬元	中餐廳	游泳池、網球場、健身房、撞球室、閱覽室、會議廳、KTV、pub等。	針對會員提供免費住宿俱樂部七天，免費射擊七次。

資料來源：作者整理，會費變化極大，僅供參考。

二、都會型俱樂部

　　都會型俱樂部的創設在於滿足現代都會族群強調休閒與健康的需求。地點通常設在都會商圈或周邊，以交通便利取勝。包括台北聯誼會、亞力山大（已易手）、名媛時尚、卡沙米亞、惠光、翔園等。由於多樣化的需求發展，又可區分為女仕專屬的都會型俱樂部，如名媛時尚、虹頂等俱樂部，凸顯出女性的社經地位已大幅提

升。

　　海峽兩岸最經典的都會型俱樂部首推成立於1982年的亞力山大健康休閒俱樂部，為全國最大的健康休閒俱樂部，旗下事業體有亞力山大健康休閒俱樂部、亞爵會館、亞力山大會館（大陸）及頂級的君SPA（如**圖13-3**）。亞力山大健康休閒俱樂部於 2000、2001、2002 連續三年榮獲亞洲最佳俱樂部、最佳經理人、最佳有氧指導員的殊榮；2002年獲得「全球前二十五大最佳俱樂部」之殊榮，為東南亞地區唯一進入該獎項的健康休閒俱樂部。其商品內容如**表13-2**所示。可惜因為擴充太快加上台灣景氣衰退，以致於2007年因財務危機而易手經營。

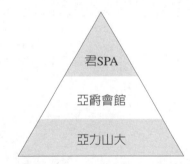

圖13-3　亞力山力俱樂部策略定位

資料來源：亞力山大官方網站。

　　自政府宣布即將實施週休二日起，上班族對於健身型運動器材的需求就有明顯的增加趨勢，尤其一些強調都會型的健康俱樂部或商務俱樂部都紛紛增添許多新設備，其中更以健康器材或韻律課程訴求為最普遍。而隨著國際化的腳步，諸如SPA療程也成為近幾年來多家俱樂部的重要賣點。大台北地區都會型俱樂部比較見**表13-3**。

表13-2　亞力山大健康休閒俱樂部商品內涵

俱樂部別	商品內涵
亞力山大健康休閒俱樂部	健身中心、瑜伽、團體課程、美容SPA服務及商品，全台十七個分部。
亞爵會館	健身中心、美容SPA服務及商品、商務聯誼，中、西式及泰式料理餐飲供應。現有都會館、健康館、運動溫泉館。
亞力山大會館	動能健身、SPA美容、舒活桑拿、商務聯誼、中式（上海菜、台菜、粵菜）及泰式料理供應。
君SPA	養身水療池、身心靈教室、養身SPA體重管理、美髮造型、三溫暖……等。現有君SPA信義館與溫泉館。

資料來源：1111人力銀行。

表13-3　大台北地區都會型俱樂部比較

俱樂部	入會費（元）	月費（元）	成立年	免費設施	付費設施
名媛時尚	80,000	1,500	1995年	溫水游泳池、健身房、影碟中心、健身房、韻律教室、摩登旅館、餐飲休閒中心。	餐點、美顏、美體、課程。
卡沙米亞	公司：75,000 家庭：60,000 個人：36,000	免費	1997年	游泳池、三溫暖、回力球、健身房、韻律教室、視聽中心、網球場、羽球場。	會議中心、訓練中心、宴會廳、運動用品、球具、餐飲、教學課程。
台北聯誼會	個人：210,000 公司：180,000	3,000	1996年	溫水游泳池、健身房、有氧韻律室、三溫暖、超音波按摩浴缸、蒸氣浴。	西式、日式料理、咖啡廳、指壓室。
太平洋	公司：150,000	家庭：3,500 個人：2,500	1994年	健身房、池畔休閒區、三溫暖、水療池、撞球室、綜合球場等。	才藝教室、指壓區、護膚美容、鋼琴酒吧、中式料理。
中興健康	個人：8,000	2,500	1986年	健身房、課程、三溫暖。	指壓、美容。

（續）表13-3　大台北地區都會型俱樂部比較

俱樂部	入會費（元）	月費（元）	成立年	免費設施	付費設施
虹頂	公司：150,000	2,625	1985年	三溫暖、烤箱、健身中心、有氧課程、圖書室。	中西式自助餐酒吧。

資料來源：作者整理，會費因時而異，僅供參考。

　　1998年起台灣實施週休二日，有許多人看好休閒活動，一般認爲戶外活動固然重要，但隨著運動風氣漸盛，大多數的消費者在追求健康的驅使下，強調「健康」的都會型俱樂部就顯得相當具有潛力。而都會型俱樂部經營成功的第一要件是必須離公司或住家附近、停車方便；如此一來才能讓會員上、下班方便使用器材，以提高使用率，達到「經常」運動的目的。而都會型俱樂部除了擁有運動器材外，餐飲部分也是重要的營業來源，平均約占總營業額六成左右，其中又以中餐部分最高。

三、社區型俱樂部

　　社區型俱樂部多附屬於高級住宅區中，提供高所得消費住戶一個休閒、健身的場所。包括如長谷音樂廳、寶成陽明山天籟、尖美東山河等，皆把社區型俱樂部的設計融入整體社區營造的一部分，不但可以招攬到高品質的住戶，提升住家水準，也是增加收益的方法。近年來台灣都會新型態大樓式住家普遍引進此一觀念。

　　社區型俱樂部一方面提供住戶一個高格調的住家環境與交誼機會，如果對外招收會員亦須提高入會門檻，以確保俱樂部品質。

四、飯店型俱樂部

高級飯店設立俱樂部主要有二大考量：首先是據此建立顧客忠誠度（高級旅館的主要收入來自老顧客的重複消費）；另外便是充分利用旅館內的休閒器材，增加收益。例如下午時段是每一家旅館的出入房空檔，若能充分利用，增加的收入頗為可觀，即使平時，旅館內的設備利用率也普遍不高。包括凱撒、遠東國際、米堤、霖園、圓山、喜來登、晶華和福華等皆設立附屬俱樂部。其中以圓山俱樂部設立最早，聯誼與建立顧客忠誠度的訴求較為明顯。

例如綠洲健身俱樂部為附設於君悅飯店內之運動健康中心，君悅飯店為知名的國際飯店，健身房內的器材大都為電腦化器材。服務特色則因本身為五星級飯店，講究的是非常高級的設施及無微不至的服務態度。

新進的飯店附屬俱樂部，諸如喜來登、晶華等五星級大飯店內都設有俱樂部，除了供住房客人使用外，亦對外招募會員。而由福華經營的翡翠灣俱樂部，不但擁有齊全的渡假休閒設備，對於環境積極維護及高品質休閒文化的推動，更是不遺餘力（表13-4）。

除了上述的四種休閒俱樂部型態外，近來亦有其他業者介入這個市場，其中以日系百貨公司居多，如太平洋都會生活俱樂部便是最典型的例子。其經營理念與飯店型俱樂部相同，主要以建立與鎖定老主顧忠誠度為主要考量。太平洋都會生活俱樂部為台北地區首家位於百貨公司內的俱樂部，位於繁忙的東區，成立宗旨和目標是提供家庭最佳休閒空間，並提供高收入婦女一個社交聚會與健身的場所，目標市場鎖定居住在附近的中高級主管家庭為主，涵蓋範圍具有地域性，服務屬性及服務特色則是提供目標市場之親子共同的和獨立的活動空間，都會鬧中取靜的休閒方式是其主要競爭利器。

表13-4　台灣著名飯店俱樂部比較

飯店	費用	設施	訴求對象	優惠內容
國賓	個人：36,000元	三溫暖、游泳池、健身房、按摩美容。	一般消費者	無
凱撒	無	露天游泳池、渦流按摩池、日光浴、三溫暖、海濱步道、健身房、三溫暖、網球場、高爾夫球場、兒童遊樂場。	12歲以下小朋友	1.每次可獲贈不同禮物。 2.兒童專屬菜單。 3.各餐廳免費飲料服務。
力霸皇冠	個人：12,000元 公司：37,500元（三人）	三溫暖、健身中心、會議室。	年滿20歲具有正當職業	1.免費中、英文秘書。 2.全年免費招待住宿一晚及訂房旺季7折，淡季6折。 3.洗衣8折、餐飲85折。 4.贈衣蝶生活館貴賓卡。 5.消費3小時免費停車。
遠東國際	個人：65,000元 公司：150,000元	健身設施、池浴設備、按摩服務、日光浴、戶外游泳池。	公司主管	1.餐飲、洗衣9折。 2.遠企中心購物9折。 3.不同時數免費停車。 4.會議室租用8折。 5.住房67折，特別房75折。
米堤	300,000元	三溫暖、健身房、游泳池、童玩天地、撞球、桌球。	公司主管	1.每年六張住宿券。 2.月結帳服務。 3.會議室7折。 4.住房淡季7折，旺季9折。 5.餐飲9折。 6.PUB、KTV、美髮9折。

（續）表13-4　台灣著名飯店俱樂部比較

飯店	費用	設施	訴求對象	優惠內容
寒軒	360,000元	游泳池、健身房、專屬三溫暖、美容院、專屬會員餐廳。	公司負責人	1.餐飲、住宿9折。 2.免費停車。
福華翡翠灣	26,000元	健身房、三溫暖、游泳池、撞球室、閱覽室。	一般消費者	1.會員參與活動9折。 2.訂房75折假日85折。 3.會議室租用8折。

資料來源：作者整理，會費因時而異，僅供參考。

第二節　不同類型俱樂部產品規劃比較

　　由於國民所得大幅提高與西方休閒運動風氣的引進，國人對休閒俱樂部的需求與日俱增。為了因應不同族群消費者多樣化與個性化的需求，衍生出了不同類型的型態。其中鄉村型俱樂部由於入會門檻仍高（約三十到一百三十萬元），會員以金字塔中高層的人士居多，因此在產品規劃上當然以非一般人所能享受的品質與設備為主。而一般中產階級或上班族則以合理價格，獲得健身休閒為主，因此都會型俱樂部的規劃當然以滿足他們的需求為考量。至於飯店型俱樂部則以鎖定老主顧為主，目前的情況仍以中高社經地位者為目標市場。以下列表（表13-5）分別陳述四種型態俱樂部的產品設計，可以從中發現它們之間的差異。

　　即使是都會型俱樂部也因為社經地位之差異可以進行區隔。以曾經在台灣獨占鰲頭的亞力山大企業集團品牌定位為例，亞力山大健康俱樂部定位為全家人的健康休閒俱樂部；亞爵會館定位為菁英

表13-5　不同類型俱樂部產品規劃比較

俱樂部類別	室內	室外	備註
鄉村型俱樂部	游泳池、三溫暖、健身中心、水療池、室內球類、兒童遊戲室、餐廳、會議室、健診中心。	游泳池、日光浴、人造沙灘、高爾夫球場、網球場、騎馬、水上活動、戶外遊樂設施。	視位置差異頗大。
都會型俱樂部	游泳池、三溫暖、健身房、韻律教室、視聽中心、戲水池、圖書室、課程、餐飲、指壓美容。	一般無此設備。	室內設計為主。
飯店型俱樂部	三溫暖、健身中心、室內球類、游泳池、按摩美容、餐廳、會議室。	游泳池、日光浴、高爾夫球場、網球場、戶外遊樂設施、健康步道、套裝旅遊。	因不同飯店差異頗大。
社區型俱樂部	三溫暖、健身房、韻律教室、視聽中心、圖書室、課程。	游泳池、網球場、高爾夫球練習場。	室內設計為主。

們的健康休閒會所；君SPA定位為頂級專業的時尚SPA會所（VIP）。

 # 第三節　休閒俱樂部的等級

　　俱樂部所提供的服務雖非一般商品，仍屬於服務業的一環。依其營運方式可區分為三個等級，依其專業程度分別介紹如下：

一、第一級俱樂部

　　由著名的俱樂部專業管理公司直接經營管理。現階段國內只有

本土的俱樂部，如統合（統一健康俱樂部）、亞力山大等。少數公司試圖引進國際專業俱樂部管理公司，可以想像，未來國內的俱樂部市場將是一場土洋大戰的情景。

二、第二級俱樂部

由大飯店負責或兼營的俱樂部現階段在國內不在少數，許多消費者更會認為委由大飯店管理的俱樂部就是最好的俱樂部，事實上不盡如此。

飯店管理有其專業性，基本上是屬於比較開放式的商業管理型態，因為客人來來去去，不一定是固定的。反觀俱樂部，不對外開放，會員一律採封閉式，其服務與管理系統自然與飯店業者大相逕庭。只不過依目前的狀況來看，和其他更外行的行業相比，同樣的商業服務，飯店業務自有其重疊、類推之處，這也是飯店管理較諸他種行業入主俱樂部管理尚可略勝一籌的主要因素。

三、第三級俱樂部

既不是由專業俱樂部經營管理，也沒有大飯店的經營背景，而是純粹外行的跨行管理，如建商將空屋重新規劃而以俱樂部型態出現、招收會員。所以第三級俱樂部的業主參差不齊，因此這一類俱樂部也是現階段受人詬病最多的俱樂部。

不過所謂的第三級俱樂部並非單指俱樂部的硬體配備不足，這一類俱樂部的整體設施在某些用心的業主的求好心切下，往往頗具可觀之處。比較可惜的是俱樂部最重要的軟體管理，舉凡會員服務、活動設計，甚至於作業流程等則付之闕如。

軟體部分一定要做好，才能吸收會員不斷前來與舊會員的好口

碑。也唯有透過習慣性參與俱樂部活動的會員消費，這個俱樂部才具有永續經營的能力與實力。

可惜國人不重視專業的情況下，空有華麗的外表，卻缺乏實質內在的非專業俱樂部常形成資源的浪費。在業者打代跑的心態及會員們存在速食心態下，早晚會因為與期望不合，導致對同型產品的失望及不信任！

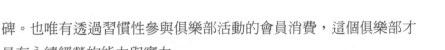

Go Go Play 休閒家

新世代的五感療法：SPA*

SPA的起源

　　ＳＰＡ源自於十六世紀，歐洲比利時所屬阿德南絲（Ardennes）森林區中有個小鎮叫SPA，古羅馬時，居民發現此處湧出了許多自然的泉水，且鹽分極低，無礦物雜質，不管是飲用或用來泡浴對人體均有很大的益處。

　　在西元前五百年的古歐洲就有文獻記載，海水可以治療人類痼疾，古希臘人相信海水具有刺激人體神經、清洗惡性腫瘤的效力。到了西元前三、四百年，在希臘文獻上的記載上，已有醫師提出水療法可以預防疾病的療程；爾後水療和溫泉浴場在古羅馬時代非常風行。在羅馬帝國時期，尋常百姓便以水療法來醫治從宿醉到精神錯亂的所有疾病。據記

---

* SPA原文是Solus Par Aqua意即「健康之水」，Solus＝健康，Par=經由……，Aqua=水。

載，Augustus大帝也浸泡海水來醫治熱病；而十六世紀的法國國王Henry Ⅲ更使用海水來治療皮膚病。

　　SPA也被稱為土耳其的活水浴，其源自古老土耳其人喜歡置身大自然並享受大自然的飛瀑流泉，並用其自然瀑布的流泉沖擊身體各部，使身體的穴位受到水泉由上而下的治療，同時讓身體與心靈得到大自然的洗滌並獲得解脫，為生命灌注新能源，使得生命力更加旺盛。十七世紀的德國，開始利用科學的方法使用泉水在近代療程上，除了作為治療、復健等用途外，更因為其舒適的環境，可以提供一般人休閒、娛樂的目的。至今德國的水療醫師可以開立水療處方給病人。十八世紀此種大自然SPA的飛瀑地區漸成王公貴族聚集養生享樂的地點，十九世紀歐洲上層社會人士更以大自然中有飛瀑、溫泉勝地建造健康、美容、理療中心，以昂貴的收費提供大自然與人為服務之各項療程，為人們做長、中、短期之美容、理療，以締造及滿足人們對回春健康的追求。

　　SPA早期是以具有療效的溫泉或礦泉區為主，現代已演變成一種人人都可享受，集休閒、美容、解壓於一體的概念，配合著五感療法，不論是舒緩按摩或是美容護膚、溫泉水療，舉凡所有和紓解壓力、舒緩身心靈有關的活動都稱SPA。

SPA五感療法

　　透過提供放鬆情緒音樂（listening）、空間感受（seeing）、鬆弛情緒的薰香（smelling）、花草茶（tasting）、香精油按摩（touching），同時對人的五個感官進行一種舒緩壓力讓身心重新甦醒的心靈療法。此外，再加上最新的第六項感官：意志（thinking），以書籍、宗教、音樂或藝術等等方式，來進行自

我純淨靈魂與精神力培養，這六感裡應外合，不僅改善身體外在的種種不適，同時也涵養了內在的心靈。

在SPA中，三溫暖稱為「蒸氣浴」，健身中心叫fitness，溫泉叫hydrotherapy，這三項是SPA必有的硬體設備。

SPA的功能

SPA從早期的溫泉療法演變到現代，包括的範圍更大並結合五感療法，而三溫暖只是其中一小部分，SPA包括水療、油壓、指壓、芳香療法、美體沙龍等等，由於現代人面對生活與工作的壓力，藉由SPA與三溫暖來紓解壓力與緊張的情緒。它們主要的功能有：

· 驅除工作疲勞、鬆弛神經

促進血液循環，使全身器官組織於短時間內吸收營養及養分。迅速驅除疲勞，放鬆神經緊張，加速新陳代謝，增強細胞抵抗力。

· 消除皮膚污垢、美容健身

舒張毛細孔，徹底消除皮膚表面的油脂及細菌污染，提供全身肌膚最完善的細胞活化，讓臉部及全身皮膚保持彈性活力，延緩衰老，達到全身美容功效。

· 排除體內毒素，治療病痛

針對缺乏活動所引起的肥胖，使用蒸氣可以大量排汗燃燒脂肪，排除體內毒素，加速新陳代謝，如失眠、傷風感冒、腰痠背痛、皮膚過敏者皆有療效，輕微氣喘、中風患者，須有家人進行看護，進行長期療效。

資料來源：作者蒐集整理。

第十二章　休閒俱樂部的經營設計

303

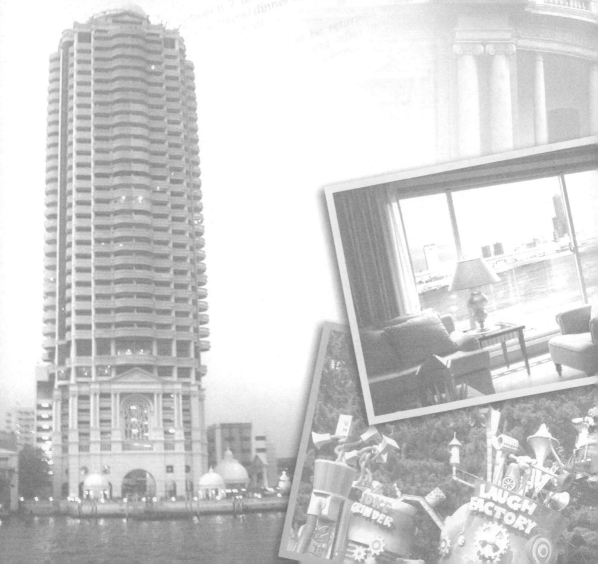

第五篇
主題遊樂園與購務中心的設計

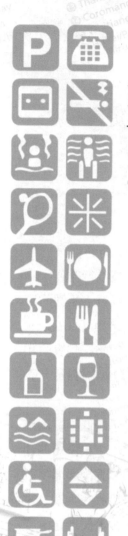

第 **14** 章

主題遊樂園的緣起與類型

- 主題遊樂園的起源與定義
- 台灣主題遊樂園的發展史
- 主題遊樂園的類型

第一節　主題遊樂園的起源與定義

一、主題遊樂園的起源

　　主題遊樂園（theme park）的歷史淵源可以回溯到很早的年代。在中國古代，交易市集常出現二、三個人的搭檔進行雜耍、南北拳表演，兼賣一些膏藥或以收取少許銀兩過活的場景。相同的，在古代的希臘、羅馬時代，爲了交易商品而聚成了市集（fairs）。這些市集往往聚集了大量的人潮，人潮之所在也就招來一些表演和娛樂，剛開始是各類遊戲、音樂、舞蹈，其後則是雜技的藝人表演。這便是遊樂園的最早雛形了。

　　到了十六世紀，歐洲的商業市集裡第一次出現了類似旋轉木馬（crude carousels）的騎乘設備與其他簡單的遊樂設施。很多短期性的商業市集因爲添加了大量的娛樂色彩而獲得成功，其後便產生了專業性的遊樂場（amusement parks）。遊樂場通常設立在人潮經常出入的地點，提供騎乘與其他遊樂，開放時間則配合天候而定。在歐洲，這一類遊樂場所愈來愈多。其中法國的凡賽斯（Versailles）便是十六世紀中期一個最有名的遊樂場。

　　1843年，丹麥宮廷花園開放爲平民花園，則是景觀類主題遊樂園的開山鼻祖。到了十九世紀中葉，類似的「遊樂花園」首度登陸美國。1845年紐約市興建了維克斯赫爾花園（Varxhall Garden），隨著工藝技術的進步，騎乘設施的設計愈來愈大膽刺激，新材料的引進應用則提高了它的安全性。其中值得一提的是，喬治‧菲力斯（George W. Gale Ferris）在1893年爲哥倫比亞博覽會（Columbian

Exposition）發明了有名的摩天輪，就在同時，全美各地亦紛紛興建多處的機械式遊樂場。

1910至1930年之間，騎乘設施的製造與運用更加興盛。電車公司的便捷交通網幫助提高了遊樂場的吸引力，假日的人潮對娛樂業和大眾運輸業產生互利共榮的效益。

令人訝異的是，當1930年代經濟大恐慌席捲美國，百業蕭條之際，大部分的遊樂場卻都倖存下來。但可笑的是，隨著技術、經濟的更新帶來的休閒慾望與機會的改變，卻也預示了一個舊時代的結束：許多遊樂場反而隨著經濟的再度繁榮而沒落。因為汽車的普及大大擴展了不同的休閒選擇方式與延伸的空間；當時技術的進步也同樣帶動其他娛樂事業的發展，如電影工業至今不衰。1940年代許多遊樂場因無法保持競爭的品質，遊客日益減少，遊客的減少又迫使收入減少，這種惡性循環使得一家又一家的遊樂場關門大吉。到了1950年，只剩幾家繼續成功地維持運作。它們大部分是由一些勤奮的百萬富豪家族擁有與經營。

在1950年代，當華德迪士尼（Walt Disney）帶著他的寶貝女

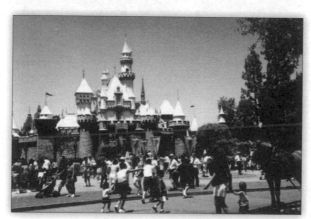

圖14-1　迪士尼樂園是主題遊樂園的經典之作

資料來源：作者拍攝。

兒到一個遊樂場玩樂時（故事總是這麼開始的），他發現這些地方缺少了一項他認為非常重要的特質，那就是「家庭娛樂氣氛」。為了達成他的理想，他在1955年成功地創立了舉世聞名的迪士尼樂園（Disneyland）。

華德迪士尼把他電影中的魅力、色彩、娛樂、刺激和遊樂場基本特性結合起來。多樣的騎乘設施、玩樂設備、舞台表演、卡通人物、漂亮商店和美食街營造出迷人的氣氛：乾淨、友善、安全與對古老美好時光的懷念等等。在他的電影中所運用的藝術設計和想像，成功地同時應用在遊樂場裡。那些具有主題色彩的遊樂設施，如幻想世界及明日世界更是廣為世人所知。就這樣，全世界最知名的主題遊樂園誕生了。到現在，迪士尼樂園仍是全球主題遊樂園的經典之作，也是各國設立主題遊樂園爭相模仿的對象。

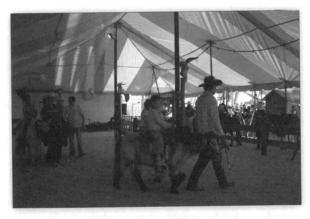

圖14-2　到主題遊樂園中騎迷你馬對小朋友來說是很有趣的經驗

資料來源：作者拍攝。

Go Go Play 休閒家

旋轉木馬

　　無論是虛擬還是現實世界，在所有的遊樂設施中，「旋轉木馬」是價格便宜卻最老少咸宜的一種。它不但是主題樂園所有遊樂設施的開山鼻祖，也是所有主題樂園不可或缺的遊樂設施。

　　旋轉木馬，1907年誕生於德國，英文叫做 "Merry-Go-Round"。想像中，就像一個慈祥的父親帶著自己親愛的小女孩，將她抱上旋轉木馬，笑咪咪的看著她，摸著她的頭髮對她說：Merry, Go Round！然後孩子的歡樂世界便開始旋轉。

　　旋轉木馬幾乎是遊樂場或主題樂園的象徵與基本遊樂設施，並且是不少藝術作品中傳達情侶愛意、父子情深的最佳道具。

　　紅黃相間的頂棚是它們的共同意象，它一定擁有節日般喜氣的音樂、絢麗五彩的燈光、繽紛的玻璃鏡子和一匹匹精緻雕刻出的「木馬」。每一隻木馬不管大小，都是往前奔跑的姿勢，它們佩帶著色彩光鮮亮麗的鞍套，有些低頭，有些昂首的，四隻腳用力騰飛著。

資料來源：取材自村上春樹，2002，《旋轉木馬鏖戰記》。

二、主題遊樂園的定義

　　什麼樣的遊樂園叫做主題遊樂園？如果以最具代表性的迪士尼樂園爲例，是指「在特定的主題中，以創造非日常生活的空間爲目的，在主題之下統一有關的軟硬體設施及營運作業，並且排斥非主題事物的娛樂園地」。因此，所謂的主題遊樂園，就像美國的迪士尼樂園。園方不只提供機械遊樂設施，同時以特定主題，對園區中建築物、附屬設施（如大到洗手間內裝、路標，小到垃圾桶的設計）、服務生的外裝與服務態度進行全面性的包裝，創造一個「非現實世界」的情境與氣氛。

 # 第二節　台灣主題遊樂園的發展史

一、台灣第一階段遊樂園的發展階段

　　台灣地區早期遊樂園的發展演變，主要可分爲以下幾個時期：

(一)1971年以前

　　1946年台灣省光復，日據時代之台北動物園暨兒童園遊地由台北市政府接管。1958年兒童園遊地放租給民間設立「中山兒童樂園」，1968年市政府收回自營，1970年歸併動物園，成爲動物園附設的兒童遊樂區。由此可知，台灣最早期的戶外遊樂區以兒童爲主要對象，即一般所謂的「兒童樂園」。

(二)1971年

1971年，陳釗炳聘請日本岡本娛樂株式會社、竹商企業公司規劃成立大同水上樂園，是爲國內第一家民營遊樂區的誕生，此時樂園內之設施全以機械遊樂器材爲主。大同水上樂園頓時成爲全台各中小學學生環島旅遊的熱門地點。

(三)1971至1980年

1971年後的十年內，遊樂區蓬勃興建，而活動設施均以遊樂機械爲主，當時的大型百貨公司也利用頂層空間，開始引入各式遊樂機械。到現在仍然成爲百貨公司規劃上必須考量的一層。但國內遊樂機械更新度低，加上缺乏自行研發的能力，終使機械式遊樂園的發展漸趨停頓。

(四)1981年

1981年間，行政院重申加速發展觀光遊憩事業後，遊樂園的興建又熱絡起來。這段時間發展出來的遊樂園不再純粹是遊樂機械而已，另外紛紛引進了其他遊憩活動，如小型動物園、水族館、森林遊樂活動等，此時遊憩規劃設計的觀念已漸漸在台灣萌芽。

(五)1983至1989年

1983年亞哥花園及1984年小人國遊樂區成立後，台灣地區的遊樂園發展才眞正突破傳統觀念，不再以機械式遊樂器材爲主，正式進入「主題式遊樂園」的時代。業者開始運用嶄新的規劃設計理念，導入主題式遊樂園的觀念，並聘請各行業專家共襄盛舉規劃設計。

(六)1989年以後

1989年7月八仙樂園開幕，雖僅有水上樂園部分開業，然卻儼

然居於大型樂園的主導地位,並為大型樂園的發展特徵如綜合多元化、分期分區化等寫下註腳。

二、台灣主題遊樂園的變遷

台灣第一個真正的主題式遊樂園是由六福開發股份有限公司建造的「六福村主題樂園」。1979年底,六福開發公司在新竹關西投資闢建六福村野生動物園,以廣達75公頃面積的園地為號召,一時成為吸引全國民眾休閒旅遊的焦點。1989年又著手規劃「六福村主題樂園」,以美國迪士尼樂園為師,擴張其休閒娛樂事業的版圖。1993年5月「六福村主題樂園」正式營運,成為六福開發主要事業體(**圖14-3**)。

六福經營的業務範圍分為觀光旅館、六福村野生動物園與長春戲院三大部分。六福開發是上市公司中唯一完全經營休閒育樂事

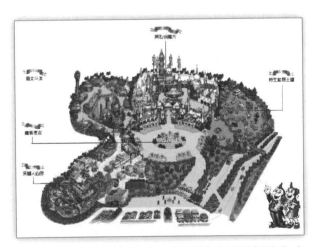

圖14-3　六福村是國內第一個以迪士尼為師的多主
　　　　題幻想類主題樂園

資料來源:六福村官方網站。

業的公司。隨著國民所得日漸提高，民眾休閒生活的普及與提升，六福開發在遊樂事業的營運比重，從1989年六福村野生動物園占全公司營收22%，到1995年六福村主題遊樂園占40%以上。顯示公司在1988年12月上市以後，以歷次增資所籌措的大眾資金，致力於擴張與更新原有各事業體的軟硬體設施與服務品質，已經獲得具體成效。六福開發的事業版圖的發展歷史，事實上是台灣休閒旅遊發展的最佳見證。

依據觀光局的統計，截至2006年底，遊客數排名台灣前六大的民營遊樂區依序為劍湖山世界、月眉育樂世界、六福村主題樂園、九族文化村、小人國世界與花蓮海洋世界。其中六福村、劍湖山世界及九族文化村三家遊樂園為1990年代台灣北、中、南的第一品牌。因此「3-6-9：劍湖山—六福村—九族文化村」可以說是台灣發展主題遊樂園的代表性業者。

近年來，由於台灣經濟發展，國民所得提高，再加上隔週休二日政策的實施，觀光旅遊逐成為國民生活的一部分，觀光旅遊事業也成為二十一世紀最具蓬勃發展潛力的服務事業之一。政府為提升國民生活品質，特別注重國人的休閒生活，增加旅遊資源與高品質的遊樂休閒設施為迫切需要的工作。主題遊樂園為近年來政府與民間皆關切的遊樂園型態，在遊客需求呈現多樣化的時代，旅遊市場競爭激烈，主題式遊樂園將成為未來遊樂園之發展趨勢。

尤其面對每年四千萬人次的國民旅遊人口，國內遊樂區業者紛紛投注鉅資擴充遊樂設施，也包括六福村、九族文化村、劍湖山世界等民營遊樂業，均以比大型、比新鮮、比刺激的遊樂設施作為競爭策略，預估投資額至少超過百億元。

根據經濟學家恩格爾（N. Angell）的所得效用理論：「當所得增加時，個人花費食物類的支出比重會降低，休閒娛樂支出則增加。」我們可以以台灣近十年國民所得與消費支出的相關資料來

印證此說法：食品、飲料及衣著鞋襪服飾支出占民間消費比重，由1996年的28.6%降至2005年的27.4%；同一時期的醫療保健及娛樂、消遣及教育支出比重亦由24.5%上升至27.3%。顯示隨所得水準提高，國人消費重心已由食衣之溫飽，轉為兼顧各種教育、娛樂活動及個人醫療保健，以追求生活品質之提升。隨著國人生活水準提高，文化藝術與娛樂運動休閒支出占民間消費的比重不斷提高。2004年實質成長3.8%，占服務業名目GDP比率2.5%。休閒娛樂活動確實是愈來愈受國人重視了（圖14-4）。

自政府政策性決定，實施每月兩次週休二日後，觀光旅遊產業界一致評估，台灣社會將正式跨入休閒時代，服務業產值將躍升為國家競爭力最明顯指標。

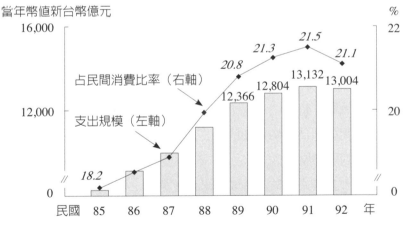

圖14-4 台灣娛樂休閒、文化服務與通訊消費支出的變化趨勢

資料來源：經建會，《總體經濟情勢探討》上篇第二章，頁79。

第三節　主題遊樂園的類型

　　主題遊樂園是遊樂園的主流，遊樂園又是遊憩區的其中一種類型。有關於主題遊樂園的分類相當紛亂，以下分別以官方定義與學者的定義進行陳述：

一、觀光局的分類 I

　　交通部觀光局對於國內的遊樂區以遊憩資源特性分類為五種：

(一)古蹟文化型遊樂區

　　由於自然歷史古蹟屬於國家財產，歸屬內政部或農委會管理，但由於現代人們對於過去農村社會的生活方式的懷念所產生的如「尋根園」之類的仿農村之遊樂園，即是人為創造出來的產品。

(二)遊樂園型遊樂區

　　一般臨近都市的民營遊樂區大都以此類型的經營型態生存，其中的設施以人工塑造居多，不一定是全然的機械式遊樂設施，也有部分是以景觀花園或者水景取勝。

(三)海岸型遊樂區

　　依存自然海岸資源為主，衍生出水域遊樂活動，但也可導入人工設施幫助活動的進行。如墾丁南灣、高雄旗津或苗栗通霄皆是不錯的夏日闔家歡樂場所。

(四)湖泊型遊樂區

　　遊樂區本身主要利用範圍在湖泊地區，如泛舟、划船等活動。

日月潭便是台灣最知名的例子。

(五)山岳型遊樂區

遊樂區位置在山區，所導入的活動也多以登山、健行、體能訓練等為主。如溪頭、阿里山皆是台灣地區最知名的森林遊樂區。

二、觀光局的分類 Ⅱ

觀光局對觀光遊樂服務業的分類又可分為七大類：自然賞景型、綜合遊樂園型、高爾夫球場型、文化育樂型、鄉野健身型、海濱遊憩型與動物展示型。如表14-1。

表14-1　觀光局對觀光遊樂服務業的分類

類　型	說明	主要設施	比率
1.自然賞景型	場所內之主要內容為自然景致之觀賞，其設施亦配合觀賞、遊覽或體驗該場所之自然風景者。	戲水區、觀景區、野餐烤肉區、健康步道、花卉植物園、活動草坪。	37.5%
2.綜合遊樂園型	遊樂型態之綜合體，以機械活動設施為主，配合各種陸域、水域等遊憩活動者。	游泳池、兒童遊樂設施、摩天輪、雲霄飛車、海盜船、旋轉木馬等。	16.9%
3.高爾夫球場型	場內主要內容為高爾夫球場或練習場，配合其他球類運動等活動設施者。	高爾夫球場、練習場、球類運動場等。	13.9%
4.文化育樂型	場內之主要內容為民俗、文物、古蹟展示活動，或為具教育娛樂性質之靜態或動態設施者。	室內外劇場、民俗文物古蹟展示場館、一般放映館、模擬電影院等。	11.2%
5.鄉野健身型	場內之主要活動以果園農作採擷、野外健身活動及配合野外活動之靜態或動態設施者。	野外健身場、滑草場、農作採擷、騎馬場、手划船等。	9.3%
6.海濱遊憩型	場內主要遊憩內容為海水浴場，或借助海水之各項靜態景觀或動態活動設施者。	海水浴場、水上摩托車、帆船、風浪板、潛水區、衝浪、橡皮艇等。	7.1%
7.動物展示型	場內主要內容為動物之靜態展示或動態表演者。	動物展示園、動物表演場、水族館等。	4.1%

資料來源：觀光局。

三、東海大學環境規劃暨景觀研究中心的分類

　　由於台灣地區近年來遊樂區之活動型態趨向多元化，且可供利用之原始自然資源逐漸減少，為滿足日益殷切之國民休閒旅遊需求，因此未來遊樂區發展必須借助人為力量塑造遊憩機會，與過去的遊樂區發展型態不盡相同；根據遊憩資源的使用分類概念以及目前台灣遊憩資源利用條件限制因子，東海大學環境規劃暨景觀研究中心將依資源及設施特性分為四大類，然後再將遊樂區細分為十二類型，如**表14-2**。

四、省府旅遊局的分類

　　台灣省府旅遊局依**表14-2**之分類結果，將全省各民營遊樂區加以分類，並依其所提供之七大主要主題、次要主題及附屬設施分別

表14-2　以資源或設施為導向之遊樂區分類表

資源導向	自然資源	1.水資源（海洋、湖泊、水庫、溪流） 2.森林、山岳 3.動物、植物展示 4.其他特殊景觀
	人文資源	5.歷史、古蹟建築 6.宗教觀光
設施導向	人造景觀	7.人文主題樂園 8.景觀花園 9.教育性主題公園 10.產業觀光
	遊憩設施	11.機械性遊憩設施（陸域、水域） 12.非機械性遊憩設施（露營、烤肉等）

資料來源：東海大學環境規劃暨景觀研究中心，1994，《旅遊局民營遊樂區經營管理制度之研究》。

註記，列於**表14-3**。主要主題乃為遊樂區主要訴求的資源或設施特色，但在發展的過程中次要主題可能發展為主要主題，例如六福村設立之始以野生動物為主題，現在則以機械遊樂設施為主題；劍湖山世界設立之始以景觀花園為主題，現在則以機械遊樂設施為主題；另如九族文化村初期以山地文化為主題，現在也大量引進機械遊樂設施。成立不久的月眉育樂世界一開始以「馬拉灣」水上樂園打前鋒，以「探索樂園」機械式主題樂園為主力，爭取台灣消費者認同。由民營遊樂區分類狀況表可發現，近年來遊樂區已多朝向綜合性型態發展，且多設置機械非機械之遊樂設施以吸引遊客。

表14-3　民營遊樂區分類狀況

類型／遊樂區名稱	親水遊樂	森林山岳	動物植物展示	其他特殊景觀	歷史、古蹟建築	宗教觀光	人文主題公園	景觀花園	教育性主題公園	產業觀光	機械遊樂設施	非機械遊樂設施
和平島公園	✽											✪
雲仙樂園		✽									✦	
達樂花園								✽			✦	
野人谷桃花源渡假村		✽										✪
湖山原野樂園												✽
八仙樂園	✦											✽
海洋世界			✽									
海王星遊艇樂園	✽											
樂樂谷休閒中心		✽										✪
珍珠嶺海角樂園								✽				✦
大自然花園遊樂區								✽				✦
亞洲樂園											✽	
小人國							✽					
龍珠灣渡假中心	✽											✪
味全埔心農場										✦	✽	✪

（續）表14-3　民營遊樂區分類狀況

遊樂區名稱＼類型	親水遊樂	森林山岳	動物植物展示	其他特殊景觀	歷史、古蹟建築	宗教觀光	人文主題公園	景觀花園	教育性主題公園	產業觀光	機械遊樂設施	非機械遊樂設施
六福村主題樂園			◆				❖				◉	
金鳥海族樂園			❖								◆	
童話世界		◆					❖					◉
小叮噹科學遊樂區									❖			◉
萬瑞森林樂園		❖									◉	◆
大聖遊樂世界								❖			◆	◉
古奇峰育樂園						◆	❖					
香格里拉遊樂園							❖	◆			◉	
新中國城遊樂世界						◆	❖				◉	◉
西湖渡假村							◆	❖			◉	◉
長青谷森林遊樂區											❖	
龍谷天然遊樂園		◆									◉	
東勢林場森林遊樂區	❖	◆										◉
亞哥花園		❖							❖			◉
東山樂園							❖				◉	
卡多里山上樂園								◆			◉	
杉林溪遊樂區		❖						◆				
九族文化村							❖	◆			◆	
月眉育樂世界	❖							◆			❖	◆
大佛遊樂園						❖						
新百果山遊樂園											❖	
台灣民俗村（已停業）					◆		❖					
劍湖山世界								◆			❖	
觀音瀑布風景區		❖										
中華民俗村							❖	◉			◆	
走馬瀨農場										❖		◉
悟智樂園（已停業）	◆										❖	
地球村動物遊樂區（已停業）			❖									
大世界國際村							❖	◆				◆
潮洲八大主題樂園		◆	◉								❖	

（續）表14-3　民營遊樂區分類狀況

遊樂區名稱 ＼ 類型	親水遊樂	森林山岳	動物植物展示	其他特殊景觀	歷史、古蹟建築	宗教觀光	人文主題公園	景觀花園	教育性主題公園	產業觀光	機械遊樂設施	非機械遊樂設施
車城海生館	✦	❖								❖		
小琉球海底觀光潛水船	❖											
吉貝海上樂園	❖											✪
東方夏威夷遊樂區							❖	✦				✪
花蓮海洋世界	❖		❖	✦						✦		

註：❖代表主要主題；✦代表次要主題；✪代表附屬設施。

資料來源：旅遊局與作者整理。

五、何中華、黃燕釗的分類

何中華、黃燕釗（1998）依據提供給遊客遊憩活動的類別為分類因子的分類方式，將遊樂區分為六大類：

(一)機械娛樂類

利用鋼材、油壓裝置、電動機等各種機械設備，根據材料性質與原理，並考慮人體工學、心理狀態等，組成有娛樂價值的動態機械。

(二)景觀花園類

以人為景觀花園設計呈現為主，最早是存在公侯王爵的別墅或府第之中，十九世紀後才漸漸走向大眾化。景觀花園的設計是一門很複雜的學問，它是一門很實際的、很需要美學基礎的藝術，需要各種不同技術的藝匠來共同完成。好的景觀花園設計除了美觀之

外，尚應包含許多功能，諸如氣候調節、控制地表水流、提供愉快的視覺空間等。

(三)動物園類

以觀賞動物為主。動物園的設立除了實用及娛樂目的外，更具有教育的功能。

(四)歷史文化類

歷史是人類生活的紀錄，文化則是人類在生活中追求眞、善、美的一種活動。因此，遊樂區中遊樂的主題若是以歷史文化作為背景，其可發揮的項目，應是取之不盡用之不竭的。此類遊樂區多具高度的教育性與藝術性。台北的中正紀念堂、桃園的兩蔣文化園區便是吸引大陸觀光客來台最有賣點的景點。

(五)遊戲景觀類

遊戲景觀大抵分為三類，大地遊戲場、冒險遊戲場和野外健身活動場。大地遊戲場的設施包括攀爬結構、滑梯、鞦韆等，以繩索、原木和鐵件等組成的大玩具。冒險遊戲場1943年開始於丹麥，一位景觀建築師C. T. H. Sorensen發現，兒童在構築基地遺留下來的雜物，比在建好的遊戲場上更能得到玩的樂趣，由是建了第一座廢物遊戲場，也就是後來的冒險遊戲場。野外健身活動又稱為青少年體能鍛鍊場，是一種利用原木與繩索的運動遊戲設備，可供人們在山野自然環境中跑、跳、攀、爬、推、拉、滑、涉，在不知不覺之中達到增進健康的目的。

(六)森林遊樂類

森林遊樂一詞，係由英文forest recreation 翻譯而來，其意義為「以森林為環境所提供的國民遊樂場所」。

六、鄭嘉文等人的分類

另據鄭嘉文等人（2000）《經營環境與行銷策略及服務品質對休閒遊樂區績效影響之研究》，將遊樂區以其主要主題來分類可區分為十二大類（**表14-4**）。

表14-4　以主要主題來區分

類型	遊樂區名稱
1.水資源	和平島公園、海星遊艇樂園、龍珠灣渡假中心、龍谷天然遊樂園、小琉球海底觀光潛水船、吉貝海上樂園
2.森林山岳	雲仙樂園、野人谷桃花源渡假村、樂樂谷休閒中心、萬瑞森林樂園、東勢林場森林遊樂區、杉林溪遊樂區、觀音瀑布風景區
3.動物、植物展示	海洋世界、金鳥海族樂園、地球村動物遊樂區
4.其他特殊景觀	無
5.歷史、古蹟建築	無
6.宗教觀光	大佛遊樂園
7.人文主題公園	小人國、六福村主題樂園、童話世界、古奇峰育樂園、香格里拉遊樂園、新中國城遊樂世界、東山樂園、九族文化村、台灣民俗村、大世界國際村、東方夏威夷遊樂區
8.景觀花園	達樂花園、珍珠嶺海角樂園、大自然花園遊樂區、林口渡假村、大聖遊樂世界、西湖渡假村、亞哥花園
9.教育性主題公園	小叮噹科學遊樂區
10.產業觀光	味全埔心農場、長青谷森林遊樂區、走馬瀨農場
11.機械遊樂設施	八仙樂園、亞洲樂園、卡多里山上樂園、新百果山遊樂園、劍湖山世界、悟智樂園、潮洲假期樂園
12.非機械遊樂設施	湖山原野樂園

資料來源：鄭嘉文等，2000，《經營環境與行銷策略及服務品質對休閒遊樂區績效影響之研究》。國立屏東科技大學企管系實務專題。

七、本書的分類

本書排除非主題式遊樂園，完全針對「主題遊樂園」進行分類，可區分為七大類。

(一)文化類

為具代表性之民族文化的生活器具、建築、歌舞或其他表彰文化特色的有形或無形的民俗文物為主題的遊樂園。園區的設計以靜態陳設與建築為主體，搭配歌舞表演或美食展。如中華民俗村、九族文化村、古奇峰育樂園、大世界國際村、三地門文化園區。

(二)幻想類

以超越現實生活的設計理念，構築誇張或豐富想像力的遊樂設施或環境，作為本類主題遊樂園的特色。最具代表性的幻想類遊樂園應屬在1955年開幕的迪士尼樂園，台灣的幻想類遊樂園規模並不大，目前以六福村主題樂園、九族文化村主題遊樂園為代表，正式營運的月眉育樂世界號稱台灣的迪士尼樂園，無論內容與規模堪稱全國第一。

(三)科技類

以自然科學或人造科學的器具或實驗作為展示主題的遊樂園。其中可能包括物理、化學、機械工程、機電工程、電腦科學、航太科學等領域。它們的特色恰與幻想類遊樂園完全相反，提供一個遊客「實事求是」的遊玩環境。如台中科學博物館、金氏世界紀錄博物館、高雄工藝博物館、新竹小叮噹科學園區。

(四)自然類

以自然界的動物或植物作為展示與遊樂主題的遊樂園。其中可能包括廣泛的動物類別（如六福村野生動物園）或特定動物種類（如國立海洋博物館、大非洲野生動物園、野柳海洋世界、金鳥海族樂園等）、植物（如龍谷森林遊樂區、雙流森林遊樂區等）之表演與活動為主題的遊樂園，其他例子有蝴蝶園、雲仙樂園、金鳥海族樂園。

(五)機械類

以機械式遊樂設施為主體的遊樂園。此一類型遊樂園與其他類型遊樂園比較，凸顯其「著重娛樂」、「追求刺激」的屬性。如劍湖山遊樂園、悟智樂園、八仙樂園與卡多里遊樂園。

(六)景觀類

以特殊景觀（如歐式宮廷花園、中式田園造景花園）為主體的遊樂園。此一類型的遊樂園著重的是提供一個可以讓身心鬆弛的環境。如亞哥花園、達樂花園、大聖遊樂世界、香格里拉、西湖渡假村、東山樂園、東方夏威夷、八大森林樂園。

(七)水上活動類

以水上活動為主體的遊樂園，包括濱海遊樂區與游泳池為主體的遊樂園。前者如散布在各國濱海遊樂區；後者如墾丁福華的水世界、高雄布魯樂谷水上樂園、台中月眉的馬拉灣水上樂園。

當然，目前的主題遊樂園皆朝向多樣化、大型化發展，一家主題遊樂園含括了不同的屬性。如九族文化村同時包含了文化類、幻想類與機械類遊樂園的性質。

Go Go Play 休閒家

汽車工廠變身主題樂園

　　再過不久，說不定憑著你作為某個廠牌車主的身分，將可能獲邀到這家汽車公司所屬工廠所改裝而成的主題樂園中，去來上一趟驚奇之旅！通用汽車（EM）在歐陸德國所屬品牌的歐普（OPEL）汽車，便利用它們原先設在拉塞海姆的裝配廠，設置了全球第一個由汽車工廠改裝而成的高科技汽車主題樂園，名字就叫做OPEL Live，預料此舉將會掀起各大車廠投入「汽車主題樂園」的興建熱，消費者藉著買車或修車之便，順便逛一逛汽車主題樂園，也是一項不錯的休閒活動！

　　歐普汽車總裁R. W. Hendry說，創設這個汽車主題樂園，不只是為了取悅歐普的顧客或員工，而是針對所有對汽車有興趣的民眾提供一個好的休閒去處。他相信，在三年內，這家汽車主題樂園將可吸引至少一百五十萬人到訪。

　　在這個應屬原創性的主題樂園內，參觀者首先將進入一個由大型工廠改建而成的展示大樓，進行一趟「知性之旅」。民眾可以透過各種感官來親身體驗汽車的組成物質和材料；在這裡，參觀者也有機會在3D電影院內，實際體驗身歷聲的新車撞擊測試；也可以在測試跑道上，來一趟高速模擬駕駛；也可以來親身經歷汽車零件和引擎的生命週期變化。

　　這趟知性之旅的過程可以說是高潮迭起。「黑夜騎兵」是一項精彩之旅，民眾將可搭乘園區的特製電動車，遨遊在

夜色中的歐普製造廠，不必擔心內容太過沉悶，因為在整個過程中不僅充滿各種聲光科技，還有刺激無比的間諜追逐情節。就在這段航程的尾聲，還可觀賞到完整的汽車和概念車的精華展出秀。除了模擬的情節，到了最後一站，民眾還將搭乘另一種電動車，實地進入真正的裝配廠內做現場參觀。每逢週六和週日，還會出現機器人模擬平日工廠內實際的作業情景。

雖說是汽車主題樂園，該有的汽車娛樂表演秀、一般遊樂園常見的星球之旅或其他的遊樂項目也不會少。這裡設置有紀念品店，並且擁有餐廳、咖啡廳和占地300坪的圓形劇場。這種前所未見的汽車主題樂園的確是很過癮，期待類似這種配合汽車公司造勢的主題樂園，也能很快在台灣實現。

資料來源：取材自《中國時報》，汽車版。

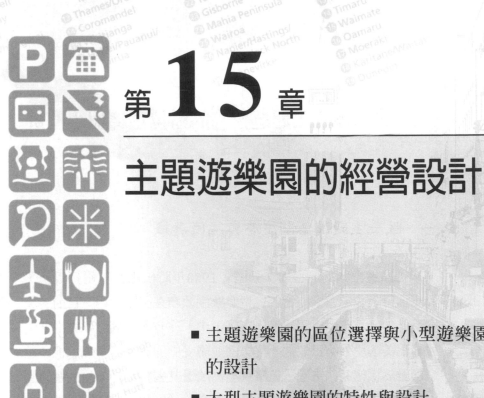

第 **15** 章

主題遊樂園的經營設計

- 主題遊樂園的區位選擇與小型遊樂園
  的設計
- 大型主題遊樂園的特性與設計
- 台灣主題遊樂園產品設計實例

第一節　主題遊樂園的區位選擇與小型遊樂園的設計

一、歐美主題遊樂園型態與區位選擇

　　主題遊樂園的開發歷久彌堅，1980年時，總計有兩打以上，真正稱得上主題遊樂園者的大型遊樂園散布在美國境內。目前，美國境外地區正在考慮興建或已在施工中，亦有若干個，如香港迪士尼成為美國境外第三個迪士尼樂園並廣受中國旅客之青睞。很多遊樂園雖然標榜某個主題，但事實上仍缺乏其獨特之處。這些遊樂園大部分以騎乘活動，特別是「驚險刺激」（thrill）的騎乘活動，作為整個遊樂園的重頭戲。這類遊樂園通常被稱為「騎乘類遊樂園」（ride parks）或「重金屬遊樂園」（iron parks），但一般均認為缺乏適當的主題，然而這並不意味缺乏適當的主題就不能成功。例如劍湖山世界便沒有明確的主題卻能擁有廣大的客源。

　　有些主題遊樂園則另闢蹊徑，以其他遊樂形式做主題，例如：海洋生物博物館以海洋動物展示與參與活動作為主題創造業績；動物園提供「駕車遊逛」（drive through）或「騎乘旅遊」（ride through）的設備，參觀園內的景觀。例如新加坡的夜間動物園便是以遊園車作為主要的遊園工具。另外，還有許多同時包含各種不同主題的小型樂園，如歷史博物館（如上海東汽車博物館）、植物園（如新加坡的熱帶植物園）、甚至是特產品購物中心（如巧克力博物館）等。然而，由於主題樂園的主要客層仍是青少年，目前最受歡迎的還是以騎乘活動為主題的遊樂園。

　　如上一章所述，幾乎很少有例外，不同類型的主題遊樂園各自
占有其主要的區隔市場，而且彼此間有競爭性的威脅存在。這些捷
足先登的業者使得其他稍後開發的同等級規模，甚至小規模的遊樂
園深受打擊。這印證了激烈的競爭事實就是：市場中「大者恆大，
大者更大」的道理。迪士尼自創立至今已超過半個世紀，也創造了
一個不敗的神話。結果，美國境內那些原已有大量人潮支持的主題
遊樂園，除了少數地區例外，大部分到現在還是遊人如織。

　　擁有廣大市場的歐洲與遠東一帶，可望成為二十一世紀大型的
主題遊樂園開發者進攻的目標。但在北美，不與大型主題遊樂園正
面對打的小型主題遊樂園，反被認為可能是未來的流行趨勢，因為
它們具靈活、有創意，並且可能從一些中型的都市開始發展，如紐
奧良、印第安那波里斯、布里斯班等。就在當今許多小型遊樂園還
在資金不足、開發基地惡劣的困境下勉強經營的同時，明尼亞波里
斯市內已有一家「迷你遊樂園」順利開發成功，而且經營得有聲有
色。這對事事講求大就是美的華人有啓發的意義。

二、迷你的主題遊樂園

　　各種主張小規模主題的遊樂園，最近已漸漸崛起。例如：以
親水為主題的遊樂園，其最常有的設施如麻花滑水道和仿海濱的海
浪游泳池；高空彈跳也是敢冒險的年輕人不錯的選擇。另外如迷你
賽車場（mini-racetrack），它是以一種只有傳統賽車四分之一的小
型賽車作為比賽的工具。這類迷你遊樂園因為獎賞辦法與設獎方式
十分吸引人，經營成果亦頗有可觀。這些小型樂園大都主題鬆散，
雖具有高度的季節性限制（如親水樂園），然而技術上皆已能克服
（如以室內溫水設計代替戶外）（**圖15-1**）。

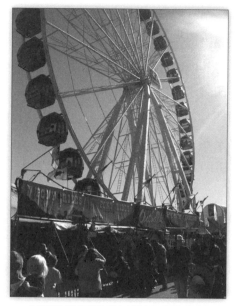

圖15-1　小型遊樂園通常以機械式遊樂設施為主軸

資料來源：作者拍攝。

　　這些近年來興起的遊樂園有一項重要的共同趨勢：喜好這種主動參與活動的人正逐漸在增加當中。然而，開發這類主動參與型的遊樂園卻無可避免會遇到一層嚴重的障礙，那就是：不但要有足夠的遊樂項目吸引各種年齡層參與，並且在經濟可行性是行得通的。

　　如果要經營一個吸引一般人的遊樂園，便須真正有特別主題的樂園，如環球影城（The Universal Studios Tour）、日本荷蘭村、義大利村是非常成功的典範，擁有廣大的顧客群，老少咸宜。但其他業者如果想模仿它們，卻不是那麼簡單的事，它們之所以有如此輝煌的成果，除了獨樹一幟的風格之外，區位選擇是另一項重要的關鍵。例如環球影城以片廠做遊樂園，不但讓遊客身歷其境，體會電影製作的奧妙，也讓電影道具物盡其用。由於它位於好萊塢，成為光臨全球製片中心的遊客必定光臨之處。另外像甘迺迪太空中心，

是一個可以同時容納大批人潮、相當吸引遊客的遊樂園，但在區位與形式上，同樣也是無可取代的。顯然要再複製一個相同性質的遊樂園可能會有許多限制，甚至於是不可能的任務。

　　不論大型的主題遊樂園與特殊的小型樂園，最近有某些已難逃失敗的厄運，例如台灣民俗村。其中最主要原因應歸咎於目標市場設定的錯誤，如台灣民俗村目標市場太狹隘，擴充空間太小、轉型不易。另外區位的選擇不當也是其中的重要原因之一：進出交通不便、地理區隔、與其他競爭者重疊性太高。

　　錯誤的評估或主觀的邏輯推論，勢必導致遊樂園的失敗。那些已經宣告失敗或岌岌可危的主題樂園，經常都是不當的市場分析所引起的。許多失敗的實例顯示，計畫區的地主股東或開發者，常因個人的偏見導致對計畫的錯誤期待。最忌諱開發者本身以當地人或缺乏客觀性的參與者角度介入，早已預設了許多可行性研究的結果，以支持他所想要的計畫內容，對於真正需要的客觀條件，反而置之不理。

　　所有成功大型主題遊樂園，乃至經營出色的小型樂園，都是經過徹底、詳細的市場分析。這些分析研究的工作，通常是那些熟悉研究技術與遊樂園領域的市場專家負責評估的。其詳細的研究項目涉及戰略性行銷（如目標區域的潛在的市場滲透力）、人口統計學（顧客的平均消費水準）、氣候、競爭條件分析。在市場與技術可行性之後，配合詳細營收計畫的財務可行性，才是確保立於不敗的最好保證。

 ## 第二節　大型主題遊樂園的特性與設計

　　主題遊樂園的本質基本上可以分解成下列幾項構成要素：

一、有特定的主題與非日常生活性

(一)需要包容性主題概念

所謂的「主題」範圍相當大，可以放在遊樂園的名字之內，如九族文化村、小人國遊樂園、日本荷蘭村、太空遊樂園等；也可以不放在遊樂園的名字之內，如迪士尼樂園、六福村、劍湖山等。比較知名的「主題」可以是：

1.卡通人物爲中心，如迪士尼樂園、日本凱蒂貓主題樂園等。

2.以電影公司爲號召，如美國環球影城、華納影城、台灣中影文化城、新加坡的唐城、墨西哥的鐵達尼遊樂園等。

3.以生物爲主軸，如恆春國立海洋生物博物館、六福村野生動物園、亞哥花園等。

4.以地名爲名，如日本荷蘭村、台灣民俗村、大世界國際村等，不一而足。

當然，主題概念本身不能劃地自限於一隅，需要具備延伸的擴展性。再好的主題遊樂園，也需要做定期性的更新及追加新設施的投資，以吸引回籠客，但新設施的外觀及性質等，不能造成主題風格上的混亂，導致不協調的印象（如台灣民俗村加入機械設施，與原來園區形象格格不入），因此園方所設定的主題概念的本身，需要具有寬廣的包容性，能融入諸如傳統的雲霄飛車，或機器人、3D劇院之類的新事物，而又不破壞主題的統一性（**圖15-2**）。國內以六福村之多主體（如阿拉伯迷宮、美國大西部、馬雅文化區……等）設計最具代表性。

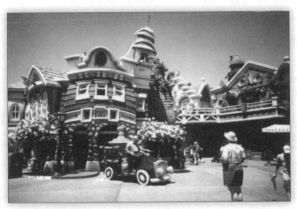

圖15-2 主題遊樂園的主題形象必須鮮明，且具包容性與擴充性
資料來源：作者拍攝。

(二)需要有獨創性的設施

這是遊樂園能否永續經營的一大關鍵。以一般遊樂園中最有吸引力的雲霄飛車為例，迪士尼樂園中，太空山（Space Mountain）裡的雲霄飛車，和神奇樂園（Magic Mountain）裡巨大木架上的雲霄飛車，不但型態迥然不同，而且都是不失為具有獨創性的優異遊樂設施，無論其基本構思和所設定的客層，也都完全不同，各自有不同的訴求，對遊客具有獨特的吸引力。要享用這種設施，也唯有光臨迪士尼樂園，別無分號，這也是建立遊樂園品牌及遊客忠誠度的重要策略之一。

一窩蜂的抄襲，造成多處遊樂園都有似曾相識的設施，不但讓遊客胃口提早損壞，引不起遊客的到園意願，更可能造成地整體業者信譽的損傷。但是，主題遊樂園業者自行開發遊樂設施，通常需要非常高昂的成本，而且基於自己的基本構思進行開發，從設計、製作到實際營運的每個環節，也都需要累積相當的經驗和技術，如無此條件，構思中的設施縱使再好，也往往難以實現。台灣大型主

題遊樂園引入一項新式遊樂設施大約花費2.5到6億元之多，能創造多少業績出來，其實風險相當高。

以往，國內業者對遊客設施的投資，很少自行研發，多由廠商仿製國外成品出售，而且只要在某一家受歡迎，其他遊樂園也都會競相購置，因此形成各家的設施大同小異，幾無特色可言。例如近幾年最受歡迎的「自由落體」大型設備為例，計有六福村南太平洋區的「大怒神」、九族文化村馬雅探險區的「UFO入侵」與劍湖山的「擎天飛梭」，名字不同，實質（自由落體）差異卻非常有限。

二、相關設施及營運內涵都植基於主題之下

主題植基的方法就是「統一性」，而且具有「排他性」，可說是主題遊樂園的最重要本質之一。所謂的「排他性」，是指在主題遊樂園中，不設置與該主題無關的任何東西，例如：迪士尼樂園中絕對找不到與迪士尼無關的卡通人物或故事；六福村的大西部主題區絕對不會出現古羅馬時代的建築。

另外，員工上下班的進出口與遊客進出的大門分設在不同方位。員工的辦公室、化妝室及排演場地，也不會讓一般遊客看到，甚至提供各項服務的動線，也都盡量用植栽或建築物加以隱蔽，因為這些現實的事物和主題無關。要達到排他性，即必須有完善的細部規劃與作業行動配合才能達成。

三、需要完善的細部規劃

主題遊樂園在進行細部設計之前，要先將擬訂的主題概念加以故事化，編成可以動態或靜態方式顯現的腳本，創造出富有個性的擬人化角色（人物、卡通或動物玩偶），配合整體的環境規劃技

術，製造戲劇性的效果。大到建築物，小到裝潢、布景、庭園造景、角色服裝、道具、燈光、音響到走道、植栽等，都要精確的設計與配置（圖15-3）。

當然業者可強調某些元素，藉以凸顯主題概念，使遊客在一進入遊樂園時，就有身歷其境的感受，帶領自己達到另一時空或特異的氣氛當中；加上眼睛看到的、耳朵聽到的及親自參與的，可以享受到豐富的娛樂經驗。例如海洋生物博物館入口處的巨型鯨魚噴水池讓遊客眼睛為之一亮，所有的動線指標皆與海洋生物相關，而觸摸區更讓民眾直接與海洋生物直接接觸，便是一個很好的例子。

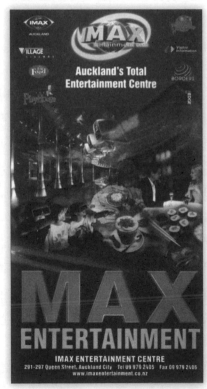

圖15-3　大型室內遊樂園首重響亮的主題與完善的細部規劃

資料來源：紐西蘭旅遊局。

　　雖然每位遊客感受的強度，視他個人投入及參與的深淺而定，但主題遊樂園的主要任務，就是經由完美的規劃，營造出能讓遊客在很自然愉快的心情下，主動投入的幻境，與某種特定而且理想化的主題概念產生交流與對話，刺激想像力，以滿足享樂及淨化心靈的潛在需求。

　　主題遊樂園所以要創造這種非現實的夢幻環境，無非是盡量隔離與現實有關聯的事物，引導遊客暫時脫離他原有的日常現實世界，從生活的壓力和煩惱中解放出來，盡情地投入遊樂園所規劃的歡樂世界之中，或投射在表演角色裡，經由移情作用的發酵，遊客自己在內心深處，也同時自我創造了不同的美感經驗。

四、需要完美的作業行動

　　主題遊樂園是一個純服務業，營運的好壞與服務的品質有直接關聯，而服務品質的關鍵便是服務人員的表現了。園區內的所有服務人員，包括前場的售票、引導、表演、餐飲、清潔及後場的行政、管理等所有的工作人員，是維持主題遊樂園的品質最重要的關鍵；遊樂園所要傳遞的歡樂氣氛，全靠服務人員傳達給遊客。每個員工都是園方的代言人，他們負有直接傳達遊樂園形象與語言的任務，因此，主題遊樂園的管理，最重要的就是確保全體員工能深切瞭解園方的經營理念，除了身體力行之外，還能彈性運作。要做到這點並不容易，需要有系統的、持續性的教育訓練與激勵措施，經過內化的過程，讓員工在舉手投足之間都有該主題遊樂園的歡樂因子。

　　各項職務徹底分工及詳細的職務說明書、作業手冊化的技術，是講求科學管理的美國社會的產物，這種管理方式實施於迪士尼樂園，可說是發揮到極致；園區內歡樂、親切、乾淨和安全的形象，

在全球所有的服務業當中，可說無出其右者，值得國內業者參考。

五、擁有一定的廣大遊樂空間

　　主題遊樂園必須要有一定的空間，最低限度既要能遮住園外的視線，保持非日常性生活的空間，又要提供足夠的遊憩設施，讓遊客即使停留一天，還能意猶未盡，提高再遊比率。美國的主題遊樂園的標準規模用地是80公頃以上。台灣地狹人稠，每單位的營業效率恐怕必須是美國的數倍。

　　一般而言，除了園區主體之外，在遊客接近園區時，通常盡可能劃出一段中間地帶，先營造出主題遊樂園的氣氛，讓遊客在心理上做轉換的調適，例如迪士尼樂園入口的「美國大街」。不但使進園的遊客逐漸增強期待心理，離去的遊客還能繼續回味餘韻，亦可使路過的行人加深印象，增強入園一探究竟的吸引力，這也就是較後興建的佛羅里達州的迪士尼樂園占地廣達4,400公頃的原因。以這種超大型的空間，才能完全隔離外界環境，除了能更有利於塑造理想的主題遊樂園之外，也更能發揮多角化綜合經營的效益。

Go Go Play 休閒家

完美的樂園：迪士尼樂園

　　什麼叫做「追求完美」？迪士尼樂園對園內各種垃圾清運及餐飲供應等，多經由地下管道輸送，各種電源、下水道的地下化設計，更是不在話下。在園內的哪些地點要設置

垃圾桶、賣爆米花或冰淇淋的攤位等細節，在規劃遊憩景觀時，就已一併做了詳盡的設計，預先挖好地道或預埋管溝支援供應，不讓遊客看到這些後台作業的一面。

當遊客一跨入遊樂園時，就絕不讓他看到園外景象，以便進入園方所細心安排的夢幻世界，與日常生活的世界加以完全隔離。而且在園內的各遊憩活動區域，也看不到園區的全貌，使遊客能專心一致地參與這一遊憩點的遊樂設施或觀賞表演，達成設計這個主題遊憩點的目的。

在各種遊憩景觀中，即使硬體上有傳統性的設施，也要加以重新設計，或從軟體上做不同的表現，以便融入主題之中。例如：在一般遊樂園中極受青少年喜愛的雲霄飛車，迪士尼樂園不可能棄之不顧，但一般雲霄飛車的驚險刺激，與迪士尼樂園所設定的「家庭式娛樂」、老少咸宜的訴求，又有相當的衝突，可能會破壞遊客美好、愉悅的感受。於是迪士尼樂園在幻想「未來世界」的主題中，把它改成太空之旅，取名「太空山」。實際上，就是將雲霄飛車改裝設在室內，換一種形式，使遊客感覺自己彷彿是坐在太空梭內，360度全方位地航向黑暗無垠的外太空。由於是密閉式空間，還可以配合聲光效果，更能凸顯主題，而其使用的基地與空間，又比傳統的雲霄飛車更加經濟。

當遊客一進入迪士尼樂園，就很難找到非迪士尼式的東西。迪士尼樂園就是這麼徹底的進行這種「排他性」的經營方式。如傳統的表演小劇場，在迪士尼樂園中，無論角色、布景、聲光效果或演出等戲碼，從設計到包裝，都隱含著迪士尼特有的型態。

此外，細心的遊客也許會發現迪士尼樂園中，沒有傳

統遊樂園常有的投幣式遊樂機器，這也是基於其「家庭式招待」理念，因為用投幣方式，就會降低面對面提供賓至如歸的親切服務的機會。雖然嚴禁外食內帶，但餐廳供應的高品質飲食，也都有獨特的風格，連園內步道、指標、建築物與服務人員的服裝，也莫不如此的加以主題化。

資料來源：取材自《戰略生產力雜誌》，1993年6月，頁103-104。

第三節　台灣主題遊樂園產品設計實例

表**15-1**列出劍湖山世界、月眉育樂世界、六福村主題樂園、九族文化村、小人國世界與花蓮海洋世界的特色與營運基本資料，並比較如下：

1. 2006年底，遊客數排名台灣前六大的民營遊樂區依序為劍湖山世界、月眉育樂世界、六福村主題樂園、九族文化村、小人國世界與花蓮海洋世界（如表**15-2**所示）。其中六福村、劍湖山世界及九族文化村三家遊樂園為1990年代台灣北、中、南的第一品牌。然而三家業者地理重疊性以中部的九族文化村最嚴重，業績受月眉育樂世界侵蝕最明顯。

2. 眾家業者採取完全不同的基本策略：六福村主題樂園採取多主題策略、九族文化村採單主題搭配多樣的機械遊樂設施；劍湖山世界採取無主題策略，走大眾化的行銷路線；月眉育樂世界以水上世界異軍突起。

3. 行銷方式差異不大，皆以電子媒體搭配平面媒體進行，近年

來則多能採取策略聯盟方式加強與異業的合作。如六福村、
劍湖山世界與花蓮海洋世界便與集團內旅館規劃套裝行程，
競爭激烈程度可見一斑。

4.票價差異不大，但六福村、劍湖山世界主題遊樂園的價格策
略較靈活，如藉由星光票、年票等加強營運收入。

表15-1　主題遊樂園比較

	劍湖山世界 （雲林縣斗南鎮）	六福村主題遊樂園 （新竹縣關西鎮）	九族文化村 （南投縣魚池鄉）
成立時間	1990年	1979年	1986年
特色	以創造人文與自然環境特色為主，兼顧景觀與驚險刺激設備的全家同遊的主題遊樂園。 目前分為摩天廣場、兒童玩國、耐斯影城等三大主題區。2007年新推出夏威夷奔浪水樂園，並以水陸一票到底為訴求。	由野生動物園轉型為複合式主題樂園的經營，以機械式遊樂器材和類似迪士尼樂園的表演及環境設計著稱。 目前分為阿拉伯皇宮、美國大西部、南太平洋與野生動物園等四個主題區。	以布農、卑南、魯凱等九族文化的展示著稱，分區建立山胞原有部落風貌，其中最著名的那魯灣劇場歌舞表演，則展現了原住民文化中重要的祭典歌謠及舞蹈傳統。 目前分為阿拉丁廣場、金礦山探險、未來世界與馬雅探險等區。
遊客人數 （2006年）	約141萬人次；居民營遊樂區人次排行第一名。	約107萬人次；居民營遊樂區人次排行第三名。	約92萬人次；居民營遊樂區人次排行第四名。
票價 （2007年）	全票999元。 學生票899元。 學童票699元。 星光票699/500元。 夜遊票：399元。 （水陸一票到底）	全票890元。 青少年票790元。 兒童票590元。 星光票450元。 免票：110公分以下。 多種套裝優惠票。	全票650元。 軍警票600元。 學生票550元。 學童票500元。
行銷方式	1.以電子媒體廣告為主，並加強回饋地方鄉民的促銷方式贏得地方認同。 2.專屬網頁。 3.與集團內旅館合作推出套裝行程。	1.廣告： 平面：文字說明。 電視：形象廣告。 2.專屬網頁。 3.與集團內旅館合作推出套裝行程。	1.廣告。 平面：文字說明。 電視：形象廣告。 2.專屬網頁。 3.通路：與旅行社合作套裝遊覽計畫。

（續）表15-1 主題遊樂園比較

	小人國 （桃園縣龍潭鄉）	花蓮海洋公園 （花蓮縣壽豐鄉）	月眉育樂世界 （台中縣后里鄉）
成立時間	1984年	2000年	2000年
特色	小人國是國內首座以比例縮小方式呈現世界知名建築物的多功能文化主題樂園，建築及人物都只有實體的1/25，主要以台灣、中國大陸、美洲、歐洲、亞洲、非洲等地知名建築為呈現對象。從台灣總統府、大陸紫禁城、日本大阪城到歐美洲比薩斜塔、自由女神像及非洲獅身像，共130組知名建築模型。增設了東南亞最具規模的室內遊樂場「世界樂園」，樂園內有室內雲霄飛車、狂飆幽浮、親子益智樂園等多項遊樂設施。	花蓮海洋公園占地廣大約有50公頃，規劃了8大主題區域，除了擁有遊樂園的娛樂設施以外，還有精彩的海獅秀、海豚秀，園內還有空中纜車及電扶梯載送遊客。	東南亞最大的人工海嘯——大海嘯，長寬各110米，使用全世界最先進的超高技術，當遠處傳來轟隆隆的汽笛聲時，造浪機便會造出2.4米高的大浪，讓游客享受衝浪般的刺激；也可以漫步在白沙環繞的沙灘，徜徉在異國浪漫情趣中。
遊客人數 （2006年）	約81萬；國外遊客及公司團體遊客占總遊客數70%以上。	約74萬人次，受到當地氣候與地理位置影響。	約106萬；2000年底新開幕即躍居2005年民營遊樂區人次排行冠軍。
票價 （2007年）	全票590元。 軍警學生票500元。 老人、兒童票350元。	全票890元。 優待票790元。 博愛票690元。	全票700元。
行銷方式	1.廣告： 　平面：文字說明。 　電視：形象廣告。 2.專屬網頁。 3.通路：專屬網頁。	1.廣告： 　平面：文字說明。 　電視：形象廣告。 2.專屬網頁。 3.與集團內旅館合作推出套裝行程。	1.廣告： 　平面：文字說明。 　電視：形象廣告。 2.專屬網頁。 3.通路：選擇觀光季集中宣傳火力，加強顧客印象。

資料來源：交通部觀光局、各公司書面與網站資料。

表15-2　2005、2006年台灣主題遊樂園入園人數TOP6之比較

名稱	2005	2006
劍湖山世界	1,441,298	1,407,364
月眉育樂世界	1,480,412	1,063,573
六福村主題樂園	1,118,100	1,069,279
九族文化村	907,574	919,767
小人國	852,855	809,989
花蓮海洋公園	819,191	743,810

資料來源：交通部觀光局。

Go Go Play 休閒家

全球最受歡迎的七個主題樂園

如果說迪士尼樂園是主題樂園的經典之作，那麼繞著地球跑，很難有其他的主題樂園足以和它相匹敵。以下是全球最受歡迎的七個主題樂園，迪士尼樂園占了三個。

一、美國佛羅里達迪士尼樂園

奧蘭多迪士尼樂園位於美國佛羅里達州，是目前全世界最大的主題樂園，也是迪士尼集團的總部。它擁有四座超大型的主題樂園、三座水上樂園與三十二家渡假飯店（其中有二十二家由迪士尼直營），以及七百八十四個露營地。自1971年10月開幕以來，每年接待遊客超過一千五百萬人。在樂園內，隨處可見熟悉、可愛的迪士尼卡通人物。

二、東京迪士尼樂園

東京迪士尼樂園是迪士尼美國境外第一個樂園，也是

目前集團內獲利最好的樂園。它在1983年正式啟用，園區內主要分為世界市集、探險樂園、西部樂園、夢幻樂園、新生物區、卡通城及未來樂園等七個主題區，廣場上定時會有豐富多彩的化裝表演和富趣味性的卡通人物遊行活動，夜間場是目前最受歡迎的。重要的是，東京海洋迪士尼樂園也是集團內唯一的海洋樂園，提供日本與東亞遊客另一項不錯的選擇。

三、巴黎迪士尼樂園

法國的巴黎迪士尼樂園，開幕於1992年，歷經多年虧損與調整後已步入坦途。樂園內有五個主題區，正門的美國大街、加上冒險樂園、夢幻樂園、小小世界樂園等各有特色。遊樂設施新穎有趣，且依照法國人的偏好做修正（如門口的巴伐利亞城堡已改為法蘭西式城堡），明顯與美國本土的迪士尼樂園味道不同（樂園內的美式餐廳改為法式餐廳）。

四、香港海洋公園

香港海洋公園是世界最大的海洋公園之一，1977年開放，是香港最老牌的大型親水型主題樂園。該園分為山上和山下兩部分，有空中纜車相通。山下區為水上樂園，是亞洲第一個大型水上遊樂園；山上區是海洋公園的主要場地，有海洋館、海濤館、百鳥居與海洋劇場等主題區。面對香港迪士尼樂園的嚴峻挑戰，香港海洋公園表現令人激賞，營收仍居上風。

五、韓國的龍仁愛寶樂園

韓國的愛寶樂園成立已經超過三十年，它是全世界唯一

的綜合性遊樂區，由五個主題區所構成：包括擁有四十多種遊樂設施的遊樂世界、野生動物園、一個占地14,000坪的大花園，以及具有異國風情的綜合水上樂園等。隨著不同的季節而展演不同的慶典活動是樂園的特色之一。

六、德國魯斯特的歐洲主題公園

歐洲主題公園坐落於德國魯斯特湖邊黑森林裡，以一座中世紀風格的德國古堡為地標建築物。園區由十二個歐洲國家為主題的小公園所組成。銀色之星（Silver Star）是全歐洲最高和最大的雲霄飛車，歐洲之星（EURO-MIR）室內雲霄飛車亦具有特色，刺激程度廣受消費者歡迎。

七、西班牙薩魯的冒險家主題樂園

西班牙薩魯的冒險家樂園是一個休閒與娛樂兼具的主題樂園。園內有超過三萬種植物，劃分成地中海沿岸、太平洋群島、墨西哥、中國以及美國西部五個部分，園內另外擁有像激流木筏與碰碰車等遊樂設施。

資料來源：取材自《大紀元時報》，經修改得出。

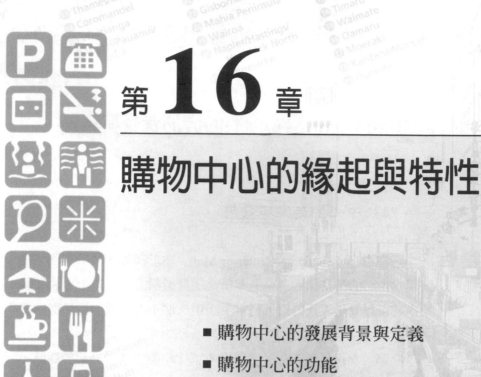

第 **16** 章

購物中心的緣起與特性

- 購物中心的發展背景與定義
- 購物中心的功能
- 台灣發展大型購物中心的背景與條件

第一節　購物中心的發展背景與定義

一、購物中心的起源與發展

　　購物中心（Shopping Center or Mall）生於美國，長於美國；美國購物中心的營業額約占全美零售業總營業額的一半以上，因此購物中心可以說是現代美國人日常生活中一個不可欠缺的生活與消費場所。

　　回顧二次世界大戰時，美國許多軍火相關工業皆分散於郊區，帶動了大量的就業人口移往郊區；因應這些郊區新消費者的需求，全球第一家購物中心Town and Country，遂於1948年誕生於俄亥俄州首府哥倫布（Columbus）市郊的住宅區中。次年全美相繼又開設了七十五家，其後購物中心如雨後春筍，迅速地蔓延開來。時至今日，全美大約有將近四萬家的各型購物中心。

　　除了人口大量移往郊區外，助長美國郊區購物中心發展的另一項關鍵因素，是汽車的普及化與全美公路網的建設（**圖16-1**），因為這兩項因素大大增加了消費者購物與休閒活動區域的半徑，1950年代末期美國的汽車普及率達到平均每一家庭即擁有一部，而此時也正是購物中心的爆發期。

　　第一家購物中心出現時，其經營特色可歸納為四點：

1.郊區地價極為便宜。

2.地處郊外住宅區周邊。

3.備有廣大的停車場空間。

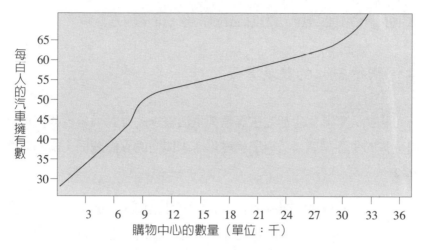

圖16-1　美國購物中心數量與汽車普及的關係

資料來源：王文義，1997，《購物中心規劃指南》，頁4。

4.計畫性的人工商店街設計。

　　歷經超過半個世紀的歲月，雖然購物中心無論在硬體空間環境或經營內容上皆有極顯著的變化，但上述特色仍是現代休閒購物中心開發的基本條件。所謂的大型購物中心，依照經濟部公布的「大型購物中心設置辦法」，指的是集購物、休閒、娛樂、服務等功能於一體的綜合性場所。另外從購物中心的基本功能面，給予現代大型購物中心一個初步的詮釋：「購物中心乃是聚集許多商店而成的一個計畫性商業設施；除了多樣性的商店街能滿足消費者比較購買的需求外，寬敞的休閒環境、購物空間、餐飲娛樂設施及各種服務機能，更是一個能提供消費者生活交流的場所。」

　　今天美國許多退休老人與青少年就常以購物中心為他們的聚會場所，而購物中心的經營者也不時為這些常客舉辦種種活動，來滿足他們的需求，達到集客的效果。事實上，購物中心不但是當地居民的購物與生活場所，也是觀光客常到之處。有些地方政府就常與

349

當地的購物中心合作，藉以招攬觀光客，促進地方繁榮。

二、購物中心的發展背景

根據人類基本生活需求與精神生活需求的互動現象，我們可以將人類的生活型態趨勢與環境變化需求傾向的互動關係，歸納如圖16-2。

1. 在居家生活方面，由於小家庭大量出現，家庭生活成為以孩子為中心的型態，新生代小家庭渴望親子關係合理性的生活計畫。由於居住空間逐漸狹小，人們渴望一處適合全家假日戶外活動的大型場所。
2. 在社交生活方面，由於經濟條件充裕，人們講求有品味、個性化的消費方式，也尋求一個可以與親朋好友聚會的好地方。
3. 在上班或都市生活方面，由於捷運交通系統發達，都會人口疏散郊外社區，促成衛星都會，均衡人口分布結構，創造都會現代景觀、科技發展，加上彈性上班與週休二日制度的實施等因素，人們擴充休閒時間並追求精緻化的都市生活。
4. 在休閒活動方面，由於教育水準大幅提高，加上生活資訊發達，促進觀光業與生活情報溝通，人們追求知性、感性兼具，以及多樣化的休閒活動。

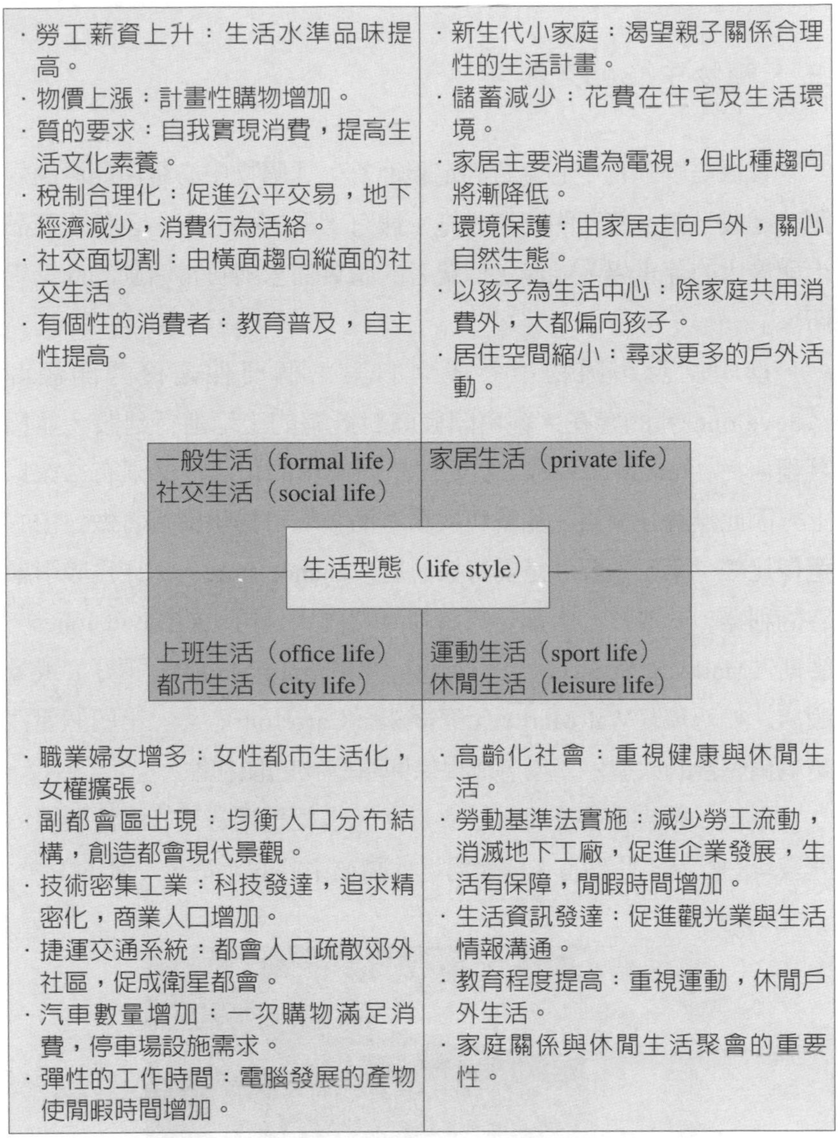

·勞工薪資上升：生活水準品味提高。 ·物價上漲：計畫性購物增加。 ·質的要求：自我實現消費，提高生活文化素養。 ·稅制合理化：促進公平交易，地下經濟減少，消費行為活絡。 ·社交面切割：由橫面趨向縱面的社交生活。 ·有個性的消費者：教育普及，自主性提高。	·新生代小家庭：渴望親子關係合理性的生活計畫。 ·儲蓄減少：花費在住宅及生活環境。 ·家居主要消遣為電視，但此種趨向將漸降低。 ·環境保護：由家居走向戶外，關心自然生態。 ·以孩子為生活中心：除家庭共用消費外，大都偏向孩子。 ·居住空間縮小：尋求更多的戶外活動。
一般生活（formal life） 社交生活（social life）	家居生活（private life）
生活型態（life style）	
上班生活（office life） 都市生活（city life）	運動生活（sport life） 休閒生活（leisure life）
·職業婦女增多：女性都市生活化，女權擴張。 ·副都會區出現：均衡人口分布結構，創造都會現代景觀。 ·技術密集工業：科技發達，追求精密化，商業人口增加。 ·捷運交通系統：都會人口疏散郊外社區，促成衛星都會。 ·汽車數量增加：一次購物滿足消費，停車場設施需求。 ·彈性的工作時間：電腦發展的產物使閒暇時間增加。	·高齡化社會：重視健康與休閒生活。 ·勞動基準法實施：減少勞工流動，消滅地下工廠，促進企業發展，生活有保障，閒暇時間增加。 ·生活資訊發達：促進觀光業與生活情報溝通。 ·教育程度提高：重視運動，休閒戶外生活。 ·家庭關係與休閒生活聚會的重要性。

圖16-2 1990年代後生活式樣與環境變化需求傾向

資料來源：楊忠藏，1992，〈大型購物中心之研究〉，《台灣經濟金融月刊》，第十卷，頁44。

三、購物中心的定義

依據美國購物中心協會的定義而言：「購物中心是由開發商規劃、建設、統一管理的商業設施；擁有大型的核心店、多樣化商品街與廣大的停車場，能滿足消費者的購買需求與日常活動的商業場所。」

換句話說，購物中心成立的第一個要件是優秀開發商（developer）的存在，經由開發商對既有的土地進行建設，並招募租店戶（tenant）。第二個要件是同業種的租店戶必須有二家以上，因此無論在價格、品質與服務方面，均可提供消費者做自由的選擇比較。第三個要件是要有核心店（anchor store），作為吸引顧客的利器；一般核心店都是知名度高的百貨公司〔如David Jones、麥斯（Marks & Spencer）〕、超市（如Farmer Market、頂好）或量販店〔如沃瑪（Wal-Mart）、家樂福（Carrefour）〕。第四個要件是具備完善的大型停車場，以提供開車購物的便利性。

最後，購物中心亦具有社會責任，也就是創造新的生活環境，開發新的社區；此點有人稱之為近代購物中心的新定義（**圖16-3**）。

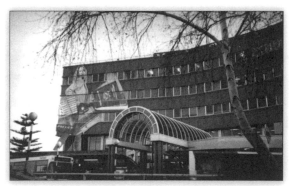

圖16-3 休閒購物中心是人類的新世代生活圈

資料來源：作者拍攝。

第二節　購物中心的功能

　　根據大型購物中心的定位，我們可以將其典型的功能歸納爲如**圖16-4**所示之商業購物、文化社交、休閒娛樂與公商服務等四項，並以休閒綠地、停車場、公共設施貫穿其間。此四項功能具有相輔相成之效果，使購物休閒中心集購物、休閒、文化生活及觀光於一身，進而創造一個多元性、生氣蓬勃的現代化副都心。謹就上述四項功能之內涵與規劃分述如次：

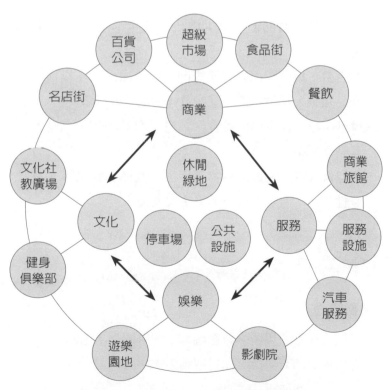

圖16-4　大型購物中心關聯功能設施概念

資料來源：同圖16-2，頁46。

一、商業功能

(一)規劃觀念

1.建立都會區副都心型之大型購物中心。

2.提供一次購足（one-stop shopping）之機能。

3.滿足未來生活品質與多功能之需求。

(二)業種內容（詳如圖16-5）

1.**百貨公司**：提供中、高水準之百貨商品，滿足多層面之需求。

2.**超級市場、食品街**：提供現代市民生活必需之日用品及食品。

3.**名店街**：集合國內外一流專門店於一處，以多樣性及優美的商品陳列，提供逛街、購物及休閒之良好環境。

4.**餐飲中心**：提供中外美食、名點、家鄉小吃，以宴席、速食等型態經營。

5.**大型量販店**：大量供給物美價廉之商品，如家具、電器、消費性電子、音響、成衣等為主要業種。

二、文化功能

(一)規劃觀念

1.提供文化社交場所，兼顧各種不同層面之活動需求。

2.提供健身體育場所，滿足運動需求。

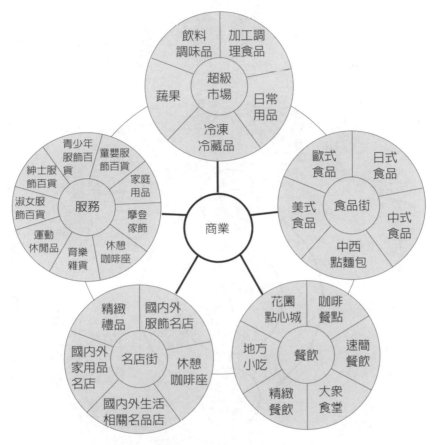

圖16-5 商業功能設施計畫

資料來源：同圖16-2，頁47。

(二)業種內容（詳如圖16-6）

1. **文化社交廣場**：以視聽室、圖書館、博物館、沙龍及室外廣
   場等空間型態滿足各種活動之參與。

2. **健身俱樂部**：設置各種室內外球場、健身房、三溫暖、游泳
   池及冰宮等場所。

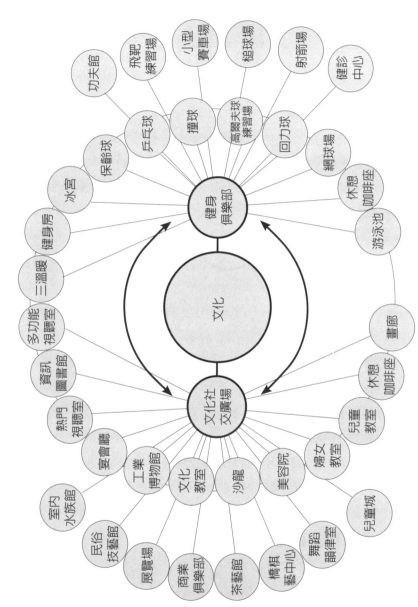

圖16-6　文化功能設施計畫

資料來源：同圖16-2，頁48。

三、娛樂功能

(一)規劃觀念

1.提供多種功能之娛樂設施，滿足多樣化精神生活。

2.造就完善之室內外環境品質，滿足各種生活層面之需求。

(二)業種內容（詳如圖16-7）

1.**遊樂園**：以科技、奇幻、探險等方式，創造多變化而富教育

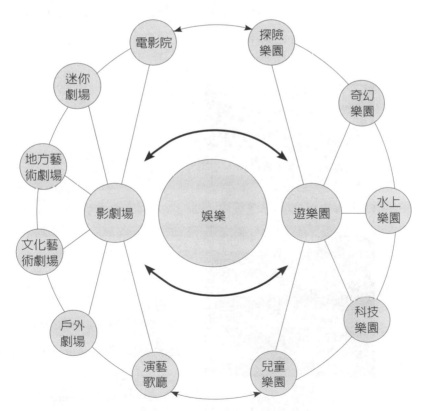

圖16-7　娛樂功能設施計畫

資料來源：同圖16-2，頁49。

357

性之室內外遊樂空間。

2.**影劇場**：設置室內電影院、小型劇場、戶外劇場及地方民藝場等，以親切的空間尺度發揮各類功能。

四、服務功能

(一)規劃觀念

1.提供遊客停車的服務及設施。

2.提供遊客交通、資訊、金融之服務空間及設施。

3.提供社會服務（如稅捐單位、勞保單位、社區圖書館等）之空間及設施（**圖16-8**）。

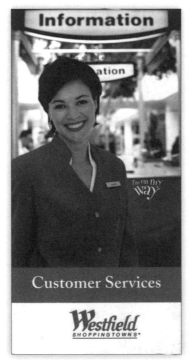

圖16-8 良好的服務也是休閒購物
中心的必備功能
資料來源：紐西蘭Pakuranga Plaza
Shopping Town。

(二)業種內容（詳如圖16-9）

1. **停車場及汽車服務**：提供各種車輛停車空間，並附設加油站、保養場等。

2. **社會服務及遊客服務**：設置托兒所、老人活動中心、社區活動中心、診所、銀行、郵局等。

3. **商業旅館**：提供遊客住宿服務。

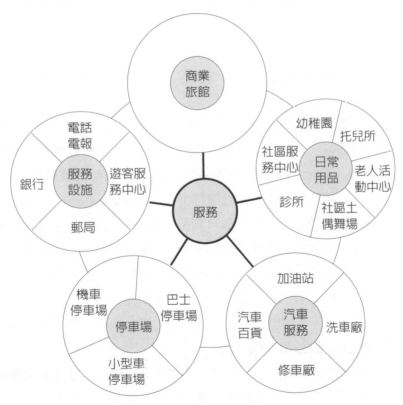

圖16-9　服務功能設施計畫

資料來源：同圖16-2，頁49。

第三節　台灣發展大型購物中心的背景與條件

　　基本上，大型購物中心係工商業快速發展與社會結構多元化之後的產物，而大型購物中心的正常發展，也能促使經濟發展與社會脈動的雙向因果關係朝向更健全方向發展。茲將台灣地區推動大型購物中心的各項條件分述如下：

一、經濟的快速成長，創造了人們雄厚的購買力

　　台灣地區的國民所得由早期的區區數百美元，至1992年快速提高超過每人1萬美元，根據經建會的預估，這項數據在2006年已達到1.6萬美元，顯示我們的經濟已進入了經濟學家羅斯特（W. W. Rostow）所稱的「大量消費時代」（age of mass consumption），大多數的人們除了擁有為數可觀的「可支配所得」（discretionary income），購買耐久材與消費財之外，更有能力去追求育樂等提高生活品質與身心靈的享受。事實上，台灣地區雄厚的購買力，不但成為經濟政策由「出口導向」轉變為「內需導向」的主要原動力，也成為許多著名國際企業看中的潛在市場，例如全球最大的鑽石供應商戴比爾斯公司（De Beers）、全球最大的信用卡公司VISA與MASTER即將台灣列為最具潛力的市場；而著名的富比士拍賣公司也把台灣列為重要拍賣據點。國民所得所創造出來的雄厚購買力，表現在消費習性上面，其一是趨向選擇性與個性化的服務需求，其二則為傾向於教養、娛樂、休閒活動的需求，而大型購物中心的特性，正好滿足了國人多元化的需求。

二、都市化的反彈現象，人們朝市郊疏散

工商業的快速發展，創造了都市的繁榮，再加上政府以往對都市住宅與市政建設的相對重視，人們逐漸向都市集中，一方面是尋找發展的機會，另一方面則享受更大的市政建設成果。根據台灣省警務處的人口統計資料，以行政的人口移動率而言，1980年代後期開始產生反都市化的現象，人口往郊區移動，1990年後多處科學園區陸續營運，人口有往園區附近流入現象，例如新竹市人口近年來皆是淨流入。另外，根據台灣省政府主計處的家庭收支統計資料，1986年台灣省每戶每月的經常性淨收入為29,915元、台北市為37,998元、高雄市為33,888元，1987年分別為31,951元、43,186元與38,443元，1989年更分別38,674元、52,467元與45,423元，到2005年底為止，全台灣平均躍升至52,377元。這些統計數據說明了人口往都市移動與經常性淨收入上升的事實。

然而，都市化雖然給人們帶來更多發展機會，但是，它也給人們帶來許多困擾，其一為擁擠造成居住品質與生活空間的惡化，其二為土地高密度開發與人口集中造成房地產價格與房租、物價飆漲，其三則為緊張忙碌的工商生活使人際關係日益疏遠。反應著這些都市化所帶來的經濟與社會問題，人們開始有了「逆向都市化」的傾向，許多公司行號紛紛把辦公據點或生產據點移向市郊，北高兩市工廠減少的現象大約發生在1989年第一季之後；另一種現象則為假日全家向郊區移動，以追求片刻藍天白雲、青山綠水的戶外活動，因此，交通方便的休閒渡假中心、遊樂場所也如雨後春筍般的陸續出現，而這種現象反應出「集合休閒、購物於一體」的大型購物中心，確有其潛在市場。

361

三、小家庭型態，創造更多的服務性需求

隨著工商時代的來臨、國民教育水準的提升以及婦女就業機會的增多，台灣地區的家庭規模有逐漸縮小、每戶就業人數卻是提高的趨勢。根據台灣省主計處的統計資料，1984年的平均每戶人口數台灣省為5.08人、台北市為4.39人、高雄市為4.47人，1989年底台灣省為4.21人，到2007年中為止，全台灣平均每戶人口數已經降為3.07人。

以每戶就業人口數言，1984年台灣省為1.99人、台北市為1.53人，高雄市為1.55人，1989年底分別為1.98人、1.70人與1.62人，到2007年中為止，全台灣平均每戶就業人口數再降為1.44人。換言之，以戶為單位來計算每名就業者所需撫養人數，1984年台灣省為2.55人、台北市為2.88人、高雄市為3.148人，1989年底分別降至2.39人、2.47人與2.59人，到2007年中為止，全台灣平均每戶就業人口數再降為2.07人。家庭規模的縮小與每一就業人口撫養家屬人口的下降，一方面顯示人們較以往有著更大的能力來從事民生必需品以外的消費，另一方面，在從事全家休閒活動上也有更大的可行性（例如購買一部轎車，一家四至五人正好坐得下），這種消費能力、消費意願，再加上消費的可行性，創造了新興服務業的市場。

四、就業機會的創造與就業的保障，調整了國人的生活習性

台灣的經濟結構從早期的農業主導轉型到近年來的工商導向，表現在就業市場的轉變上，首先便是服務業就業人口的快速增加，占總就業人口的比重由1960年代的30%左右提高至1970年代的35%

左右，1990年代末期則增至45%以上，到2006年為止，全台灣服務業就業人口占總就業人口的比重已經上升為58.49%；其二是失業率的下降，它由1960年代的4.0左右降至1970年代2.0左右，1990年代後半期則降至2.0%以下，到2006年為止，全台灣失業率已經降為3.91%；其三是婦女就業機會與就業意願的提高，以勞動參與率而言，它由1960年代的35%左右提高至1970年代的40%左右，1990年代後半期則提高至46%以上，到2006年底為止，全台灣勞動參與率已經上升為48.68%。上述這些就業市場特徵的改變，顯示了人們將因就業機會的增加而提升經常性收入，同時亦因受僱的特性而希望在假日獲得適當的休閒活動與滿足生活需求的必要採購行為。1998年開始實施的週休二日更具有順水推舟的效果。

五、人口結構的變化，創造具有特徵性的服務需求

經濟發展的一項必然結果為醫療衛生水準的提高，表現在人口結構上，其一為高齡人口的增加，1960年，台灣地區六十五歲以上的銀髮族占十五歲以上民間總人口的比率約為5.0%，1970年代提高為6.3%左右，1990年代後半期則提高至8.0%以上，到2006年底為止，全台灣銀髮族占十五歲以上民間總人口的比率已經上升為12.21%。其二為出生率的下降，它由1960年代的3.0%左右降至1980年代的2.5%左右，1990年代後半期則降至1.2%以下，到2006年底為止，全台灣出生率已經降為0.466%。

事實上，人口結構的高齡化與出生率的下降，在消費市場上具有特殊的意義，首先為銀髮族的休閒活動逐漸增加；其次為婦女生育子女時間縮短，可自由運用時間相對增加，從而創造了屬於婦女休閒與採購方面的需求；其三則為子女（或稱兒童）數的相對減少，成為家庭中的瑰寶，以兒童為訴求的市場則相對擴大，這些因

素均創造了所謂的具「特徵性」服務需求。

六、 休閒時間增加，活動場所反而呈現不足現象

國民所得提高，相對地工作時間亦縮短，根據行政院主計處的統計資料，製造業每月平均工作時數由1976年的二二三小時下降至1989年的二百小時，到2006年底爲止，全台灣每月平均工作時數已經降爲186小時。平均每人每月較十年前約多了三天的休閒時間。休閒時間必須配合著正常與充分的休閒活動場所，然而 ，國內在這方面卻顯示不足現象。根據行政院勞工委員會在1987年所做的調查報告，受僱員工中有82.54%以睡眠方式打發休閒時間，49.43%以上館子打發時間，此兩項休閒方式亦隨著工作年資的增加而上升。另外，根據人力銀行透過網路針對上班族下班後的休閒活動安排調查發現，上班族下班後最常做的休閒看電視（光碟）排名第一，比例爲68.42%，幾乎每十個有七個以看電視來解壓；第二則爲上網交友聊天（44.48%）；第三才是看書（29.51%）。在週休二日或例假日的休閒方式，順序排名依次爲看電視或光碟（48.8%）、補眠（34.81%）、逛街（32.23%）。當然休閒場所的交通狀況可能會影響人們從事休閒活動的興趣，但是交通擁擠，也正顯示了休閒場所的不足以及相關設施的不完備，以致人們在假日以睡覺、看電視來打發時間。

大型購物中心結合了購物、文化、休憩、娛樂、飲食、醫療、會議、展示、資訊、設施於一體，可構成綜合購物休閒活動中心。國內目前休閒活動設施不多，能夠適合全家人花上整個星期假日的場所更是缺乏，民眾無法享受一個舒適調節身心的好場所，因此，無論從整個社會結構的變化、人口移動的變化、經濟發展等方面來評估，台灣地區的確十分需要能夠以家庭爲消費單位而集購物、休

閒於一體的大型購物中心。

　　然而，無可諱言地，台灣地區地狹人稠，在規劃大型購物中心時，可能無法像美國採低密度開發；另一方面，遷就舊市區的更新計畫，促使原有商區恢復生機，在規劃購物中心時，亦應考慮中小型社區購物中心的可行性。因此，在規劃上，必須兼顧都會的區域城鄉均衡發展以及舊市區的更新。

　　總而言之，國內購物中心正處於醞釀發展階段，為了使這種新型態的商區能夠成為區域均衡發展的原動力，並藉以提高國人的生活品質，促進整體經濟的再發展，我們認為在規劃上必須具有長遠發展的總體眼光，透過周詳的計畫與完善的配合措施，則其未來的發展將是台灣地區商業文化、休閒活動的重心（**圖16-10**）。

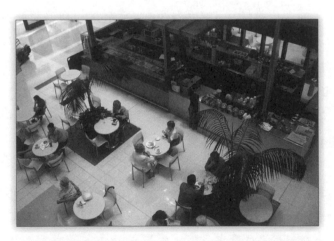

圖16-10　國人對休閒購物中心的接受度仍待考驗中

Go Go Play 休閒家

「轉動夢想 創造時代」──夢時代購物中心誕生

隨著台灣消費者的消費水平提高，統一企業集團秉持「誠實苦幹」、「創新求進」的經營理念及提供消費者最體貼完善的產品與服務品質，從過去單純的傳統食品製造，跨足至消費零售領域，發展成為一個多元化經營的健康服務民生產業集團。統一企業集團在南台灣高雄市打造一個全功能的購物天堂──夢時代購物中心（Dream Mall）。

統一企業集團關係企業「統正開發股份有限公司」，在高雄市多功能經貿園區投資300億元（第一期已投資185億元），開發「夢時代購物中心」。「統一夢時代購物中心」占地15,155坪，總樓地板面積為12萬1千坪（約為台北京華城的2倍大，漢神百貨的6.5倍大），包含7萬8千坪的商場面積與3,561個汽車停車位，以及2,016個機車停車位，淨租賃面積高達4萬3千坪。

頂樓Hello Kitty摩天輪標高102.5米，為全台灣唯一可以欣賞到海景（台灣海峽）與市景的摩天輪，2007年3月30日開幕營運後，一個月內已成功吸引超過250萬以上來客人潮，已成為台灣新觀光景點與指標性建築，4月27日為美國財經雜誌《富比士》旗下的 *Forbes Traveler* 評選為亞洲十大最佳商場之一，為亞洲具水準的超大型國際購物中心。

夢時代購物中心的建築外形設計是受到自然的啟發，後幢主體建築的花崗岩外牆呈現地球和石頭的永恆面向，前幢藍鯨館建築玻璃帷幕外牆則表現出水和天空的律動，如巨大

的藍鯨游入黃金海岸，二幢建築間則以天橋連接，串連人潮與商機，猶如大船駛入高雄港。穿插在兩建築之間，量身打造一個適合精品旗艦店之內街空間景致，加上內街之露天表演台，營造宛如紐約第五街的高級時尚購物氣氛。

商場樓層主題即以夢時代logo標誌來發展，以海洋（B1~B2）、花卉（1F~2F）、自然（3F~6F）、宇宙（7F~RF）為四大主題規劃，讓各樓層展現獨特的賣場空間魅力，四大主題共同為夢時代打造出購物、休閒、娛樂、餐飲、藝文的生活空間。

「夢時代」匯集了全台獨特商店，更積極引進第一次在國內出店的日本阪急百貨、Nitori家居、日本Pet Plus寵物百貨、日本北海道冰雪樂園、日本北海道空港物產美食，及英國麥斯百貨（Marks & Spencer）等，面積高達15,000坪，占商場總出租面積之30%，創造獨特差異性，創新顧客新的生活需求。

夢時代購物中心以「夢想」為名，在主體建物八樓建置1,000坪之「時代會館」，希望夢時代除提供購物娛樂的環境，能建構一個「人相會，心相聚」的生活、展覽、演藝空間，為南方城市提升生活視野與人文素養。

在藍鯨館二樓全區600坪空間，特別結合奇美幸福體驗館、時尚故宮、霹靂旗艦店、大禾竹藝工坊、台灣文創館、朵維拉音樂藝術餐廳、提多小提琴等文化創意產業進駐，融合成購物娛樂、休閒餐飲、歡樂時尚、建築美學與文化藝術品味於一身的完美體驗空間。

整合國內外知名800家進駐廠商及1,000個知名品牌的多元豐富業種服務的夢時代，已於2007年3月30日試賣營運

（soft open），5月12日舉辦統一阪急百貨、麥斯百貨、Nitori等主力大店「時尚南遷、美夢成真嘉年華活動」，6月7日配合統一企業集團四十週年慶盛大開幕營運（grand open），將提供消費者一次購足需求與南台灣一日遊最佳去處，成為人潮與觀光聚集之地，更是創造幸福與夢想的購物中心。

　　進駐「夢時代」的主要廠商包括統一阪急百貨、英國麥斯百貨、喜滿客（Cinemark）影城、日本Nitori家居、日本Pet Plus寵物百貨、日本北海道冰雪樂園、日本北海道空港物產美食、快樂100室內外主題樂園、World Gym世界健身俱樂部、玩具反斗城（Toys "R" Us）、饌巴黎宴會廳、日本大創百貨（Daiso）、高雄國際家具館、先施百貨、星期五餐廳、夠壞堂、誠品書局、奇美博物館、時尚故宮、霹靂布袋戲、麥當勞、Yamazaki、星巴克、穩記港式飲茶、康是美、無印良品、Mister Donut、金石堂書局、湯姆龍、湯姆熊、生活工場、歐德家具等大型主力店和國際流行精品店、一般商品和餐飲等相關業種廠商。

　　獨特港灣景觀的購物休憩新生活商圈已經形成。夢時代購物中心之成立不但能帶動南台灣消費市場，更給全國民眾全新休閒娛樂購物的新模式，進而吸引亞洲地區及世界各地的觀光客。未來夢時代將與地方相結合，共同打造愛的城市，提升顧客之消費生活品質，創造幸福與夢想的購物中心。

資料來源：統一夢時代官方網站，http://www.dreamall.com.tw/dreamMall/index.asp。

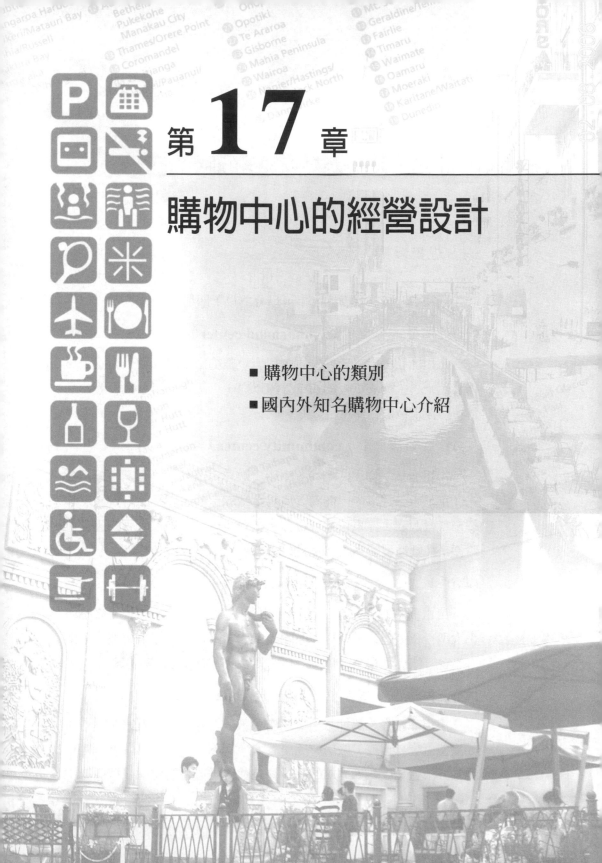

第 **17** 章

購物中心的經營設計

- 購物中心的類別
- 國內外知名購物中心介紹

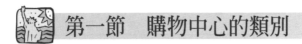 第一節　購物中心的類別

一、規模分類

購物中心依據規模的大小可以分為以下四種：

(一)近鄰型（小型，neighborhood center）

出租面積約在二千坪左右，租店戶數約十至二十家，商圈人口為五至十萬。商圈車程約在十分鐘以內，以販賣日用品與一般食品為主，停車位數約一百台以上。

(二)社區型（中型，community center）

出租面積平均為四千坪，租店戶數為二十至一百家，商圈半徑約開車三十分鐘以內，商圈人口為十至二十萬，核心店為大型生鮮超市或量販店，停車位約五百台。在台灣，家樂福量販店的經營策略便是往社區型購物中心發展的態勢。

(三)區域型（大型，regional center）

出租面積在五千至二萬坪，租店戶數在一百戶以上，核心店為大型百貨公司或量販店，商圈人口二十萬以上，停車位數一千至五千台。如台北的遠企購物中心、美麗華購物中心皆屬此類。

(四)超區域型（超大型，super regional center）

出租面積在二萬坪以上，租店戶數一百五十至二百家，核心店如大型百貨公司或量販店有三至五家，商圈人口五十萬以上，停車位數五千台以上。如高雄的統一夢時代便是典型的超區域型購物中

心的例子。

　　1989年開幕的世界第一大購物中心加拿大的West Edmonton Mall及1992年開幕的美國第一大購物中心Mall of America的規模，可以說是超群絕倫，約為超區域型的三至四倍，一般另以超級型（mega mall）稱之。

二、立地分類

　　美國的購物中心最早就是從郊區開始發展，上述規模分類的購物中心，指的即是郊區購物中心。後來都市經由再開發的途徑，也有了都市型的購物中心。於是為了區分，才有所謂的郊區型購物中心與都市型購物中心。一般而言，都市型購物中心的規模都在中、大型左右，且樓層較郊外型的高，常被稱為垂直型購物中心，如香港時代廣場、台北遠企購物中心。

三、街道分類

　　購物中心的街道沒有遮蓋者，稱為開放式街道型（open-mall）購物中心；反之，加了頂蓋，讓顧客完全身處於空調下者，稱為封閉式街道型（enclosed-mall）購物中心。

四、租店戶組合分類

　　基本上今日美國購物中心的發展早已步入多樣化與成熟化，因此獨自的租店戶組合（tenant mix）常是購物中心創造本身經營特色的重要策略之一。以下就簡單介紹二大不同租店戶組合類別的購物中心：

(一)專賣取向型購物中心

專賣取向型購物中心（speciality center）與傳統購物中心最大的不同點，就是它沒有大型的核心店。由於此型購物中心是由商品較具特色的專賣店集合而成，顧客常為了自己所喜愛的店特意光臨；因此每一家店，或是構成單一業種的店群，都可以視為專賣取向型購物中心的核心店。

一般而言，專賣取向型的租店戶數約在七十至八十家，然而以台灣零售業的水準而言，作者認為在一百五十家以上才具魅力，這是因為國內的專賣店規模不大，且商品主題模糊的關係。

此外，在國內還必須特別重視餐飲業種的質與量，將之視為核心店。

專賣取向型購物中心的建築景觀設計也比一般傳統型的購物中心較為講究，藉由精緻獨特的設計，可以表現出其與眾不同的形象。例如位於美國華盛頓市的Georgetown Park，與位於澳大利亞雪梨市的維多利亞女王購物中心，便是充分活用花樹、水池與吊飾等創造出一種典雅復古的氣氛，以配合當地傳統文化的格調。

(二)折扣取向型購物中心

折扣取向型購物中心的租店戶主要銷售的是各類廉價商品；依據商品來源的不同，此類型購物中心又可區分為以下幾種：

◆品牌折扣中心

品牌折扣中心（off-price center）的租店戶是品牌折扣店（off-price center），其銷售的皆是百貨公司或專賣店的名牌商品；因為換季、不再流行，或是有瑕疵而降價求售。

◆暢貨中心

暢貨中心（outlet center）是集合各類暢貨店而成。基本上暢貨

店有兩種類型，一為工廠直營店（factory outlet store），其銷售的是工廠生產過剩，或是瑕疵遭退貨的商品；另一種為大型零售商處分滯銷品的商店（retail outlet store）。

近來有許多品牌折扣店也進入暢貨中心，導致暢貨中心逐漸與品牌折扣中心合併成為超大型的折扣取向型購物中心。

◆綜合低價中心

這是一種較新型的折扣取向中心，可以說是集各類折扣店的大成；除了暢貨店、品牌折扣店外，還有折扣專賣店與折扣雜貨店等。因此綜合低價中心（value center）可以說是折扣取向中心大型化的結果。

◆強力折扣中心

由於組合成這類型購物中心的租店戶都是一些在商品價格上具有絕對殺傷力的強力零售商（power retailer），例如玩具反斗城，家電業的西屋（West House）、金屋（Gold Star），綜合折扣店的沃瑪（Wal-Mart）、Warehouse等等，因此稱為強力折扣中心（power center）。

一般強力折扣中心約有十家左右的強力零售商，以及少數的專賣店與餐飲店；其規模大到店與店之間須開車來往。

五、開發理念分類

(一)節慶型購物中心

如位於波士頓的美國第一家節慶型購物中心Faneuil Hall Marketplace、澳大利亞雪梨港的Harbor Shopping Square，它的經營理念乃在創造生活的樂趣與活力，將之與購物機能結合在一起。例如廣場上各種表演活動，交織著人們的歡樂聲；還有五顏六色的旗

幟與陣陣的食物香味，都能令消費者完全放鬆自己，充分享受購物的樂趣。

節慶型購物中心有比較多的餐飲店與地方小吃店，此外也有不少紀念品店與各式各樣的花市，每每增添了消費者遊逛的樂趣。個人認為若在台灣都會區裡，有一節慶型的購物中心，必能成為市民生活休閒的最佳去處及國際觀光的重點，如高雄港區或西門町可以往此方向進行規劃。

(二)自然景觀型購物中心

此類型購物中心乃是依循基地周邊的自然景觀進行融入式開發，尤其是海邊或湖邊的景色建造而成。規模上大都是中型以上，租店戶組合則可視地區特色而定。值得一提的是自然景觀型購物中心，常配合當地的環境保護政策，保有一些歷史古蹟，例如紐約市的Pier 17、紐西蘭的Victory Park Fair。

(三)都市再開發型購物中心

由於美國郊區購物中心的開發漸趨飽和，加上都市政府當局為挽回因郊區發展而流失的商業動力，購物中心乃順理成章地成為都市再開發時的一項重要設施。

不過為了充分達到土地的使用效益，單一目標的購物中心開發案是行不通的。因此都市再開發型購物中心常是多功能開發案的一角。

美國1980年代前後盛行此種多功能開發案，其開發理念即是所謂的"HOPSCA"。這是多功能開發案中每一種設施頭一個字母所組成的字，H指的是飯店（hotel），O是辦公大樓（office building），P是停車場（parking building），S是購物中心（shopping center），C是會議展示場（convention hall），最後的A則是住宅大樓（apartment）。

除此，另外一項特色是，這類的都市再開發型購物中心是以

都市中有名的大樓內部改裝為購物中心，而保留其舊有的外觀；如此既可得到商業利益，也兼顧了歷史建築的保存。例如華盛頓市的Pavilion at the Old Post Office、澳大利亞雪梨市的維多利亞女王購物中心。

(四)休閒娛樂型購物中心

基本上休閒娛樂型購物中心是一般的區域型或超區域型購物中心，加上主題樂園、游泳池、電影城等娛樂設施而成，國內高雄統一夢時代購物中心、金銀島購物中心與台北美麗華購物中心皆走此一路線。

從國內目前預定開發的計畫案來看，「休閒娛樂型購物中心」似乎已成為台灣的寵兒。然而以美國第一家休閒娛樂型購物中心Mall of America而言，其占地面積廣達十萬坪，裡面所設的主題樂園也有八千多坪。如此規模與國內對休閒娛樂型購物中心的認知，似乎有很大的差距。

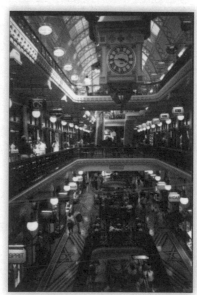

圖17-1　澳洲雪梨的維多利亞女王購物中心是 "HOPSCA" 的代表

資料來源：作者拍攝。

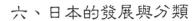

六、日本的發展與分類

以日本為例,我們從表**17-1**可以發現,早期的購物中心係從車站附近的攤販開始發展,並逐漸擴大到鐵路沿線的超級商店,到了1970年方有「住宅的鄰里購物中心」,1980年代則開始發展「住宅區外圍與中型都市間的區域購物中心」。

表17-1 日本購物中心之演進

年代	發展情形
1945年	車站附近攤販
1950年	商店街
1955年	地方型百貨店
1960年	車站附近超級商店
1965年	鐵路沿線超級商店
1970年	住宅區的鄰里購物中心
1975年	住宅區與住宅區之間的社區購物中心
1980年	住宅區外圍與中型都市間的區域購物中心

資料來源:《日本連鎖店購物中心經營》。

七、美日二國購物中心類別比較

從美日兩國購物中心的發展,我們可依其功能與能量區分為四類,茲將其分述如次(詳見表17-2):

(一)鄰里購物中心

包括超級市場、郵購中心、雜貨店,其土地面積在美國約一萬坪,日本則為二千坪,並以滿足車程在十分鐘之內之消費者購物為目的。

表17-2　美、日購物中心四大類型比較

類　型			鄰里購物中心	社區購物中心	區域購物中心	購物休閒中心
租賃面積 單位：坪	美國		1,500	4,000	6,000	15,000
	日本		1,000～3000	3,000～5,000	5,000～10,000	10,000以上
土地面積 單位：坪	美國		10,000	40,000	60,000	70,000
	日本		2,000	5,000	10,000	10,000以上
主力業種	美國	大型	超級市場、藥妝店、家庭工具中心	百貨公司、折扣商店、量販店、超級市場	量販店、超級市場、百貨公司、折扣商店	量販店、超級市場、百貨公司、折扣商店
		中型	郵購中心、咖啡店	郵購中心、速食店	超級市場、速食店	超級市場、速食店
	日本		超級市場、郵購中心、雜貨店	折扣商店、家庭工具中心、百貨公司、超級市場、雜貨店	折扣商店、超級市場、百貨公司	折扣商店、量販店、超級市場、百貨公司
專櫃店數			10～30	20～40	40～130	100以上
停車場容量			50～100	100～400	500～4,000	2,000以上
商圈	時間		10分以內	15分以內	20分以內	25分以內
	人口	美國	5,000人以內	30,000人以內	50,000人以內	100,000人以內
		日本	20,000人以內	50,000人以內	100,000人以內	200,000人以內

資料來源：《日本連鎖店購物中心經營》，經修改得出。

(二)社區購物中心

　　包括百貨公司、折扣商店、超級市場、雜貨店，土地面積在美國約四萬坪，日本則為五千坪，並以滿足車程在十五分鐘之內的消費者購物為目的，商圈涵蓋人口美國為三萬人，日本則為五萬人。

(三)區域購物中心

　　其內涵包括量販店、百貨公司、速食店、超級市場，土地面積在美國約為六萬坪，日本則為一萬坪，以滿足車程在二十分鐘之內的消費者購物為目的，商圈涵蓋人口美國為五萬人，日本則為十萬人（圖17-2）。

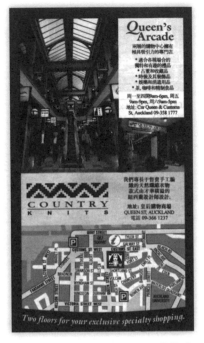

圖17-2　精緻典雅的區域型購物中心

資料來源：紐西蘭Queen's Arcade購物商城。

(四)購物休閒中心

　　這是異型的大型購物中心，其內涵除了區域購物中心的各種商店之外，更包括了休閒、娛樂等場所，其土地面積在美國約爲七萬坪，日本則在一萬坪以上，商圈涵蓋的車程約在二十五分鐘之內，涵蓋人口美國爲十萬人，日本則爲二十萬人。

第二節　國內外知名購物中心介紹

一、國外知名購物中心介紹

國外知名購物中心因國家、地區別的不同而有所差異（**表17-3**）：

1. 美加地區的購物中心以大取勝，內容包羅萬象，可說是從出
生到墳墓；食、衣、住、行、育、樂一手包辦。歐洲、日本
與紐澳等地區的購物中心則並不強調面積寬廣，屬實用、細
膩為主。東南亞國家（包括台灣）因地狹人稠，多屬於垂直
型購物中心居多。

表17-3　外國主要購物中心概要

	塚新	Raraport 快樂港	Del Amu-Fashion Center
國家別	日本	日本	美國
中心店鋪	西武百貨公司 手工藝店27家，新鮮食品45家 Young live 36家，其他105家	百貨公司，大榮超級市場，服裝72家，室內設計20家，餐飲57家，其他44家	百貨公司：Robinson's, Bullack's Broadway 超級市場：Sears, JC Penney Mantgomeryword 專賣店350家
中心設施	大飯店：240間客戶 大廳：塚新廳（1,132平方米）	大飯店：Sun Gargen Raraport（243房） 電影：戶外電影院 Raraport劇場（65位）	大飯店：Holiday Inn、Mariott、Jorrance 電影院

（續）表17-3　外國主要購物中心概要

運動設施	網球場：屋外球場（3）練習用（3） 游泳池：室內溫水（25米，7道） 健身：健身房（500平方米） 拍球：拍球場（6） 體育：綜合體育館（600平方米）	網球：全天候球場（25處） 高爾夫：球場（9洞） 健身：健身房	「游泳池、健身房」設在Mariott Hotel
餐飲設施	餐廳酒店：花園餐廳14家，小酒館17家，路邊小吃7家。 高級食品：6家	高級食品：6家 餐廳	餐廳 高級食品
其他服務機能	旅行社、金融、醫療、文化、教會、公園	旅行社、金融、醫療、托兒所、社區中心	廉價商店、汽車展示場、銀行、郵局、旅行社、教會
附屬機能	1.仔丹川：貫流購物中心的真正溪流。 2.風力時鐘。 3.街上有趣的名物，其他有守路神Hologram、七福神、玩具貓等展示藝術表演。 4.電梯：斜行電梯可展望六甲山、仔丹平原。 5.鐘樹（belltree）：24個鐘送出旋律，其他有發聲噴水、咕咕鐘等。	1.地震體驗館：地震國日本獨特的設施，地板搖擺，座椅裝置body sonic，體驗逼真。 2.露天場地：戶外兒童遊樂場、冬天戶外溜冰場。 3.社區中心：兒童圖書館、老人之家。 4.臨時小孩寄託中心：購物時寄託嬰孩，準備有中餐、點心、紙尿褲。	─
備註	總面積65,665平方米，無論硬、軟體皆有世界首次嘗試，以「生活樂園」的廣告標語發揮靈活、回歸自然、親適性的優點。	總面積108,576平方米，規模日本第一，因太廣大難以追求整體統一形象。	總面積566,560平方米，曾是世界最大購物中心，停車場可容納12,000輛。複合機能很充實，設有汽車展示場。

（續）表17-3　外國主要購物中心概要

	Seacon Square	Times Square	St. Lukes	Pacific Fair
國家別	泰國	香港	紐西蘭	澳洲
中心店鋪	Robinson Dep. Store Lotus Super-center	多家大型超市與百貨公司	Foodtown、Woolworths、Farmers、Big Fresh	K-mart、Myer等六家超市、百貨店或大賣場
中心設施	三大風格區域 1.都會區 2.公園會議區 3.自然休閒區	四大主要概念 1.BF2便利集 2.BF1-F1時代坊 3.F2-F9購物廊 4.F10-F13食通天	流行商店街共計120家	流行服飾街（260家）、中式、日式庭園
運動娛樂設施	Yoyo Land主題遊樂園、「Seacom14」複合式電影城、18洞迷你高爾夫、國際足球場	健身房 電影城	健身房	水上活動代辦
餐飲設施	主題餐廳、速食店	便利集 食通天	速食店 美食館 咖啡屋	速食店 美食館 咖啡屋
其他服務機能	D.K. Book Store（全亞洲最大書市）	—	電信、銀行、郵局、快遞服務	超過十家大型金融業及郵局、診所服務
附屬機能	100部升降梯與手扶梯 600個車位停車場	環型電梯、琉璃升降梯 700個停車位	育嬰服務、1,700個停車位	遊園專車、殘障服務、團體導遊、5,000個停車位

（續）表17-3　外國主要購物中心概要

備註	東南亞最大，全世界第五大。建地達50萬平方呎（96個足球場），400家名牌商店街	樓高15層的垂直型購物中心，為銅鑼灣地標	建地達32,828平方米，為全紐最大購物中心，每年超過100萬的遊客進出	近黃金海岸，休憩功能完備，結合不同移民種族之庭園風格

資料來源：楊忠藏，1992，〈大型購物中心之研究〉，《台灣經濟金融月刊》，第10卷，頁56。經修改得出。

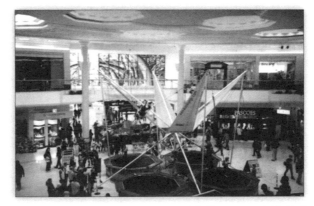

圖17-3　西洋國家的購物中心強調休閒購物兼具、商業與文化並重

資料來源：作者拍攝。

2.歐美國家的購物中心強調休閒購物兼具，商業與文化並重的規劃（**圖17-3**）；東南亞國家（包括台灣）則是以商業購物為核心，娛樂重於休閒、商業重於文化。

3.歐美與日本國家的購物中心設計較能表現民族文化風格，華人國家購物中心設計則重視實用價值。

二、國內知名購物中心介紹[1]

國內目前共有八個已正式營運之購物中心：遠企、台茂、環亞、金銀島、京華城購物中心、美麗華百樂園購物中心、台北101購物中心（Taipei 101 Mall）與統一夢時代購物中心。以下針對營運現況加以探討。

(一)遠企購物中心（Taipei Metro The Mall）

遠企成立於1994年，其經營主體為遠東百貨，係遠東百貨為進軍高級消費市場所成立之關係企業；而其設立於台北市大安區，其商圈主要對象為台北市大安區、中山區、信義區及文山區，而此處之消費人口及高級住宅人口多，故遠企欲塑造本區成為都會流行名品的焦點；女性消費者所占比例高達70%，其中以經濟獨立受過高等教育之職業女性為主流，所以遠企針對此，將顧客群定為時下講究流行，重視生活品質的現代職業婦女為主，而以此來作為主要之企業主題意象；而以下即為遠企之樓層分布：

樓地板面積23,767平方米。

B1～4F——主要布置為旅館及名店街。

B2——台灣各地之小吃店及各國料理。

5F——為Joyec專門店。

主力商店店名：The World of Joyce、Myra World、紅豆。

共有722個汽車停車位。

---

1 本節內容取材自各購物中心官方網站。

(二)環亞購物廣場（**Asia world Shopping Mall**）

環亞購物廣場成立於1999年4月20日，此商場隸屬於亞洲世界
國際集團下的環亞股份有限公司；原為百貨公司的環亞，有鑑於台
灣現有環境不但在物質與國民所得水準上皆已達到國際標準，而現
今狹小的百貨商場已無法滿足消費者的需求，故環亞以此為目標，
成功的成為目前業界中唯一一個從百貨業成功轉型為購物中心的範
例。而其地點處於南京東路、敦化北路口，位於市中心的商業區。
而其有著與遠企不同的分層設計，其每一層樓的設計均以顧客群為
主要定位，而非以商品業種做分類。而以下即為環亞各樓之簡介：

總樓地板面積：66,650平方米。

B3——停車場：共有279個汽車車位。

B2——商場及飯店（Food Plaza）：各年齡層之上班族、學生
及家庭成員。

B1——商場及飯店（精彩生活館）：二十至四十五歲喜歡強調
個人品味之上班族及學生。

1F——商場及飯店（經典百老匯）：二十至四十歲追求卓越及
重視品質的高階主管及專業人士。

2-4F——商場（都會先知群）：二十至四十歲之追求進步、渴
望新知、重視生活情趣、樂於嘗試且充滿創意的中階
主管或基層員工。

5-7F——商場（元氣薈萃館）：二十至三十歲追求年輕化、希
望藉服裝表現個人風格、喜好運動與戶外活動之年輕
人及學生。

(三)大買家金銀島（**Treasure Island Shopping Center**）

金銀島成立於1999年4月10日，其由大買家股份有限公司開發

及經營管理的城市型態的購物中心，位於高雄市前鎮區舊部落籬仔內，所擁有的商圈人口約爲八萬戶；而金銀島成立時即以主題意象爲其主要特色，以下即將金銀島之主題與特色整理成以下四點：

1. 主題設定爲「金銀島」意象風格，建築及內裝風格設計統一，主題明確。
2. 主要商場在同一層，選逛方便，商品以大買家及美食街爲主力，商店置於兩端，使整體動線流暢，增加購物選逛強度。其中大買家量販店爲最大核心店及最舒適之空間尺度。
3. 豐富的戶外活動表演場設施，吸引顧客。

以下即爲大買家金銀島之硬體介紹：

總樓地板面積：22,550平方公尺。

B1——商場、防空避難室。

1F——商場。

2F——辦公室。

共有626個汽車停車位及564個機車停車位。

主要設施：戶外表演台、燈塔、戶外咖啡店、海盜船、水景等設施。

主要商店：大潤發及大買家量販店、中友百貨、新學友。

(四)台茂南崁購物中心（**Tai Mall**）

台茂於1999年7月4日正式開幕，其購物中心本身是由台茂開發股份有限公司所負責開發與營運管理，購物中心本身是以城市型態建築，位於桃園縣蘆竹鄉，總共所擁有之商圈人口約爲480萬人，而就像台茂董事長在開幕時說道：台茂爲世界上第一家真正的垂直型購物中心。

台茂主觀的選擇了中古世紀英國式城堡爲設計的主題，發展出

台茂的各主要區域的設計主體，設計元素與設計風格，即塑造一個嘉年華的熱鬧市街，有廣場、鐘塔、聚落、露台、城門、市集，有象徵權力的城堡，亦有亮麗不俗的商店。而以下即為台茂的各樓層擺設之商品分布：

總樓地板面積：195,000平方公尺。

B2──量販店。

1-4F──一般零售。

5F──一般零售及美食街。

6F──主題餐廳及娛樂中心。

7F──多廳式電影院。

停車場：3,065個汽車車位、1,500個機車車位。

主力商店：歡樂城、百樂吉主題餐廳、家樂福。

其他重要設施及空間：廣場、噴泉、親水池、社區運動遊樂設施。

(五)京華城購物中心（Living Mall）

京華城購物中心最具特色的外觀乃是首創的L形主建築體，結合全球最大球體結構的商場設計。如此別出心裁的建築手法，是來自於中國傳說中的「雙龍抱珠」意念表現，尤其是高達70餘公尺挑空的大峽谷設計，更顯得京華城的氣勢非凡。其獨特耀眼的建築設計，無論採光及建築空間均媲美世界一流建築，可謂是新世紀的東方之珠！直徑58公尺的球體造型設計，基礎深達85公尺，為國內首創最深建築基礎結構。以四根巨柱載重，為京華城建築上的最大特色，也是目前世界最大的球形商場建築結構體，堪稱台灣觀光代表性地標。

京華城購物中心於2001年11月開幕，總樓地板面積62,000坪（205,000平方米），營業面積42,000坪（140,000平方米），相當

3.8個SOGO百貨的面積，外圍環繞4,000坪戶外綠地，可進行各種戶外活動，吸引隨機消費客層。京華城之建築物設計共有十九層，包括地上十二層樓及地下七層（包含四層停車場）；其中的十五層為商場。地下四層停車場，計有1,505個汽車停車位及1,280個機車停車位；每一樓層停車場皆設有上下樓電扶梯，方便消費者直達商場，並提供消費者最便利舒適、先進快速的專業停車服務。

京華城為一個垂直式都心型購物中心，十五層商場的內部結構設計，以每三個樓層為一主題規劃，創造五個不同主題的購物街景；京華城擁有近千家國內外知名廠商進駐，結合流行、美食、生活型態、休閒與娛樂，創造前所未有的Total Shopping Experience（全新購物體驗）！

(六)美麗華百樂園購物中心（**Miramar Mall**）

位於台北市大直，豎立在基隆河截彎取直的大彎段新生地之上的全新概念商業設施「美麗華百樂園」，結合國內外知名的設計與規劃，擁有本館與漾館兩館。美麗華百樂園在青山綠水的開放空間中，以流暢明亮的設計手法，將自然的律動融入建築規劃中，讓室內公共空間的綠意造景和室外連成一氣。基地面積7,500坪、總建坪面積為38,000坪，營業面積為25,000坪，並配合全區50%綠化，大街廓、低密度的開發，不只創造出宏偉的空間與多次元的變化，更滿足現代人親近自然的需求。

美麗華百樂園希望帶給大家一個新概念的多功能商業空間，建立一座國際級娛樂休閒購物設施，全世界的流行品牌、完善的顧客服務、引人入勝的娛樂休閒空間，讓顧客盡情享受購物與休閒之樂而流連忘返，成為大台北新的「娛樂天堂」。美麗華百樂園最具特色的場景就是全台首創的百米摩天輪，結合娛樂、科技、藝術於一體，可以媲美日本「東京台場摩天輪」，是家庭、好友聚會或情侶

約會的首選景點，夜間綻放光彩絢麗的燈光表演，是台北夜空最美麗的寶石。加上還有浪漫夢幻的音樂旋轉木馬遊樂設施，讓空氣中更充滿溫馨歡樂感，企圖打造一個複合式的商業空間。

(七)台北101購物中心（**Taipei 101 Mall**）

台北101購物中心號稱是台灣首座頂級國際購物中心，集精品、時尚、美饌於一身。

Taipei 101 Mall精選國際時尚與精緻美饌，貼心考量消費者的需求，以世界級空間設計規劃，完美凝聚質感、氛圍，與建築藝術，以有形空間開創無限意境，讓購物成為輕鬆舒適的享受。Taipei 101 Mall將和紐約的「第五大道」、巴黎的「香榭麗舍大道」、羅馬的「西班牙大道」等高級精品區畫上等號，以旗艦大店與全新概念提供消費者最豐富完整的選擇。不論是高級精品、設計風尚、流行生活，還是風味美饌，Taipei 101呈現給消費者101%國際級的時尚美饌新選擇。

台北101購物中心23,000坪的購物空間包括五個主要樓層：

1F——101大道：匯集世界最受歡迎的國際流行品牌，與全球流行趨勢零時差。從服飾、配件到彩妝保養，追求潮流的時髦人士，可在此一次購足所有最新流行元素。

2F——時尚大道：時尚大道與臨近的「世貿中心」、「君悅飯店」及「紐約紐約購物中心」有空橋連接，是都會菁英與時尚脈動聯繫的捷徑。深具設計感的國際知名品牌，個性與質感兼備，可滿足所有白領菁英族對品味的堅持。

3F——名人大道：匯集全球最頂尖的名牌精品，以及最多全新概念的品牌旗艦店，宛如置身紐約第五大道，提供與巴黎、米蘭同步的最新頂級全系列商品，是台灣最高雅舒

適的精品名店大道。

4F——都會廣場：精心設計的自然採光、交錯樹蔭，占地500餘坪，挑高40米，是台北市最壯觀的音樂、藝文、時尚與娛樂活動空間。首度進駐台灣、中英文藏書豐富的Page One國際綜合書店與圍繞四周的露天咖啡座，更提供獨特法式香頌、人文藝術氛圍，將氣質與品味注入忙碌的都會生活。另有歐式、日式、泰式，與中華料理等精緻餐廳，讓遊客能於寬敞環境中品嚐頂級世界美饌。

5F——金融中心：數家銀行與證券服務，提供即時且貼心個人化之金融交易服務，使台北101與國際各大金融重鎮同步；此外，占地廣大之國際宴會廳可舉辦喜宴與相關活動，而Sony Style更以生活旗艦大店形象，呈現數位科技生活面貌。

(八)統一夢時代購物中心（**Dream Mall**）

由統一集團的統立開發公司主導之統一高雄複合商業中心開發案——夢時代購物中心，位於高雄特貿區，開發面積約7.8公頃，是一主體建築物地上九層、主題式建物地上七層以及地下五層之大型購物中心。本案總投資金額約三百億元，預計分三期開發，第一階段將興建大型購物中心、影城、主題樂園暨餐廳等，第二階段更將開發高級旅館、辦公大樓等，建構完成後將滿足高雄都會區及國際商務、觀光旅客的遊憩休閒需求，已於2007年6月7日正式開幕。

統一夢時代購物中心之樓層介紹：

總樓地板面積：12萬1,000坪（約為台北京華城的2倍大，漢神百貨的6.5倍大）。

B2——生活百貨。

B1——都會市集。

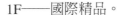
1F──國際精品。

2F──時尚名媛。

3F──都會新貴。

4F──新潮流行。

5F──兒童王國。

6F──運動休閒。

7F──哈日新寵。

8F、9F、RF──歡樂嘉年華。

共有3,561個汽車停車位及2,016個機車停車位。

主要設施：台灣唯一可欣賞到海景與市景的Hello Kitty摩天輪，已成為台灣新觀光景點與指標性建築，4月27日為美國財經雜誌《富比士》旗下的*Forbes traveler*評選為亞洲十大最佳商場之一。

主要商店：統一阪急百貨、英國麥斯百貨、喜滿客影城、日本Nitori家居。

Go Go Play 休閒家

週休二日購物中心休閒娛樂新概念

隨著週休二日的實施，國內勢將掀起更強烈的休閒風潮，身處都會的民眾，會選擇什麼樣的休閒去處？

根據一項調查顯示，週休二日選擇逛街、購物、看電影等都會型態活動的人，比例有明顯增加的趨勢，也就是說，有愈來愈多人以電影、百貨公司或大賣場作為從事休閒活動

的場所。

　　不過，一般傳統的電影院或百貨公司，受到原始設計上的限制，能夠提供的娛樂功能有限，難以讓消費者完全放鬆心情享受悠閒娛樂，無法滿足消費者休閒的需求。此外，都會型百貨公司多半開在市中心地帶，較難提供足夠的空間負荷假日帶來的人潮，在人擠人的逛街環境下，也失去休閒的意義。

　　因此，「大型化、娛樂化、休閒化」成為國內未來賣場的趨勢，不論百貨公司、購物中心，均以大型化為開店前提，動輒上萬坪、數萬坪的賣場面積，才能夠提供消費者寬敞舒適的逛街空間；而娛樂和休閒的比例在賣場也有大幅增加的現象，不少賣場為了因應休閒風，紛紛增加商品或改裝樓面。

　　而在大型化趨勢中占盡優勢的購物中心，擁有充足的空間，除了提供完整豐富的商品之外，更能讓現代人在擁擠的都會生活中，尋得一處紓解壓力的去處，藉以釋放疲憊的身心。

資料來源：取材自《中時晚報》，2000年12月29日，第8版。

參考文獻

一、報章雜誌

《大紀元時報》，2006年8月29日。

《工商時報》，1996年11月1日、1997年8月23日、9月26日、10月7日、12月6日與12月18日、1998年1月2日、1月10日、1月13日、1月19日、1月27日、3月9日、3月16日、3月31日、10月26日、11月4日與1999年9月22日。

《中時晚報》，2000年12月29日。

《中時電子報》，2007年5月19日。

《中國時報》，1998年5月2日、6月15日，2000年4月7日。

《天下雜誌》，特刊15期與特刊17期，2001年5月。

《日本文摘》，1993年2月。

《民生報》，1998年4月28日、4月30日、5月6日、5月7日與5月27日。

《市場與行情週刊》，「大型購物中心系列」，1991年。

《卓越雜誌》，1994年7月、1996年11月，與1997年6月。

《長榮航空雜誌》，2001年7月號。

《家庭雜誌》，1996年6月。

《時報週刊》，1037期。

《財訊》，42期，1998年5月。

《統領雜誌》，1993年1月、1996年1月。

《貿易週刊》，1698期。

《經濟日報》，1998年1月25日、3月6日、3月12日、3月18日與4月2日。

《翡翠風情》，1997年9月1日。

《遠見雜誌》，2001年5月。

《戰略生產力雜誌》，1992年4月、1993年2月、6月。

《錢雜誌》，1999年4月。

《聯合報》，1998年5月26日。

美國安泰人壽，《生活卡意》，1999年秋季號。

夏威夷觀光地圖，1990年。

第二屆管理學術性研究研討會——國內主題遊樂園經營環境與行銷。

華園大飯店公開說明書，1995年。

二、學術論文與研究報告

《內政統計年報》（2004～2006），行政院內政部。

《台灣區觀光旅館營運統計月報》（2007），交通部觀光局。

《台灣觀光年報》（2005～2007），交通部觀光局。

吳文娟，《消費型態與區位商業活動關係之研究》，台灣大學建築與城
　　鄉研究所碩士論文，1990年。

東海大學環境規劃暨景觀研究中心，《旅遊局民營遊樂區經營管理制度
　　之研究》，1994年。

美國內政部貴產保護及娛樂服務部，〈國家戶外娛樂調查〉。

高玉娟，《墾丁國家公園觀光遊憩資源對遊客的吸引力研究》，東海大
　　學景觀學研究所碩士論文，1995年。

國民所得年報2005~2007，行政院主計處。

梁淑娟，《俱樂部理論與管理含義之探討》，成功大學企研所碩士論
　　文，1996年。

許瓊文，《生活型態與休閒行為有關變項的研究：以台大學生為例》，
　　台灣大學心理學研究所碩士論文，1992年。

陳文河，《我國旅行業行銷策略之研究》，中原大學企業管理研究所碩
　　士論文，1987年。

陳怡君，《女性消費者對觀光旅館滿意度》，政治大學企研所碩士論
　　文，1995年。

陳金冰，《休閒俱樂部行銷策略之研究》，政治大學企研所碩士論文，
　　1991年。

陳炳欽，《台灣地區連鎖國際觀光旅館經營效率之研究》。南華大學旅
　　遊事業管理研究所碩士論文，2002年。

游明宏，《商務俱樂部之市場區隔之研究》，成功大學企研所碩士論
　　文，1992年。

游明宏，《商務俱樂部市場區隔》，成功大學企研所碩士論文，1991年。

黃士鑑，《企業經理人休閒俱樂部消費行為之研究》，政治大學企業管理研究所碩士論文，1991年。

黃奇賢，《渡假俱樂部市場區隔》，文化大學企研所碩士論文，1990年。

劉文宏，《我國服務行銷策略之研究》，成功大學企研所碩士論文，1991年。

劉永隆，《會員俱樂部連鎖經營》，文化大學觀光事業研究所碩士論文，1993年。

鄭淑芬，《台北市民生活型態、動機與休閒運動選擇關係之研究》，東海大學企業管理所碩士論文，1987年。

鄭嘉文等，《經營環境與行銷策略及服務品質對休閒遊樂區績效影響之研究》，屏東科技大學企管系實務專題，2000年。

謝兆禎，《顧客特質與休閒偏好之關係》，文化大學觀光事業研究所碩士論文，1995年。

三、書籍

《日本連鎖店購物中心經營》，實務。

《休閒觀光產業》，中華民國戶外遊憩學會，1997年。

丹‧布朗（Dan Brown）著，《達文西密碼》，台北：時報，2004年。

王文義，《購物中心規劃指南》，台北：遠流，1997年。

王克捷、李慧菊合譯，《服務業的經營策略》，台北：天下文化，1997年。

有坂芙美子，《調情聖手：葡萄酒的世界》，台北：非庸圖書，1997年。

何中華、黃燕釗，《台灣地區的遊樂園》，詹氏，1998年。

何西哲，《餐旅管理會計》，自版，1987年。

村上春樹，《旋轉木馬鏖戰記》，上海：上海譯文，2002年。

李銘輝，《觀光地理》，台北：揚智，1990年。

張宮熊，《休閒事業管理補充教材》，2001年。

楊長輝，《旅館經營管理實務》，台北：揚智，1996年。

經建會，《總體經濟情勢探討》，2003~2006。

經濟部商業司，《大型購物中心研究》，1999年。

葉日武，《行銷學》，台北：前程，1997年。

美國都市與土地研究室著，劉麗卿譯，《遊憩區開發——主題園、遊樂園》，台北：創興，1992年。

美國都市與土地研究室著，劉麗卿譯，《遊憩區開發——渡假休閒社區》，台北：創興，1992年。

蘇拾忠，《策略規劃指南》，台北：遠流，1998年。

Hunziker, Werner & Krapf, Kurt, *Grundriss der allgemeinen Fremdenverkehrslehr*, 1941.

Loesch, Larry C. & Weber, Paul T., *Principles of Leisure Counseling*, U.S. Educational Media Corporation, 1982.

Kotler, P., *Marketing Management*, 1991.

Lewis, Robert C., Chambers, Richard E. & Chacko, Harsha E., *Marketing Leadership in Hospitality*, Van Nostrand Reinhold, 1995.

Powers, Tom, *Introduction to the Hospitality Industry*, John Wiley & Sons, Inc., 1992.

Reid, Robert D., *Hospitality Marketing Management*, Van Nostrand Reinhold, 1989.

Thomas, D. R. E., *Strategies Different in Service Industries*, 1978.

四、期刊與研討會

1.呂銀益、依智麒，〈運動俱樂部發展趨勢之探討〉，《台灣體育》，1997年4月，頁2-5。

2.李鴻旗，〈台灣地區休閒俱樂部產業現況之探討〉，《一銀月刊》，1994年3月，頁62-67。

3.巫昌陽譯，〈運動行銷人員的訓練〉，《國民體育季刊》，1993年3月，頁103-108。

4.周逸衡，〈出國旅遊旅行社供需行為之研究〉，1995年。

5.張良漢，〈健康體適能俱樂部行銷環境之探討〉，《台灣體育》，

1997年12月，頁8-11。

6.張宮熊等，〈墾丁地區休閒觀光旅館經營策略之研究〉，《第一屆跨世紀海峽兩岸管理學術研討會論文集》，1999年6月。

7.程紹同，〈從行銷概念談運動休閒服務〉，《國民體育季刊》，1994年3月，頁63-70。

8.程紹同，〈淺談體育運動休閒設施之經營管理〉，《國民體育季刊》，1993年6月，頁96-100。

9.楊人智，〈休閒運動俱樂部之探討〉，《台灣省學校體育》，1996年5月，頁4-10。

10.楊忠藏，〈大型購物中心之研究〉，《台灣經濟金融月刊》，第10卷，1992年。

五、參考網址

1111人力銀行：http://www.1111.com.tw/talentsNM/jobMatchOrgan.asp?nNo=8842。

career就業情報網：http://media.career.com.tw/industry/industry_main.asp?no=290p074&no2=50。

九族文化村：www.nine.com.tw。

中華民國購物中心發展展望-2000：http://www.scdc.org.tw/magazine/38/m38_01.htm。

六福村：www.leofoo.com.tw。

六福皇宮飯店：www.westinhtl.com.tw。

台北101購物中心：http://www.taipei-101.com.tw/ch/Mall/index_mall.asp。

台北大學：http://web.nchulc.edu.tw。

台灣大紀元世界風情：http://tw.epochtimes.com/。

台灣民俗村：http://www.tfv.com.tw。

永久衣架模特兒公司：http://forever168.com.tw/bossco/front/bin/ptdetail.phtml?Part=buty0710&PreView=1。

交通部觀光局：www.tbroc.gov.tw。

成功大學建築系：http://www.arch.ncku.edu.tw。

行政院主計處：http://140.129.146.192/tornado/index.htm。

亞力山大企業集團：http://www.alexander.com.tw/about/history.htm。

亞都麗緻飯店：www.ritzladies.com。

京華城購物中心：http://web01.livingmall.com.tw/。

奇摩大摩域討論區：http://tw.knowledge.yahoo.com/。

長榮台中桂冠酒店：http://www.evergreen-hotels.com/Default.
　　aspx?lang=zh-TW。

美麗華百樂園購物中心：http://www.miramar.com.tw/main.php。

海外逍遙遊資訊網：http://web.nchulc.edu.tw。

紐西蘭旅遊局：http://www.newzealand.com/travel/china/。

國賓飯店：www.ambh.com.tw。

教育部藝術學習網站：http://content.edu.tw/primary/art/ch_js/menu/menu.
　　htm。

統一渡假村：http://www.uni-resort.com。

統一夢時代：www.dreamall.com.tw/dreamMall/index.asp。

喜來登飯店：www.sheraton.com。

君悅飯店：www.hyatt.com。

凱撒飯店：www.casar.com.tw。

揚昇高爾夫球俱樂部：http://www.sunrise-golf.com.tw/。

晶華酒店：www.apot.com。

黃詩芬，如何擺脫週末躁鬱症：http://www.knsh.com.tw/C/D34/D13x.
　　htm。

圓山飯店：www.grand-hotel.org。

新華網：http://big5.xinhuanet.com/gate/big5newscenter/index.htm。

經濟部商業司：http://www.moea.gov.tw/%7Emeco/doc/index.html。

資訊教育軟體與教材資源中心：http://www.content.edu.tw。

電訊盈科互動媒體有限公司：http://netvigator.com.tw。

福華飯店：www.howard-hotels.com。

監察院與奇摩雅虎知識網站：http://tw.knowledge.yahoo.com/。

劍湖山世界：www.janfusun.com.tw。

麗池酒店：www.ritzcarlton.com。

施芸芳，《渡假旅館庭園設計之研究》，1994年。

楊正寬，《觀光政策、行政與法規》，1996年。

國家圖書館出版品預行編目資料

休閒事業概論 ＝ Introduction to recreation
industry ／ 張宮熊著. -- 二版. -- 臺北縣深
坑鄉：揚智文化, 2009.01
　　面；　　公分.--（餐旅叢書；13）
含參考書目
ISBN 978-957-818-891-4（平裝）

1.休閒活動　2.餐旅業　3.旅遊業

990　　　　　　　　　　　　　　　97018894

休閒事業概論　　　　餐旅叢書 13

作　　者／張宮熊
出 版 者／揚智文化事業股份有限公司
發 行 人／葉忠賢
總 編 輯／閻富萍
地　　址／台北縣深坑鄉北深路三段 260 號 8 樓
電　　話／(02)86626826　86626810
傳　　真／(02)26647633
網　　址／http://www.ycrc.com.tw
 E-mail ／service@ycrc.com.tw
印　　刷／鼎易印刷事業股份有限公司
 I S B N ／978-957-818-891-4
初版一刷／2002 年 4 月
二版三刷／2013 年 8 月
定　　價／480 元